KB220306

-기독교관점에서 먹을거리에 관한 소고-

먹을거리와 기독교 Ⅰ

食·聖 담화

-기독교관점에서 먹을거리에 관한 소고-

먹을거리와 기독교 Ⅰ

食·聖 담화

강상우

이모 김유임 권사님,
장모 맹옥주 권사님,
경북대학교 예술대학 김경임 전 교수님께
항상 좋은 추억만을 기억하며
이 책에 작은 감사의 마음을 담아 드리고자 합니다.

시작하는 글

장모님은 먹을거리 안전성에 관심이 상대적으로 많으신 것 같다. 가족의 건강을 위해 유기농 식품을 자주 이용하신다. 딸아이가 중학교 1학년 때에 새 책을 받아왔었는데 국어책에는 당시 내가 읽은 지 그리 얼마 되지 않은 제레미 리프킨(Jeremy Rifkin)의 글과 관련 있는 '먹는 것'에 관한 내용이 들어 있었다. 내가 지금까지 의지하고 살아온 그리고 앞으로도 기대고 살아가야만 할 것 같은 누님 같은 마누라는 거의 밥 먹듯이 저녁 늦게 퇴근해도 꼭 운동만은 한다. 배[腹]-둘레[周]-햄(뱃살, 脂肪)을 제거하기 위해서란다. 진정한 '살[脂肪]과의 전쟁'인 것이다. 다른 것은 몰라도 아내의 강한 의지력만큼은 매우 존중한다. 과거 서울에 있을 때 좀 알고 지냈던 지체(肢體)는 어디에서 듣고 왔는지 마치 돼지고기를 먹지 않는 것이 더 성경적(聖經的)이며 나아가 더 영적(靈的)이라는 투로 '먹는 것'에 대해 자주 얘기하곤 했었다. 만날 기회가 있다면 그에게서 다시 그러한 얘기를 듣게 될지도 모른다.

개인적으로 먹는 것에는 그렇게 신경 쓰지 않았다. 아니 신경 쓸 여유가 지금까지 없었다. 그저 하루하루 먹는 것에 대해서 하나님께 감사할 따름이다. 내 기억에는 대학 시절 막노동(노가다)하면서 배고플 때에 먹었던 약간 보태서 거의 돼지비계1)와 살코기 비율이

---

1) 김석신 교수님의 '쇠기름 심부름'에 대한 기억을 읽으면 내 자신도 모르게 입가에 미소가 생긴

9:1 정도 되었던 삶은 돼지고기(비계)가 정말로 맛있었던 경험으로 나의 뇌리에 강하게 남아 있다는 점과, 시간의 여유를 누리고 싶을 때에는 지금도 라면 2봉지에 약간의 밥을 말아 먹은 후에 배부른 상태에서 잠을 청한다는 점이다. 그곳에 누울 소파(couch)가 있고 또 볼 수 있는 TV(내가 좋아하는 프로그램)가 있으면 그저 금상첨화다. 아내와 딸은 이 즐거움을 이해하지 못할 것이다.

남기는 것의 아까움

무식하게 보일지 모르겠지만, 먹는 것에 관한 나만의 소신은 될 수 있으면 절대로(?) 남기면 "아니 되옵니다"다. 그래서 밖에서 먹을 때면 남기지 않기 위해 매우 노력한다. 특히 딸이 남긴 음식을 소화시키기 위해 한계효용 0(zero)은 물론이요, 마이너스(否)를 경험하는 경우가 많았다. 한심하다고 생각될 것이다. 미련퉁이라고도 할지 모른다. 그러나 남긴 음식을 보면 버리기가 아까운 것을 어떻게 하란 말인가. 과거 장모님께서 쇠고기에 붙은 지방(힘줄?, 근막?)을 칼로 제거하신 후 음식쓰레기통에 버리실 때에 내 속으론 그 버려진 것에다 미역국을 끓여 먹으면 참으로 맛있겠다는 생각을 하곤 했었다.[2] 교회에서나 모임에서 많은 음식이 남고 버려지는 것을 보면 챙겨가고 싶은 심한 충동을 경험한다. 버리는 것이 아깝지 않은가.[3] 아니 누군가가 싸주면 모른 척하고 감사한 마음으로 가지고 간다.

다(김석신, 2014: 56-57 참조). 정겨운 과거의 나의 모습이 기억에서 되살아났기 때문이다.

2) 개인적으로 그 부위를 부드럽게 하는 방법도 알고 있다. 밥통에 보온상태로 오래 두면 된다.

3) "프란치스코 교황도 '식품을 버리는 것은 가난한 사람들과 배고픈 사람들로부터 음식을 훔치는 행위이다'라고 음식의 낭비를 비난했다"(문갑순, 2018: 331).

아내와 내가 비슷한 점 중의 하나는 바로 음식을 먹을 때 될 수 있으면 남기지 않고 깨끗하게 먹는다는 점이다. 편식을 좀 해서 그렇지 내 딸아이도 음식을 매우 깨끗하게 먹고 있다. 이에 대해서 누이 같은 나의 아내에게 참으로 감사드린다. 다른 것은 모르지만 음식물을 깨끗하게 먹는 딸에게도 또한 감사한다. 아마 식당에 온 손님 중에, 좀 창피할 수도 있지만 대한민국 뼈다귀해장국을 먹으러 온 손님을 다 포함한다고 해도(!)[4] 고기의 살점을 제일 남기지 않는 측에 포함될 것이다. 고기의 살점을 남기는 것은 매우 아깝다. 경제적으로 우리나라가 이렇게 부유하게 살아간 지가 얼마 되지 않았다는 사실을 기억해야 할 필요가 있을 것 같다는 생각이 든다. 될 수 있으면 음식물이 불필요하게 낭비되지 않도록 살아가야 할 것 같다. 각 가계(家計)와 전(全) 지구를 위해서 말이다!

먹을거리 관련 책을 읽다 보니 여기까지

어떻게 하다 보니 도서관에 있는 먹을거리와 관련된 책을 한두 권씩 읽게 되었다. 한 권이 두 권이 되었고, 더 많은 권수로 늘어나게 되었다. 갑자기 글로 정리해보았으면 하는 생각이 들었다. 여기에 있는 8편의 글이 바로 먹을거리와 관련된 책을 읽으면서 흩어져 있던 내용을 나의 생각과 함께 재정리한 것들이다. 그렇기 때문에 솔직히 그 내용들은 창조적인 것은 전혀 없다. 거의 다른 책들의 내용을 모자이크화한 수준에 불과하다고 말할 수 있겠다. 일명 짜

---

4) 아마 모르겠다. 단 한 명의 외국인이 있을 수 있다는 생각은 든다. 왜냐하면 우리가 자주 가는 뼈다귀해장국집에서 한번은 외국인을 보았는데, 그는 우리가 식당에 들어오기 전부터 영어책을 보면서 뼈다귀를 젓가락으로 파먹고 있었던 광경을 보았기 때문이다. 그것도 혼자서. 그는 우리보다 더 늦게까지 식당에 앉아 있었다. 개인적으로 그의 그러한 용기를 가지고 싶다.

깁기 수준에서 글을 써본 것이다. 참고한 글의 자료도 우리나라의 글5)이 아닌 대부분 번역본의 글이기에 현실성이 조금 떨어진 감이 있지 않는가 하는 생각도 사실은 많이 든다. 그리고 단일 제목으로 쓴 글이 아니라, 주제가 거의 비슷한 논문 형식의 여러 글들을 모아두었기 때문에 상당 부분 자기표절(自己剽竊)의 냄새도 많이 날 것이다.6) 아마 읽으면서 "아까 그 내용이 여기에도 또 있네!"라고 느낄 대목이 많을 것이다. 그럴 때면, 이상하게 생각하지 말고 자연스럽게 받아들여라! "아! 모자이크네!" 그 정도로 넘어가시면 되겠다. 혹시 인용이 안 된 부분이 있다 하더라도 부디 긍휼을 베풀어 주시라는 부탁의 말씀인 것이다. 개인적인 머리에서 결코 나올 수 없는 내용이기 때문에 "아! 훌륭한 누군가가 그런 말을 했는데 여기 인용을 빼먹었네!"라고….

　글 중의 세 편은 용기를 내서 학회에도 제출해보기도 했었다. 먼저 발표한 글이 "먹을거리에 대해-육식과 채식 사이에서 균형 잡기"다(춘계학술대회, 통권 22호 [2015년 05월]). 처음 글을 제출할 때에는 몰랐는데, 다시 글을 보니 많은 면에서 좀 거시기 하였다. 제출한 글의 분량이 너무 많다는 점과 글의 주제를 두 개로 나눌 수 있다는 생각이 들어서, 제출했던 글을 두 개로 나눈 후에 분량을 위해 약간의 내용을 다시 첨가해보았다. 그러한 과정을 통해서 2편의 글, 즉 "4. 먹을거리에 대해 성경은: 육식과 채식 사이에서

---

5) 김홍주 외 공저 (2015), 『한국의 먹거리와 농업: 한국 농식품체계의 과거와 현재 그리고 대안』은 8개의 글을 모아둔 것으로 먹을거리와 관련해 우리나라의 현실을 잘 보여주고 있으니 참조 바란다.

6) 표절이라는 말이 참 힘들다. 왜냐고요? 표절이 문제 될까 봐 딸아이를 통해 저작권협회에 문의해보기도 했었고, 웃을지 모르겠지만 표절에 관한 꿈도 꾸었다.

균형 잡기", "1. 식탁 담화: 채식주의자와 육식주의자 간의 식탁의 안전을 위한 먹을거리 담화"가 나오게 된 것이다. 그리고 "5. 음식 규제와 종교: 유대교, 이슬람교 그리고 기독교 등을 중심으로"는 2016년 춘계학술대회(전주대학교, 2016.05.28.)에서 "2. 첫 번째 확장된 식탁 담화: 먹을거리 불안전성 때문에 발생하는 사회문제에 대한 담화"는 성균관대학교에서 열린 기독학문학회(2019.10.26.)에서 "먹을거리와 사회문제: 먹을거리 불안전 때문에 발생하는 사회문제에 관한 소고"라는 제목으로 발표하였다.

참고로 먹을거리에서 무엇이 무엇보다 좋다, 또는 무엇이 좋다는 식의 절대적인 맹신은 가급적이면 피해야 한다는 것이다. 왜냐하면 하나의 기준을 가지고 무엇이 무엇보다 더 좋다는 평가를 내리는 것은 그리 어렵지 않겠지만, 여러 요소들이 혼합된 음식에서 무엇이 무엇보다 좋다고 평가하기는 그리 쉬운 일이 아니기 때문이다. 예로 들어 A>B(A가 B보다 좋다), B>C(B가 C보다 좋다), C>D(C가 D보다 좋다), D>A(D가 A보다 좋다)는 상대적으로 쉽게 평가할 수 있지만, A+D 음식과 B+C 음식과는 쉽게 비교해서 평가하기 어렵기 때문이다. 그리고 A+D, 또는 B+C가 우리 몸에서 실질적으로 어떻게 작용(합성과 흡수)되는지는 또 다른 문제가 될 수도 있기 때문이다. 음식에서 좋다는 것은 '절대적'인 의미가 아니라 '상대적' 의미일 것이라는 점이다.[7] 그러므로 음식에 대한 극단적 환원

[7) 대니얼 코헨(Daniel Cohen)의 다음의 기술을 참고하라. "…합리적 인간을 어떻게 정의할 수 있을까? 한마디로 말해서, 합리적 인간은 최대한 이성적인 선택을 하려고 애쓴다. 그렇다고 돌이킬 수 없는 문제가 발생하지 않는 것은 아니다. 여러분은 100유로보다 1,000유로를 가지고 싶어 한다. 또 10유로보다는 100유로에 눈길이 갈 것이다. 결론적으로 여러분이 10유로보다는 1,000유로를 선호한다는 결론을 내릴 수 있다. 인간의 선택에는 이와 같이 이행성(transitivity,]

주의적 평가[理解]에 대해서는 어느 저자가 말한 것처럼 '음식 위험 리터러시(Food Risk Literacy)'가 필요할 것만 같다.8)

개인적으로 아내에게는 친오빠와 같은 김전웅 집사님과 형수님이신 김현숙 권사님 내외, 고민에 대해 자주 얘기했던 선배님이신 문영재 선생님, 김영란 집사님 내외, 항상 변함없는 겸손함의 모습을 보여주신 그래서 때로는 너무나 미안하기까지 한 홍은실 교수님과 조성민 교수님 내외, 긴 시간 동안 항상 변함없으신 아내의 선배 최희경 선생님, 멀리 떨어져 있지만 마음만은 아내와 함께 있는 이정순 선생님과 남편 되신 유재원 선생님 내외, 항상 성실하고 열심인 김선기 집사님과 김지영 집사님 내외, 보잘것없는 저에게 항상 형부라고 따뜻하게 반겨주는 아내의 기도의 동역자인 김현주 집사님과 하상래 집사님 내외, 같이 있으면 그냥 즐거운 임강택 집사님과 유희정 집사님 내외, 중국어예배팀에서 스태프로 잘 섬겨주시고 함께한 것만으로 개인적으로 많은 즐거움과 기쁨을 선사해준 아내의 87학번 동기인 정시환 집사님(총무)과 김성호 집사님(찬양팀장), 그리고 중국어예배팀의 대들보 신실한 **Feng WenJun** 자매님, 청주에서

집합의 세 원소 a, b, c에 대해서 a R b와 b R c 관계가 성립하면 a R c의 관계도 성립하는 것-역주)이 존재하며 이것이 경제학자들이 정의하는 합리성을 결정짓는 기본 토대가 된다. 하지만 돈의 양적인 차이가 아니라면? 나는 카트린보다 안나가 더 좋다. 그렇지만 마르틴보다는 카트린이 더 좋다. 그렇다면 여기서 내가 마르틴보다 안나를 더 좋아한다는 유추가 무조건 참일까?"(Cohen, 2013: 38).

8) 제이슨 펑(Jason Fung)이 들려주는 '소에 관한 우화'다. "소 두 마리가 최근에 발표된 영양 연구결과를 놓고 토론을 벌였다. 사자를 대상으로 실시된 연구였다. '지난 200년 동안 우리가 잘못 생각하고 있었다는 거 들었어? 이 연구결과 좀 봐. 풀을 먹으면 몸에 안 좋고 고기를 먹어야 좋대.' 한쪽이 이렇게 이야기한 뒤, 둘 다 고기를 먹기 시작했다. 얼마 지나지 않아 둘 다 병이 들어 죽고 말았다. 1년쯤 지난 뒤 사자 두 마리가 소를 대상으로 실시된 최신 영양 연구결과를 살펴보았다. 고기를 섭취하면 건강에 해롭고 풀을 먹어야 이롭다는 내용이었다. 그래서 사자들은 풀을 먹기 시작했고 목숨을 잃었다"(Fung, 2019: 17).

대학 시절을 즐겁게 해준 그래서 마음 한 속에 아름답고 소중한 기억을 만들어준 내 친구 경규철과 손민연에게 감사의 마음을 전하고 싶다. 예짱(딸)에게도 화이팅을 전한다. 이들의 직장과 사역, 그리고 가정과 자녀 위에 더욱 강한 하나님의 도우심의 손길이 항상 함께 하길 기도드린다.

목 차

제2권 食·聖 분별

*용어[單語]는 될 수 있으면 저자나 역자들이 사용한 그대로 통일성 없이 사용하였다. 저자나 역자 나름의 이유가 있다고 생각했기 때문이다. 그리고 여기서 '먹을거리 안전성을 해친다'는 말은 매우 포괄적인 의미로 쓰였는데, 먹을거리로 인해 직·간접적으로 안전성에 위협을 받는 경우를 말한다. 이는 먹을거리[飮食·食糧] 자체에 직접적으로 위해(危害)를 가하는 경우뿐만 아니라 간접적으로 먹을거리를 선물투자나 농산연료 등으로 사용함으로써 기아와 내전[紛爭] 등의 위험에 처하게 하는 경우 등도 포함한다.

제1권

食・卓 담화

01

식탁 담화를 열다
채식주의자와 육식주의자 간의 식탁 안전을 위한 먹을거리 담화

Ⅰ. 식습관 논쟁의 시작

식습관에 관한 논쟁은 오늘날에도 심심찮게 진행 중에 있다. 식습관의 논쟁은 자극적인 언행(言行)으로 인해 상대편을 감정적으로 자극하기도 한다. 다음과 같은 기사를 인터넷에서 접할 수 있었다. "유영철 욕하지마라. 동물들에게는 니네가 유영철! 육식반대"라고 쓴 피켓을 들고 있는 한 여성이 시위하는 사진이 실려 있는 기사를 읽을 수 있었다.9) 육식과 채식의 식습관 논쟁도 무엇인가 자신들의 주장을 통해서 상대방의 식습관이 지닌 문제에 대해서 지적하고 있는 것 같지만, 채식주의자들의 주장처럼 단순히 채소만 먹는다고 해서, 육식주의자들의 주장처럼 육식을 고수한다고 해서, 오늘날 문제가 되고 있는 중요한 식탁문제[飮食安全性問題]가 해결되는 것

---

9) 김영배, "[이슈파일] '육식하는 사람은 연쇄살인마?'… '아우디 너', 유영철 언급논란", <이슈타임>, (2015.04.16.); http://www.isstime.co.kr/view/?nid=20150416180456484559; 황예린, "'육식반대', 유럽서 채식주의자 '정육점 습격' 잇따라", <JTBC>, (2019.04.10.). 이 기사에 대한 댓글 분이: 밍크나 동물가죽입고 들고 다니는 것들도 테러당해야 된다. 잔인함의 극치인걸 부의 상징인양 입고다니는것들보면; 답글 중의 하나다. ○무○정신 집권30년: 육식은 안되고 폭력은 되고?

은 아니다. 일반인들에게 있어서 가장 중요한 문제인 실생활에서의 먹을거리의 안전성에 대해서는 완전히 해소(解消)해주지 못하기 때문이다. 그렇기 때문에 육식주의자와 채식주의자들은 육식 vs. 채식이라는 극단적인 진영논리에서 벗어나, 우리의 식탁에 오르는 먹을거리의 안전을 위해서 진정으로 비판해야 할 대상이 무엇인가를 찾아 자신들의 시선(視線)을 돌릴 필요가 있는 것이다. 다시 말해 육식과 채식을 포괄하는 식탁문제인 먹을거리의 안전성 문제의 해결을 위해서 서로를 자극하는 극단적인 비방을 자제하고 상호 협력하는 자세가 필요한 것이다.

1. 식습관의 兩端的 區分의 不可能

현실적으로 인간을 채식(주의)과 육식(주의)으로 양단(兩斷)하여 구분하는 것은 사실상 불가능하다. 왜냐하면 개념적으로 (순수한) 채식주의자(vegan, 비건)들은 있을 수 있지만—개인적으로 현실적으로 100% 순수 채식을 하는 것은 불가능하다는 생각이 든다. 오늘날의 식품 공급과정에서의 음식에 대한 모든 정보를 잘 알지 못하는 현실에서는 더욱더 그렇다. 심지어 GMO토마토에 물고기 유전자를 넣는다고 한다.10)— 고기만을 먹고 사는 육식주의자(meat eater, carnivore)는 현실적으로 존재하는 것이 거의 불가능하기 때문이다. 현실적으로 육식과 채식으로 인간을 나눌 때는 채식주의와

---

10) 다음의 사례도 참조하라. "옥수수의 경우, 삽입되는 유전자·이 경우 '넙치(flounder, [도다리])'-중의 하나가 바실루스 투린지엔시스(Bacillus Thuringiensis) 또는 Bt라고 불리는 박테리아(식물이 아니다)의 유전자이다. 여기서도 이것만은 분명하다"(Shetterly, 2018: 43).

잡식주의(omnivore=菜食+肉食)로 나눌 수 있을 뿐이다. 다만 육식을 하되 육식의 비중이 상대적으로 얼마나 되느냐에 따른 구분만이 가능할 뿐이다. 그러므로 본고에서의 육식(주의)은 다양한 유형의 채식(주의)을 배제한 상대적 의미를 가지는 다양한 의미의 잡식(雜食) 스펙트럼을 의미한다. 채식주의에 다양한 스펙트럼이 존재하는 것처럼 말이다.

또 원칙적으로 채식주의라고 할 때 '주의(主義; ism)'라는 말은 신념(信念)과 관계되는 말이라고 한다.[11] 고기를 먹고 싶지만 어쩔 수 없는 이유 때문에 먹지 못하거나 취향 때문에 먹지 못하는 경우의 채식은 진정한 의미의 채식주의하고는 거리가 멀다고 하는 주장도 있다(최훈, 2012: 52 이하; Joy, 2011: 35). 그럼에도 불구하고 본고에서는 매우 포괄적인 의미에서 우리가 흔히 일상생활에서 사용하는 것처럼 채식주의·육식주의라는 단어를 사용하고자 한다. 신념뿐만 아니라, 취향과 건강상의 이유로 인해 채식을 하는 경우에도 채식주의라는 개념에 포함시키고자 한다.

---

11) 피타고라스에 대한 다음의 이야기를 참고하라. "피타고라스의 영향으로 그들은 콩류도 먹지 않는데, 콩을 가장 훌륭한 씨앗으로 간주해서 육체의 근원이라 믿었기 때문이다"(Russell, 2006: 177; Zaraska, 2018: 210 참조).; "키케로에 따르면, 피타고라스학파는 콩 먹는 것을 금지했는데, '콩은 방귀를 유발하며, 콩이 유발하는 상태는 진리를 찾으려는 영혼과 어울리지 않기 때문'이었다"고 한다(Haslam, 2018: 127-128; Bailey, 1961: 708-709 참조).; 종교가 식생활에 영양을 미친 대표적인 사람으로 피타고라스를 예로 들 수 있다. 피타고라스는 채식주의자였지만, 콩은 먹지 않았다고 한다. 자신의 종교적 신념 때문에 말이다. 그가 적에게 죽게 된 원인도 실은 콩과 관계가 있다고 한다(Toussaint-Samat, 2003: 56-60 참조).; 피타고라스의 채식에도 윤회설이 작용했다는 것을 확인할 수 있다. "기원전 6세기에 살았던 그리스의 신비주의자이자 수학자 피타고라스는 서구 사회에서 식물 위주의 식단을 최초로 주장한 인물 가운데 하나다. 그는 사람이 죽으면 그 영혼이 새로운 육체로 들어가므로 동물로 다시 태어날 수도 있다고 믿었다. 그래서 피타고라스는 양의 몸에 갇힌 사람을 먹을지도 모른다는 생각 때문에 꺼림칙하다면 그 양을 먹지 않는 편이 낫다고 했다. 그는 또한 동물을 죽이는 행위가 다른 사람에 대한 인간의 폭력성을 드러낸다고 믿었다. 그는 이렇게 표현했다. '인간이 동물을 대량 학살하는 일을 그만두지 않는다면 서로를 죽이는 일도 그만두지 못할 것이다'"(Hughes, 2017: 45).

2. 식습관 논쟁보다는 "먹을거리 안전성"을 위한 協力 必要

이 글은 앞에서 언급했듯이 채식이냐 육식이냐의 식습관의 문제는 비방의 대상이 아니라 상호 협력의 대상이라는 점을 기본적 전제로 한다. 그렇기 때문에 식습관의 문제[食習慣類型]에 대해서 이야기할 것이 아니라, 양자의 공통된 현실적 문제점인 '식탁문제', 즉 '먹을거리의 안전성의 문제'를 논의의 주제(論議主題)로 삼아야만 한다. 채식/육식이라는 이분법을 넘어서 이제는 먹을거리[食卓]의 안전성으로 나아가야만 한다. 미국의 부통령을 지낸 앨 고어(Al Gore)가 기후변화 대사로 활동하던 중에 "우리 모두는 이 문제에 관한 한 한배를 탄 것이다"(Cox, 2009: 16 재인용)라고 말했던 것과 같이 이제 '먹을거리의 안전성[食卓問題]'을 확보하기 위해 채식주의자와 육식주의자가 한배를 타고 있다는 사실을 인지할 필요가 있다.

3. 연구문제와 범위

따라서 이 글의 연구문제는 다음과 같다. **"먹을거리 안전성을 위한 식탁 담화"**다. 이를 위해서 연구문제를 다음과 같이 구체적으로 잡았다.

연구문제1: **[談話 必要性]**
　　　　　 식습관을 떠나 왜 육식주의나 채식주의 간에 식탁 담화가 필요한가?

연구문제2: [談話의 姿勢]
　　　　　식탁 담화를 할 때 어떤 자세로 임해야 하는가?
연구문제3: [談話의 範圍]
　　　　　구체적으로 식탁 담화가 필요한 영역은 어디인가?

　이를 위해서 (1) 위에서 언급한 것처럼 논고의 전제는 식습관의 문제를 놓고 상호 간의 비방이 아니라, 식탁문제인 먹을거리의 안전성의 문제를 놓고 서로 협력하는 것이 필요하기 때문에 상호 간의 자극적인 발언을 스스로 자제할 필요에 대해 먼저 다루었다. 그리고 대부분 식습관이라는 것이 개인적인 선택이 문제라고 생각하지만 환경과 지역에 따라서는 개인의 선택과는 무관하게 식습관이 형성되는 경우도 존재함에 대해 다루었다. 더 나아가 먹을거리의 안전성을 다루기 위해서는 서로의 식습관에 대해서 인정하는 것 또한 필요하다는 것에 대해 다른 저자들의 사례를 통해 기술하였다. (2) 먹을거리의 안전성에 대한 진정한 협력자가 되기 위해서는 상대방의 지적에 대해 진정한 귀 기울임이 필요하다는 것과 더불어 상대방의 지적에 대해 열린 마음을 가지고 재고(再考)할 필요가 있음을 살펴보았다. 채식주의자의 식습관에 대한 육식주의자들의 지적(또는 批判)에 대해서 채식주의자는 귀를 기울일 필요가 있으며, 이와 반대로 육식주의자의 식습관에 대한 채식주의자들의 지적에 대해서도 육식주의자 또한 이에 대해 귀 기울임이 필요하다는 것이다. 왜냐하면 그 누가 말[指摘·批判]을 했든 간에 맞는 것은 맞는 것이며, 누가 말했든 간에 틀린 것은 틀린 것이기 때문이다. (3) 식습관과 밀접한 먹을거리 문제에서는 식습관의 유형을 기술한 이후에 먹을거리의 안전성과 관련해서 오늘날 문제가 되고 있는 것들 (채식주의자와 육식주의자들의 지적을 통해서 파악한 먹을거리와 관련된 문제점)이 식습관 유형과 밀접한 관계를 지니고 있음을 설명하였다. 마지막으로 식습관과 밀접한 먹을거리 문제를 통해 진짜로 비판해야 할 대상이 누구인지에 대해 기술하였다. (4) 나가는 말에서는 식습관이 비판의 대상이 아님을 재차 강조하고, 더 나아가 식습관과 먹을거리 안전성의 문제와 관련해서 실천할 수 있는 것이 무엇인지에 대해 개인적 생각을 소박하게 기술하였다.

II. 채식/육식 이분법을 넘어선 식탁 담화

1. 食卓 談話 前에

1) 相互 刺戟的 發言 自制必要

잔소리처럼 들릴지 모르지만 식탁 담화에 들어가기에 앞서 전제되어야 할 것이 있다. 그것은 바로 식습관에 대한 상호 비방적인 언급은 자제하라는 것이다. 먹을거리의 안전에 관해서 채식주의자나 육식주의자는 적(敵)이 아니라 공동의 협력자이기(협력자가 될 필요가 있기) 때문이다. 그러한 이유로 분열(分裂)을 야기할 수 있는 상호 비방은 스스로 자제되어야만 한다. 앞의 신문기사에 나온 "아우디 녀"의 사례에서도 볼 수 있듯이 "육식=유영철=살인마"라는 비이성적인 극단적 도식(framing)에서 벗어나야 한다. 박상언의 지적처럼 급진적 채식주의자들에게서 볼 수 있는 논리가 바로 '육식=타락=폭력성'이라는 환원주의적 단순 논리다(박상언, 2014a: 213-214). 그 한 예로 철학자 소크라테스도 전쟁의 기원이 육식에 있다고 생각했었다고 한다(이광조, 2008: 30-32; Republic, 373a-e 참조). 시인 셸리(Percy Bysshe Shelly)가 1813년 "육식이 많은 사회악의 원인이 되는 끔찍한 습관이다"라고 한 주장도 이러한 비근한 예로 이해할 수도 있을 것이다(Wrangham, 2011: 44; Robbins, 2014: 565 참조).[12] 채식이 더 좋냐, 육식이 더 좋으냐의 진영 논리는 양자 간의 타협이나 협력보다는 상호 간의 대립과 반목을 낳을 뿐이다(본고에서 참고한 채식주의자들의 저서 중에서 육식주의에 대해 가장 큰 반감을 지닌 인물은 바로 육식을 가부장제와 연결시키는 페미니스트인 캐롤 J. 에덤스[Adams, 2006, 다른 번역자에 의한 새 번역은 2018]인 것 같다는 생각을 개인적으로 조심스럽게 해본다. 왜냐하면 애덤스는 자신의 책에서 "육식[고기]=가부장제도", "채식=페미니즘=레즈비언(homosocial?)"이라는 도식으로 접근하고 있다는 느낌이 들기 때문이다[Adams, 2018: 97ff; 326ff]). 박상언도 극단적인 채식주의를 옹호하는 이들에게서 극단적 도식인 '육식=타락=폭력성'이라는 주장을 볼 수 있으며 이러한 문제점을 해결할 수 있는 해법으로 채식을 얘기하는 것에 대해서 다음과 같이 말한다.

급진적 채식주의에게 '육식=타락=인간의 폭력성'의 연쇄 고리를 차단할 수 있는 해결책은 채식=회복=인간의 자애라는 의미망을 구축하는 것이다. 급진적 채식주의자들은 폭력이 내재된 육식의 습관에서 벗어날 때, 곧 폭력이 사회에 처음부터 유입되지 못하도록 그것을 차단할 때 단순한 유토피아적 이상이 아닌, 진정한 사회개혁을 달성할 수 있다고 보았다. 폭력에 대한 도덕적 감수성과

---

12) "비폭력세상은 비폭력식생활에 그 뿌리를 가지고 있기 때문이다"(Robbins, 2014: 565).

저항은, 궁극적으로 폭력(himsa)이 약화된 날 음식, 곧 자연 음식을 통해 가능하다고 본 것이다(박상언, 2014a: 213-214; 강조 본 연구자).[13]

그렇다면 급진적 채식주의자들의 주장처럼 육식주의자가 마치 폭력의 주범인 양 다루고 육식의 식습관으로부터 벗어나 채식을 하는 것만이 이 세상에서 폭력 없는 진정한 유토피아를 달성할 수 있는 것일까? 채식주의자들의 이러한 논리에 대해서 육식주의자들이 반박의 예로 흔히 제시하는 사례가 바로 독일 나치제국의 히틀러(Adolf Hitler) 사례다.[14] 왜냐하면 히틀러는 일반적으로 알려지기는 채식주의자였음에도 불구하고 역사적으로 폭력(暴力)과 학살(虐殺)이라면 세계에서 둘째가라면 서러울 정도로 잔인함의 대명사로 만인에게 기억되고 있는 홀로코스트(Holocaust, 猶太人虐殺)를 일으킨 장본인이기 때문이다(Allen, 2007: 307-308; 김재성, in 이찬수, 2013: 40; 이광조, 2008; 76-82, "히틀러: 순결한 땅의 이방인" 참조). "심지어 영화를 보다가 동물들이 해를 당하는 장면이 나오기라도 하면 눈물을 흘리면서 눈을 가리고는 다른 사람들에게 '그 장면이 끝나면 말해달라고' 히틀러는 부탁했다고 한다. 그는 종종 이렇게 말하기도 했었다. '고기를 먹는 사람들은 시체를 먹

---

13) "고기 기피는 일반적으로 … 내포적 의미를 전제하고 있다. 그중에서도 트위그(S. Twigg)가 지적하는 것이 '육욕'과 '타락'이다. 이를테면 몬타나리(M. Montanari)가 규명한 그리스의 '채식주의적 평화주의' 철학에서 나온 전통이 고기 먹기와 폭력 간에 하나의 관계를 설정했다면, 기독교에서 이러한 함의는 고기를 쾌락주의적이고 그리고 '과도한 성욕으로 이어지게' 하는 것으로 보는 관념과 결합되었다"(Ashley, Hollows, Jones and Taylor, 2014: 285 재인용).

14) "공장식 축산업을 옹호하는 또 다른 논리는 이데올로기 공세를 펼치는 것이다. 공장식 축산을 비판하는 사람들을 채식주의자로 몰아붙이고, 히틀러와 연관시켜, '에코 파시즘'으로 치부해버린다"(박상표, 2012: 15).; "히틀러에 대한 이러한 사실 자체는, '채식주의자들은 천성이 평화적'이라는 생각에 어두운 그림자를 던지는 것이다. 그래서 오늘날까지도 그와 뜻을 같이하는 이들(음식에 관한 측면에서만)은 아직도 히틀러가 '진짜' 채식주의자가 아니었다고 주장하면서 다음과 같은 의구심을 내비친다. '그의 비타민 캡슐에 동물성 젤라틴이 들어 있지는 않았을까? 빵에 베이컨을 끼워 먹었던 건 아닐까'"(Allen, 2007: 309).

는 위선적인 이들이다. 그러므로 지배자 민족이 될 자격이 없다'"(Allen, 2007: 308). 히틀러에 대한 이러한 일화들이 믿겨지기나 하는가?

논리적으로는 채식주의자들의 주장처럼 "채식주의자=평화추구", "채식=비폭력"으로 이어지는 것처럼 보인다. 그러나 "채식주의=평화"라는 논리는 식습관이 삶의 행위로 당연히 귀결되는 것이 아님을 알 수 있다.15) 현실의 삶에 있어 개인이 어떠한 실천적인 삶을 살아가느냐에 따라 전혀 다르게 나타날 수 있다는 점에 대해서 인지할 필요가 있다. 이는 불교에서의 "방생(放生)"의 실천과도 비슷하다. '방생' 자체는 매우 뜻있는 일이라고 생각된다. 식목일을 통해 식목행사를 하지 않는가? 논리적으로 지혜 있는 방생은 불교 본연의 정신과 의도에 맞게 자연보호의 한 방편이며[放生法會], 동물[生命] 사랑의 한 방편이 될 수 있다. 그러나 생각이 짧은 어리석은 방생은 그렇지 못하기 때문이다. 예로 들어 매스컴에서 자주 지적되는 것처럼 외래종(外來種)을 방생하면 어떻게 될까? 민물 생물을 바다에 방생하면 어떻게 될지 다 알 것이다. 생태계에 심각한 교란을 가져올 것은 불 보듯 뻔하다. 다시 말해 지혜롭지 못한 방생은 생태계의 보전이 아니라 회복할 수 없는 파괴와 혼란을 가져올 뿐이다.16)
채식주의와 육식주의 간의 식습관에 대한 상호 비방은 오십보백보(五十步百步)요, 서로에게 아무런 실익(實益)이 없는 서로의 얼굴에 침 뱉는 격이라는 것을 철학자 최훈 교수의 다음 글에서도 확인

---

15) 퀘이커교도의 자연주의자인 짐 코버트(Jim Corbertt)는 "나는 동물을 잡아 고기를 먹으면서도 비폭력적으로 살기를 갈구합니다"라고 고백하였다(Corbertt, 1991: 44; Sweet, 1999: 168 인용).
16) 김기범, "방생, 거북 살리려다 생태 죽여요", <경향신문>, (2019.04.26.) 참조.

할 수 있다. 물론 최훈 교수는 채식주의자이기 때문에 채식주의자의 관점에서 책을 기술했지만, 이 글에서 전달하고자 하는 내용과 기본적으로 차이가 없기 때문에 여기에 인용하였다. 히틀러=채식주의, 무솔리니=육식주의 그런데 역사는 무엇을 말해주고 있느냐는 것이다. 결론은 '히틀러[채식]=무솔리니[육식]=제2차 세계대전=대학살'이다. 그럼 '채식=대학살=육식?' 전혀 그렇지 않다는 것이다.

> 히틀러가 채식주의자라는 설이 있다. 히틀러가 정말로 일관되게 채식을 실천했는지는 논란의 여지가 있다. 진실과는 상관없이 채식주의를 폄훼하는 사람들은 다음과 같은 삼단논법을 제시하기도 한다.
>
> **히틀러는 채식주의자다.**
> **히틀러는 악인이다.**
> **따라서 채식주의자는 악인이다.**
>
> 그러나 교양 수준의 논리학만 배워도 이 삼단논법은 올바르지 않다는 것을 알 수 있다. 이런 삼단논법을 말하는 사람은 똑같은 형식의 아래 삼단논법도 받아들여야 하기 때문이다.
>
> **무솔리니는 육식주의자다.**
> **무솔리니는 악인이다.**
> **따라서 육식주의자는 악인이다.**
>
> **채식주의자 히틀러와 육식주의자 무솔리니 중 과연 누가 더 악인일까?**[17](최훈, 2012: 284. 강조 본 연구자)

---

17) "히틀러가 채식주의자였다는 것이 채식주의가 잘못이라는 근거가 될까요? 히틀러가 정말로 채식주의자였는지도 논란거리이지만 설령 채식주의자였다고 하더라도 그것이 채식주의가 잘못이라는 근거가 될 수는 없습니다. 그런 식이라면 히틀러는 그림을 잘 그렸고 고전음악 감상을 좋아했으며, 고속도로(아우토반)를 만들었으므로, 그림 그리거나 고전음악 감상이나 고속도로 건설은 모두 옳지 않은 일이 됩니다"(최훈, 2014: 59).

2) 개인선택과 無關한 食習慣 存在

또 식습관은 개인의 의지만으로 이루어지는 것이 아니라는 점이다. 무엇을 먹고 마시느냐의 문제는 그렇게 단순하지 않다는 점도 배려의 차원에서 인지할 필요가 있다. 왜냐하면 식습관이 개인의 의지와 관계없이 인도의 경우처럼 종교적인 이유로 이루어지는 경우도 있는가 하면 때로는 지리적, 환경적인 요인에 의해서도 또는 사람의 건강 상태에 따라서도 결정되는 경우도 있기 때문이다(예로 이누이트[Inuit, 일명 Eskimo], Masai족도 마찬가지다).

빌얄무르 스테판슨(Vilhialmur Stefansson)은 1906년부터 여러 차례에 걸쳐 서구화되지 않은 이누이트족인 코퍼 이누이트(Copper Inuit, 캐나다 북부의 수목 한계선 너머에 사는 이누이트의 일파)족의 식사에 대해 가장 상세한 연구를 수행했다고 한다. 그 연구를 통해서 그가 얻은 결과는 코퍼 이누이트족의 식단에는 식물성이 없었다는 것이다. 모두 바다에서 나온 육류가 중심이었던 것이다. "…이들[코퍼 이누이트, Copper Inuit]의 식단에는 사실상 식물이 없었다. 주식은 바다표범이나 순록의 고기였고 보조식으로 연어 비슷한 큰 생선을, 가끔 고래 고기를 먹었다"(Wrangham, 2011: 49 재인용).[18] 물론 에스키모들은 부족한 비타민을 충족시키기 위해 그들의 사냥물의 내장으로부터 녹조류 등을 꺼내서 섭취한다고 한다. 채소를 기를 수 없

---

[18] 인류학자 스테판슨(Vilhjalmur Stefansson)이 관찰한 이누이트가 가장 선호하고 귀하게 여기는 음식은 지방이 많은 부위였다. 순록의 안구 뒤쪽과 턱선을 따라 축적된 지방 조직이 가장 귀한 부위였고, 그다음은 머리의 나머지 부분과 심장, 신장, 어깨 부위였다. 안심처럼 기름기가 적은 부위는 개들에게 주었다. "에스키모가 채소를 먹는다는 것은 기근이란 뜻이다"(Teicholz, 2016: 19 재인용).; 의사이자 생화학 교수인 맨(George V. Mann)은 마사이족의 젊은 전사 계급은 "채소를 전혀 먹지 않는다"고 전했다(Teicholz, 2016: 22 재인용).

는 기후 지역에서 살고 있는 에스키모들에게 채식을 요구할 수 있을까? 그것도 비건에 가까운 채식을? 아마 채식주의로 살고 싶어도 에스키모들에게는 거의 불가능한 단지 희망 사항에 불과할 뿐이다. 에스키모가 사는 추운 지역과 반대로 더운 사막에서도 식습관을 자신의 의지대로 결정하는 것이 거의 현실적으로 불가능하다는 것을 알 수 있다. 『우리는 비약해야만 하는가(So Shall We Leap)』에서, 콜린 터지(Colin Tudge)는 "고산지대나 반(半)사막지대 같은 혹독한 환경에 사는 사람들에게 채식주의는 살아남기에 적절한 선택이 아니라고 지적했다"(Tudge, 2003: 334-335; Peter & Mason, 2012: 322 재인용). 불교학자 피터 하비(Peter Harvey)도 다음과 같이 적고 있다. "북방불교에서는 비록 그 전통은 대승불교지만, 춥고 매서운 날씨와 식물성 단백질을 거의 섭취하기 어려운 여건이 일부 라마승을 제외하고 대부분의 사람들로 하여금 육식을 하게 만들었다"(Harvey, 2010: 307). 오르니틴 트랜스카르바밀라제 결핍증(OTC, Ornithine Transcarbamylase Deficiency)으로 불리는 유전병을 가지고 있는 이들이 있는데 이 병(病)은 희귀병으로 약 8만 명 중 한 명꼴로 나타난다고 한다. 이 병의 경우에는 건강한 정상인이라면 암모니아가 요소로 바뀌어 소변으로 바로 배출되는데 이 바뀌는 과정에 문제가 생기는 경우에 발병한다고 한다. 이들 대부분은 증상이 심하지 않아 모르고 지나갈 수도 있지만, 심할 경우에는 단백질 섭취가 낮은 채식주의나 엄격한 채식주의 식단을 가져야만 하는 경우가 있다고 한다. 이들 희귀병 환자들처럼 자신의 의지와 관계없이 생존을 위해 채식주의자가 되어야만 하는 경우도 있다는 점이다("OTC결핍증" <질병백과> 참조). 또 무슨 음식을 먹을까[먹을 수 있을까]의 문제는 소득수준(所得水準. 金錢的問題)과도 매우 밀접하다. 현실에서 채식을 하고 싶어

도 재정적 여유가 없음으로 인해 채식을 할 수 없는 경우도 발생할
수 있다는 점도 참고할 필요가 있겠다.

3) 그러므로 相互 食習慣 認定必要

페미니스트 잡지인 『미즈(Ms)』를 창간한 글로리아 스타이넘(Gloria
Steinem, 1934-)은 채식주의자이자 참정권 운동가였던 자기 할머니에
대해 언급하고 있다. 스타이넘의 할머니는 채식주의자이자 여성 참정
권론자였는데도 반(反)페미니스트였던 아들을 위해서 언제나 고기를
식탁에 올렸다(Steinem, 1986: 163; Adams, 2006: 320 재인용).

문제는 식습관인 채식이냐 육식이냐의 극단적 진영논리로 싸우
다 보면 진짜로 경계해야 할 대상[核心問題]이 무엇인지를 놓치게
되는 경우가 발생하게 된다. 그래서인지 몰라도 식습관에 있어서
진정으로 경계해야 할 것이 무엇인지를 인지하고 있는 이들은 자신
들의 주장을 펼 때나 반대편의 주장을 논박할 때 매우 조심스럽게
접근하고 있는 것을 보게 된다. 채식주의의 입장에서 그러한 예를
들 수 있는 경우로는 다음과 같다. 김우열은 자신을 소개할 때에
"채식주의자보다는 채식인"이라고 지칭한 것이나(김우열, 2012:
33-34; 유연한 채식주의에 대해서는 고미송, 2011: 121; 최훈, 2012
참조), 피터 싱어 등이 "먹을거리는 윤리문제이다. 하지만 광신은
필요 없다"라고 한 표현 등에서 찾아볼 수 있다(Peter & Mason,
2012: 394 참조). 반면에 육식주의자의 입장에서 그러한 예로 들
수 있는 경우로는 보는 시각에 따라 좀 과격하게 보일 수도 있겠지
만 리어 키스(Lierre Keith)의 입장일 것이다. 그녀는 배려의 차원

에서 자신의 책 제목을 '채식주의자의 거짓'이 아니라, '채식주의자의 신화(The Vegetarian Myth)'라고 비교적 완화된 표현을 사용하고 있는 것을 볼 수 있다(Keith, 2013: 391). 김우열은 자신들의 식습관에 대해서 너무 거창하게 보지 말라고 한다. 그래서 그는 채식주의자라는 명칭보다는 채식하는 사람이라고 불러달라는 것이다(김우열, 2012: 33-34 참조). 키스나 김우열 등은 다른 식습관을 가진 이들의 일부 주장에 대해서도 동의하는 부분이 있다는 것이다. 자신들의 식습관에 관계없이 말이다.

2. 식습관에 대한 相對方 指摘 敬聽하기

식탁 담화에 앞서 상호 자극적 발언을 자제하고 서로 상대방의 식습관에 대해서 인정(相互尊重)하는 태도를 지녀야 함에 대해서 서술해보았다. 그렇다면 그런 다음에 필요한 것은 무엇일까? 바로 상대방이 지적한 내용에 대해서 열린 마음을 가지고 경청(敬聽, listening courteously)할 필요가 있다는 점이다. 식습관에 대한 상대방의 지적이 비록 자신들의 식습관에 대해서 비판적인 내용을 지니고 있다손 치더라도 그들의 주장에 겸손하게 귀 기울이는 자세를 가져야 한다. 그리고 지적하는 쪽에서는 앞에서 언급하였던 것처럼 상대방에 대해 자극적인 표현을 최대한 자제하면서 이야기를 전개해가야 할 것이다. 열린 마음으로 경청하는 자세는 상대방의 지적을 통해 서로에게 깨달음을 줄 수 있는 기회를 얼마든지 제공할 수 있기 때문이다[反面敎師時間提供].

1) 먼저, 채식주의자의 指摘

먼저 채식주의자들의 지적부터 들어보자. 채식주의자들이 지적하고자 하는 점은 무엇일까? 인용하고 있는 자료의 양의 많고 적음에 차이가 있을 뿐, 또 인용한 자료의 발표된 시간적인 차이가 있을지는 모르지만, 채식주의가 육식주의에 대해 지적하는 내용들은 대부분 대동소이하다는 것을 발견할 수 있다(Moby & Park, 2011; Lyman, 2004; Robbins, 2014; Robbins, 2002; 김우열, 2012; 이광조, 2003 참조). 육식주의에 대한 채식주의자들의 주장[批判]을 간단하게 요약해주면서 읽는 이에게 내용 면에서나 분량 면에서 부담(負擔)을 주지 않는 자료 중의 하나가 바로 가수 출신의 Moby와 한국인 박미연이 함께 엮은(eds.) 책, 『고기, 먹을수록 죽는다 (Gristle: From Factory Farm to Food Safety)』다. 이를 참고하여 채식주의자들이 육식주의자들에게 말하려고 하는 것이 무엇인지 한번 보자. 이 책의 여러 공저자(共著者)들의 제목에서 알 수 있는 것처럼 먼저 육식이 건강과 관련해서 몸에 안 좋다는 점을 지적한다. 채식을 한다고 해서 체력이 약하게 되는 것이 아님을 지적한다. 육식으로 인해서 환경문제가 발생한다는 점 또한 지적하고 있다. "사람들이 고기에서 콩같이 보다 효율적인 음식으로 음식 선호를 바꾼다면, 전 세계적으로 환경에 긍정적인 영향이 나타날 것이다. 또한 개인의 생활이 더 건강해지고 보건 문제가 사회에 미치는 악영향도 줄어들 것이다"고 주장한다(Fiala, 2008; Moby and Park, eds., 2011: 24 재인용). 이 책에 의하면 공장식 농장의 경우 많은 문제들이 발생하는데 이들의 문제를 해결하기 위해서 납세자들에게 실질적으로 경비를 부담하게 한다는 지적이다. 공장식 농장으로 인해 환경이 오염되면 오염을 일으킨 당사자가 자신의 경비(汚染者負擔原則처럼, 기후변화의 문제에서의 오염자부담원칙에 대해서는 Klein, 2016: 164-176 참조)로 직접 오염의 문제를 해결해야만 하는데도 불구하고 현실에서는 그렇지 않고 국민(지역민)이 낸 세금을 이용해서 공장식 농장으로 인해 발생하는 이들 오염문제 등을 해결하고 있다는 지적이다(Moby and Park, eds., 2011: 56 그림 참조). 또한 공장식 사육(Rowlands, 2018: 181-225. 5장 참조)[19]을 통한 육식은 개인의 건강에 안 좋고, 환경문제를 발생케 하고, 동물의 복지권(福祉權)을 크게 훼손할 뿐만 아니라, 온실효과와 같은 전 세계적인 기후변화에도 악영향을 미치고 있다고 지적한다. 범위를 확대해보면 육식이 국제적으로 기아의 문제(굶주림)를 일으키는 장본인이라는 것이다. 왜냐하면 공장식 농장의 경우 가축들의 빠른 비육(肥肉)을 위해서 많은 곡물(일종의 穀物肥肉, Grain-fed)을 사용하고 있기 때문에 세계적으로 식량이 부족한 원인이 되기도 하기 때문이다. 이러한 이유로 인해서 이들 여러 저자들은 육식을 자제하면(또는 포기하면) 이러한 기아·환경오염·기후변화 등과 같은 여러 문제들이 해결(많은 부분 해소)될 것이라는 점을 기대하기도 한다(채식주의자들의 식습관으로 인해서 발생하는 문제들에 대한 구체적인 내용은 채식주의 식습관과 상호 관련된 먹을거리 영역을 중심으로 후술하기로 하겠다).

---

19) http://tvpot.daum.net/clip/ClipView.do?clipid=45832193; 매트릭스를 패러디한 미트릭스(Meatrix) 동영상 참조하라.

2) 육식주의자의 指摘

시중의 책들과 자료들은 채식주의자들의 입장에서 육식주의가 갖는 문제점을 지적하는 내용들이 거의 대부분을 차지하고 있다. 이는 오늘날의 식습관의 경향에서 기인할 것이다. 육식→채식으로 가는 추세인 것이다[昨今傾向, Trend]. 현실적으로 대부분의 자료에서 채식주의자들을 비난하는 육식주의자가 쓴 자료를 찾기란 상대적으로 어렵다. 그래서 이 부분에 대해서는 육식주의로 전환한 리어 키스(Lierre Keith)의 책을 중심으로 다루고자 한다. 키스는 채식주의자들이 지적하고 있는 공장형 농장으로 인해 발생하는 많은 사회문제점들에 대해서 솔직하게 거의 사실이라는 점을 먼저 인정한다. 하지만 공장형 축산(factory farming)만이 가축을 기르는[肉類生産의] 유일한 방식이 아니라는 점에 대해서도 지적한다.

> 공장형 축산에 대해 채식주의에서 말하는 것은 모두 사실이다. 공장형 축산은 잔인하고 낭비가 심하며 파괴적이다. 이 책 어디에서도 산업적 식량생산을 정당화하거나 장려하려는 의도는 없다. 그러나 시작된 지 50년도 채 되지 않은 이 공장형 축산만이 가축을 기르는 유일한 방법이라고 가정하는 것부터가 착각이다(Keith, 2013: 17).

다른 방법으로도 육류를 생산할 수 있다는 것이다. 또한 키스는 제시카 프렌티스(Jessica Prentice)의 말은 인용하면서 생명은 두 가지로 나누어서 이해할 필요가 있다는 점에 대해서 지적한다. 그런 후 키스는 채식주의자들도 죽음에 대해서 인정하는 태도를 지녀야 한다고 말한다. "예를 들어, 고대 그리스에서는 서로 다른 두 단어로 '생명'을 표현했다. 바로 비오스(Bios[βιος])와 조에(Zoe[ζωη])였다. 모든 살아 있는 것은 다른 살아 있는 것의 죽음이 있어야 가능하다. '조에 생명'은 계속되는 생명, 넓은 의미에서의 생명을 뜻하는 단어로, '비오스 생명'의 희생을 필요로 한다. 비오스 생명은 살아 있는 생명의 개별적인 생명을 의미한다. 조에는 비오스를 취한다(죽이고 소비하고 먹고 희생하고 필요로 한다). 수많은 영적 단체와 종교 전통의 세계관은 이 성인의 지식을 그 핵심으로 하고 있다. 죽음은 특정 생명(비오스)의 끝이지만, 생명 자체(조에)의 끝은 아니다. 조에 생명은 영원하고 죽음을 넘어선다(Keith, 2013: 130 재인용; 카터 핍스 Carter Phipps의 경험에 대한 기술은, Phipps, 2016: 84-85. [ ] 본 연구자 첨가)."[20] 무엇보다도 키스 자신이 20년 동안 비건 생활[純粹菜食主義 vegan]의 실천을 통해 경험한 것은 채식주의로 살면서 얻은 것은 '매우 배고프다는 현실'이었다고 말한다. 배고픈 채식주의자의 삶은 마치 "한적한 비건의 해안선 너머에는 과식주의자(果食主義者)의 배고픈 바다가 있고, 그 바다를 건너면 호흡주의자(呼吸主義者, breatharian, 인간은 먹을 필요가 없다고 생각하는 사람-역주)의 약속의 땅이 있다"고 자신의 과거 경험을 통해 지적한다(Keith, 2013: 114).[21] 더 나아가서 키스는 동물이 감각이

---

20) "생활비"(막 12:44; cf. 눅 21:4)라는 단어가 헬라어로 "bios[βιος]"인데 두 가지 의미를 갖는다고 한다. 하나는 '생명 자체(life itself)'를, 또 다른 하나는 '살아가기 위한 수단(means of subsistence)'이라는 것이다(김득중, 2016: 222). 김득중 (2016), 『초대 기독교와 복음서』, 서울: kmc. 참조; "『리그베다』에 '나무 위에 새 두 마리가 앉아 있다. 그런데 한 마리는 그 나무의 과실을 먹는데, 다른 한 마리는 먹지 않고 보고만 있다'라는 구절이 나온다. 여기서 말하는 '나무'란 생명의 나무, 우리 자신의 삶의 나무를 말한다. 나무의 과실을 먹는 새는 그 과실을 죽이고 있다. 그러나 보고만 있는 새는 필경 굶어 죽고 말 것이다. 결국 생명은 생명을 먹고 산다는 이야기이다"(안진태, 2005: 177).

21) 케빈 지아니(Kevin Gianni)도 비슷한 경험을 이야기한다(Gianni, 2017: 108-110).; "철분을 예로 들어보자. 식물에 든 제1철(ferrous iron)은 동물성 식품에 든 헴철(heme iron)보다 흡수가 어렵다. 이런 이유로 채식주의자들은 철분 결핍에 시달리곤 한다"(Gianni, 2017: 121).; 김기성, "'채

있는 것처럼 식물도 감각이 있다는 사실을 채식주의자도 인정해야 한다고 지적한다(Chamovitz, 2013 참조).[22] "채식주의자인지의 여부와 상관없이, 당신은 식물에게 감각이 있다는 것을 언제쯤 인정할 수 있겠는가? 나무가 나무껍질을 해충에 갉아 먹히면 단독으로 있을 때는 금방 죽지만 공동체에 속한 경우 몇 년을 더 산다는 이야기를 들으면, 공동체에서는 다른 나무가 이 상처 입은 나무에게 탄소, 인, 당을 비롯한 필요한 것들을 보낸다. 고래가 사랑하는 병든 동료를 수면으로 데리고 가주는 것과 이 나무들이 어떻게 다를까? 왜 식물은 '우리'의 하나로 인정하지 않으려 하는가? 식물과 인간은 DNA의 50%를 공유한다"고 지적하다(Keith, 2007: 159).[23]

식 희생양' 호주 19개월 아기. 치아 없고 체중은 4.9kg", <연합뉴스>, (2019.08.23.) 기사 참조; 대부분의 칼로리를 과일, 채소, 곡물에서 얻도록 권장한 농무부조차도 최근의 권장 식단과 관련하여 "식물성 식단이 특히 아동과 노인층에서 주요한 영양소 결핍을 초래할 가능성"에 대한 연구가 더 많이 필요하다고 인정했다(Dietary Guidelines Advisory Committee, 2010: 277; Teicholz, 2016: 209, 78번 각주 재인용).; 채식 위주로 식사를 한 아이들의 경우 약간의 성장 장애가 일관되게 나타났다. 또 아이들은 동물성 식품을 풍부하게 섭취할 때 성장이 빠른 것으로 밝혀졌다. 성장 장애는 동물성 식품을 완전히 배제한 비건 식단을 먹은 아이들에게서 특히 두드러졌다(Kaplan and Toshima, 1992: 33-52; Teicholz, 2016: 209, 79번 각주 재인용). 송현서, "18개월 아들에 채식만 강요하다 숨지게 한 美부부 살인죄 기소", <서울신문>, (2019.12.20.).

22) "연구를 통해 나는 식물이 스스로 빛 속에 있는지 어둠 속에 있는지를 판단하는 데 필요한 독특한 유전자 집단이 있다는 것을 발견했다. 이후 내 예상과는 달리 인간의 DNA 속에도 이와 동일한 유전자 집단이 존재한다는 사실을 발견하곤 무척이나 놀랐다"(Chamovitz, 2013: 10).; 어류에 대해서는 다음을 참조. 조너선 밸컴(Jonathan Balcombe)은 물고기도 기쁨과 행복을 느끼는 것이 거의 확실하다고 추측한다. 부정적인 감정과 긍정적인 감정이 진화 과정에서 똑같이 발달했다는 것이다(Balcombe, 2006: 189). 따라서 부정적인 감정을 느끼는 물고기는 긍정적인 감정도 느낄 수 있으리라고 저자는 추론한다(Hahn Niman, 2012: 318 재인용).; "영국 글래스고 대학의 맬컴 월킨스 교수에 따르면 나무도 목이 마르면 비명을 지르고, 몸이 잘릴 때는 피 대신에 수액을 흘린다. 그 비명이 우리 귀에 들리지 않고, 수액이 피로 보이지 않을 뿐 식물에도 생명이 있다는 것이다. 나무가 살아 있다면 그것은 필연적으로 감정을 가지고 있다는 이야기가 된다"(안진태, 2005: 321).

23) "대승불교에서는 식물을 포함하여 모든 존재는 불성이 있으며 따라서 본래적 의미에서는 식물도 우리와 동일하다는 입장을 발전시켜 왔다. 특히 이러한 논의를 발전시켰던 일본의 승려 친카이(珍海, 1093-1152)는 다음과 같이 말했다. '모든 중생은 불성이 있으므로 모두 부처가 될 몸이다. 그렇다면 어떻게 부처가 서로를 잡아먹을 수 있는가?' 그러나 여기서 생각해볼 수 있는 점은 심지어 채식주의마저도 문제가 있다는 것이다"(Faure, 2014: 187).; "더 최근에 진화생물학 … 사람들에게 믿기 어려운 것들을 믿으라고 요구해왔다. 예를 들면, 우리가 토끼뿐 아니라 당근과도 조상을 공유한다는 것…"(Dixon, 2017: 22).

계속해서 그녀는 "생명에는 범위가 없다"고 주장한다(Keith, 2007: 161). 식물이나 동물이나 차별 없이 다 같은 생명이라는 것이다.

극단적 채식주의를 비판하는 또 다른 반대자들로는 탄수화물이 지닌 문제점[炭水化物中毒]을 지적하는 이들이 많이 포함되어 있는 것 같다. 먼저 그 자신도 채식주의자이며 의사인 존 맥도걸(John McDougall)의 경우 오늘날 채식주의자들이 먹는 음식(공장식 농업과 식품기업들을 통해 생산되는)은 채식주의자들이 생각하는 그런 좋은 음식물이 아님을 우리의 주변에서 쉽게 구입할 수 있는 콩 음식을 예로 들어서 설명한다. 공장에서 생산되는 인위적인 콩과 관련된 음식들이 많은 질병의 발생요인으로도 작용한다는 것이다. 맥도걸은 자신의 책 "10장. 뚱뚱한 채식주의자"에서 채식주의자들에게 다음과 같은 지적을 한다. "…나는 여기서 콩이 건강에 나쁘다는 말을 하려는 것이 아니다. 전통적인 콩 음식은 건강에 좋은 영향을 주지만, 인위적인 콩 음식으로 식단을 꾸미면 건강에 큰 문제가 생길 수 있다. **공장에서 인위적으로 만든 콩 음식은 암 발생을 높이며 갑산성기능과 뇌기능의 위험을 초래하고 뼈의 손상 및 재생기능 문제를 일으킨다. 가짜고기와 가짜치즈 등은 정제된 콩단백질에 화학적 혼합물을 섞어서 만들기 때문이다**"(McDougall, 2014: 184. 강조 본 연구자). 계속해서 맥도걸은 순수한 채식주의라는 것이 현실적으로 이루어지기가 매우 어렵다는 현실에 대한 지적이다. 많은 음식에 동물성 성분들이 우리가 모르는 사이에 채식주의자들의 먹을거리에 첨가되고 있는데도 불구하고 채식주의자들은 그러한 사실도 모른 상태에서 그러한 음식을 섭취하고 있다는 것이다. 그러한 현실인데도 불

구하고 자신들은 육류는 안 먹었다고만 생각한다는 것이다. 물론 채
식주의자인 맥도걸이 채식주의를 포기하라고 말하는 것이 아니다.
다만 건강한 채식주의가 되는 것을 배우라는 지적이다(McDougall,
2014: 175 참조).

한스-울리히 그림(Hans-Ulrich Grimm)도 자신의 책 『위험한
식탁: 건강식품의 기만, 그 위험한 이야기(Vom Verzehr wird
abgebraten)』의 "1. 건강한 섭생이 수명을 단축시킬 수 있다"에서
식물성 지방이 꼭 좋은 것만은 아니라는 지적을 심장학자이면서
동시에 심장전문가인 올리버 바인게르트너(Oliver Weigaertner)
의 연구결과를 인용하여 지적하는 것을 볼 수 있다. 비록 이러한
연구가 제한적으로 쥐를 대상으로 행해진 것이지만 채식주의자
들이 참고할 필요가 있다는 것이다. 식물성 지방이 심장과 관련
해서 문제를 야기할 수 있기 때문에 그들 제품과 광고에 대해서
주의할 필요가 있다는 것이다(Crimm, 2013: 23-24). 인류학자
마빈 해리스(Marvin Harris)는 이론적으로 채식주의자들의 주장
은 맞지만 현실적으로 영양을 섭취하는 데 어려움이 있다는 점
을 지적하면서 육식을 통한 육류에서 아미노산[蛋白質]과 같은
영양분을 섭취하는 것이 더욱 효과적일 수 있음을 지적하기도
한다(Harris, 1995: 211-212). 약간은 곁길로 가는 감이 없지 않
지만, 박지현 등의 책에서는 채식주의자들의 중심에 있는 유기농
재배의 경우 세균이나 독소에 노출될 확률이 높다는 지적이다
(박지현·서득현·배관지, 2013: 120).[24]

---

24) "오늘날 우리가 사는 세상은 산업폐기물로 몹시 오염되어 있다. 특히 유기농식품 가운데 상당

3) 상대방 지적에 대한 再考: 本硏究者 個人的 見解 記述

양자의 지적, 비록 여기서는 열거하지 않았지만 채식주의와 육식주의자 간의 논쟁 중 다수를 차지하고 있는 내용 중 영양학자들을 중심으로 다루어지고 있는 영양소[破片化된 營養成分]에 대한 연구들에 대해서는 그냥 "단순한 사실(단순 연구결과)"로 인정하는 자세가 필요할 것 같다는 개인적인 생각이 든다. "누구의 연구결과에서는 어떤 영양소에 대해서 이러저러한 효과[結果]가 나왔다고 하더라"는 식(式)의 연구들에 대해서는 중요한 의미를 부여하지 말고 단순한 사실의 인정으로만 끝났으면 한다. 이러한 생각을 하는 이유는 개개인의 식생활의 적용에 있어서도 케이스 바이 케이스(Case by case)인 경우가 많기 때문이며, 또 이러한 연구결과들은 연구방법 등에 있어서 매우 제한적인 연구(대부분 연구의 한계에서 밝히고 있는 것처럼)인 경우가 많기 때문이다. 더 나아가서 "무엇이 좋더라, 무엇이 좋더라" 식의 연구결과는 의학 박사 스티븐 브래트먼(Steven Bratman)이 지적한 것처럼 "건강식품 탐욕증(ortherexia nervosa)"(Keith, 2007: 373)을 야기해서 음식에 대해서 병적인 집착[病的執着]을 가질 수 있게 하기 때문이다. 이러한 연구결과에 집착하게 되면 결과론적으로 개인의 건강뿐만 아니라 경제적으로도 악영향[金錢的損失]을 가져올 수도 있기 때문이다.

또 개인적으로 연구결과에 대한 비판적 시각들이 그 자신들 집단의 내부에서 먼저 나왔으면 한다. 예를 들어서 채식주의와 관련된

수는 중국에서 왔기 때문에 '유기농'이라는 말 자체가 커다란 농담처럼 들릴 지경이다. 최근 측정된 베이징의 대기 오염도는 WHO의 최대 기준치보다 1,100% 높게 나왔다. 놀랍게도 1세제곱미터당 268µ g의 오염물질이 검출된 것이다"(Adams, 2017: 13).

(긍정적)연구결과에 대해서는 채식주의자 내에서 먼저 깊이 있는 재고와 더불어 비판의 소리가 나왔으면 하고, 육식주의와 관련된 (긍정적)연구결과에 대해서는 육식주의자들 집단 내에서의 반성적 고찰의 목소리가 나왔으면 하는 바람이다. 자신들의 집단에 유리하게 나왔다고 이들 연구결과에 맹종(盲從)하거나, 연구결과를 맹목적(盲目的)으로 인터넷이나 매스미디어상으로 퍼 나르기보다는 비록 자신들 집단의 식습관에 이익을 주는 연구결과이지만 이들 연구의 방법에는 문제가 없지나 않은지 등에 대해서 집단 내(內)의 심도 있는 정직한 고찰[再考, rethinking]이 선행되었으면 한다. 왜냐하면 이들 연구결과는 제일 먼저 자신들과 같은 식습관을 가진 공동체[集團]의 건강과도 밀접한 관계를 지니고 있기 때문이다. 자신들의 식습관에 유리하다는 연구결과가 차후에 잘못된 연구결과로 밝혀지면 어떠하겠는가? 지금까지 그 연구결과에 충실히 따라서 먹어왔는데! 그것도 사랑하는 사람들이, 아내, 남편, 부모님, 앞으로 살날이 창창한 예쁜 새끼들까지! 채식주의자이든 육식주의자이든 먹을거리와 관련해서 이와 같은 문제가 언제든지 발생할 수 있다는 사실을 먼저 기억했으면 한다. 그래서 J. 험프리스(J. Humphrys)가 지적한 대로 새로운 것에 대해서는 좀 시간을 가지고 그 결과들에 대해서 생각해보는 것도 필요할 것 같다. 특히 새로운 화합물이 첨가된 경우에는 더욱더 시간을 가지고 '안전성'에 대해서 생각해볼 필요가 있다는 것이다.

> 새로운 화합물이나 새로운 공정이 실험실에서 실험 과정을 거쳤고 아무런 악영향이 발견되지 않았다고 해서 '안전하다'고 주장하는 것은 문제가 있다. 음식의 역사를 되돌아보면 승인된 음식에서

과학자들이 전혀 예측하지 못했던 끔찍한 결과가 일어났던 일이 종종 있었다. 과학에서 유일한 절대적 법칙은 무엇인가 잘못된 가능성이 있다면 틀림없이 그렇게 된다는 것이다. 지난 반세기 동안 전 세계가 실험실이 되고 모든 인류가 실험용 쥐 취급을 받은 일이 너무나 자주 있었다(Humphrys, 2004: 125).

더 나아가 극단적으로 일반화시킬 수는 없지만 일반적으로 사람은 누구나 자신의 자리로부터 자유로울 수 없다는 점에 대해서 스스로 인정할 필요가 있을 것 같다는 생각도 든다. 이는 먹을거리와 관련된 연구결과에 경제적인 문제 등(돈의 문제와 더불어 다양하고 복잡한 이해관계)이 얽히고설킨 경우가 많기 때문이다. 과학자들과 연구자들이 양심의 논리보다는 돈[Mammon, 金錢]의 논리에 의한 연구발표들이 많다는 것이 지금까지 심심치 않게 밝혀졌었고 앞으로 밝혀질 수 있는 개연성이 상대적으로 높기 때문이다. 왜냐하면 많은 연구자들이 자본의 논리에 이미 포획되어 있고, 또 포획의 유혹에 노출되어 있기 때문이다(Nestle, 2011; Soucar, 2009 참조).

마지막으로 무식하게 들릴지 모르겠지만 동물과 식물의 감각의 유무에 관한 극단적인 논쟁도 상호 간에 지양(止揚)해야 할 사항이라고 본다. 왜냐하면 이는 연구자의 세계관과 밀접하게 관계되어 있기 때문이며, 동물과 식물의 감각의 유무가 먹는다는 것(식물과 동물의 입장에서 먹힌다는 것)에 현실적으로 아무런 영향도 줄 수 없기 때문이다. 현실적으로 식물이 감각이 있다고 하면 채식주의자들은 채식을 포기할 것인가? 아니면 동물에게 권리가 있다고 해서 육식주의자들은 육식을 포기할 것인가? 식물(植物)에게서 발견할 수 있는 감각이나 그 어떤 권리가 있다고 해도 채식주의자들은 식물을 먹을 수밖에 없을 것이며, 동물(動物)에게서 더 큰 무엇인가를 발견한다고 해도 육식주의자는 육식을 할 수밖에 없기 때문이다. 이런 말을 하는 본 연구자가 매우 아둔하게 보일지도 모르겠지만 아직까지는 그렇다는 말이다. 모르겠다. 100%로 음식(육식·채식)을 대체할 수 있는 그 무엇인가가 발명되든 발견되든 간에 그때에 가서는 이러한 논쟁 자체가 무의미하게 될 것이지만 말이다. 개인 적으로 육식과 채식을 대체할 수 있는 음식이 나왔으면 좋겠다. 값싸고 몸에도 좋은 식습관과 관계없는 먹을거리 말이다.

3. 식습관과 密接한 먹을거리 문제

재차 강조하지만 오늘날 먹을거리의 안전성과 관련된 문제는 식습관의 유형과 관계없이 매우 중요하다. 이는 먹을거리 안전성의 문제로부터 육식주의든 채식주의든 그 어떤 식습관 유형도 자유롭지 못함을 의미한다. 다시 말해 육식주의자에게 있어서 육류가 주된 소비 음식이지만 육류가 오염될 경우에는 육류를 제외한 다른 먹을거리에서 소비를 찾아야만 한다. 채식주의자의 경우 어떤 특별한 채식주의자들의 음식에서 오염이나 사회적인 문제가 발생할 경우 다른 음식을 통해 먹을거리를 찾을 수밖에 없다는 점이다[상대적으로 육류와 관련된 육식주의가 이 경우에 더 심각하게 작용할수는 있을지 모르지만, 간접적으로라도 영향을 받을 수밖에 없는 관계에 있다]. 이는 2001년 프랑스[유럽]의 광우병 파동 때 나온 대책에서 볼 수 있듯이 육식과 채식(곡물)과의 관계가 매우 밀접하다는 것을 확인할 수 있다. 광우병의 원인인 동물성 사료를 금지했을 때 그 빈 곳을 식물성 사료가 메우게 되었는데 다름 아닌 유전자변형사료(GMO)로 대체하게 되었다는 것이다. 대량의 유전자변형 곡물의 수입은 그만큼 채식주의자들에게도 유전자변형 곡물에 노출될 수 있는 가능성[確率]을 높였기 때문이다[물론 이 경우 상대적으로 더 심각한 쪽은 육식주의자임에는 틀림없다. 그렇지만 재배된 GMO사료가 채식주의자들의 식탁에 올라오지 말라는 법도 없다.]

[2001년 프랑스 광우병 파동 때] 프랑스 정부가 광우병과 맞서 싸우기 위하여 동물성 사료를 금지했을 때, 내놓았던 대책은 국민들을 매우 당황하게 만들었다. "소각된 동물성 사료 대신에, 프랑스는 백만 톤 이상의 콩을 추가 수입한다는 것이었다. 결과적으로 단백질의 콩 의존도가 증대될 뿐만 아니라 유전자 변형 농산물이 프리온의 위험을 대신한 것이다"(Pochon, 2002: 74-75. [ ] 본 연구자).

이러한 이유에서 먼저 식습관의 유형을 살펴보고, 먹을거리 안전성 문제와 식습관 유형이 어떻게 연결되어 있는지 살펴봄으로써 채식주의자와 육식주의자[더 정확히는 雜食主義者]가 먹을거리의 안전성의 문제에 대해서 협력자가 될 수밖에 없음에 대해서 살펴보기로 하겠다.

1) 多樣한 식습관 유형

먹는 것에 대해 다양한 스펙트럼이 존재한다. 순수한 채식주의자(vegan)에서부터 육식주의자(때로는 잡식주의자라고도 지칭되는)까지 다양하게 존재한다. 다양한 식습관의 존재는 이들 유형에 대한 다양한 명칭을 통해서도 알 수 있다. 육식주의의 경우 절대적인 육식주의자는 존재할 수 없다. 육식(잡식)주의의 경우에도 금기시하는 육류(고기)의 종류에 따라서 이론적으로 다양한 종류의 사람으로 구분할 수도 있을 것이다. 이러한 용어가 학술적으로는 존재하지는 않겠지만, '제한적 육식주의자(돼지고기 안 먹음, 개고기는 절대 안 먹음, 쇠고기 안 먹음)' 등으로 명명할 수도 있지 않을까 조심스럽게 생각해본다. 물론 '소극적 제한적 육식주의자(쇠고기만 먹음, 또는 개고기만을 먹음)' 등도 생각해볼 수 있을 것이다. 이러한 구분은 상대적일 뿐만 아니라, 너무나 많은 식습관의 존재로 인해서 현실적으로 분류하기에는 어려움이 있을 것이다. 이러한 이유로 일반적으로 알려진 채식주의자들의 유형을 제외한 모든 이들의 식습관을 육식주의[雜食主義]에 포함시키는 것이 논의에 있어서 편리할 것이다. 박상언은 채식주의의 유형에 대해서 주석(註釋)을 통해 다음과 같이 간략하게 소개한다(박상언, 2014b: 322, 10번 주석; 이광조, 2003: 407-410; 최훈, 2012: 287-306 등도 참조). 채식주의자들을 육고기(肉類)·물고기(魚類)·난류(卵類)·유제품(乳製品)의 식용 여부(食用與否)를 기준으로 다음과 같이 구분할 수 있다고 한다.

먼저 비건(vegan)은 이 모두[動物性蛋白質]를 먹지 않는 완전한 채식주의자들을 말한다.[25] 이들은 실크나 가죽같이 동물에게서 원료를 얻는 제품도 사용하지 않는 경우가 있다고 한다. 비건들 중

---

25) 콜린 캠벨(T. Colin Campbell)의 지적을 유의하기 바란다. "엄격한 채식주의 다이어트라고 해도 무가공 식품, 식품성 다이어트를 말하는 것은 아니라는 사실을 알아야 한다. 어떤 사람들은 육류를 유제품으로 바꾸고 정제 곡물로 만든 파스타, 사탕류, 페이스트리를 포함하여 기름과 정제 탄수화물을 먹으면 채식주의가 되는 것으로 안다. 나는 이런 사람들을 정크푸드 채식주의자라 부른다. 영양가 있는 식사를 하는 것이 아니기 때문이다"(Campbell and Campbell, 2010: 169.

에서도 과일 위주의 채식을 하는 극단적 채식주의자들이 있는데 이들을 프루테리언(fruitarian)이라는 명칭으로 별도로 부르기도 한다. 고인(故人)이 된 애플 창업자인 스티브 잡스(Steven Jobs)가 바로 대표적인 프루테리언이었다고 한다. 아힘사(ahimsa) 등으로 유명한 마하트마 간디(Mahatma Gandhi)의 경우도 남아프리카공화국에 체류했던 동안의 그의 식습관에 대해서 프루테리언이라고 보는 이들도 있다. 왜냐하면 간디가 자신의 자서전에서 밝히고 있는 것처럼 이 기간 동안에 "과일과 열매만으로 먹고 살았"기 때문이다(Gandhi, 2007: 293). 락토 채식주의자(lacto)는 채식주의자라는 이름 앞에 붙은 락토라는 수식어에서 알 수 있듯이 비건과 비교할 때 다른 것을 먹지 않아도 유제품(乳製品)만은 먹는 채식주의자들이다[Vegan+乳製品=Lacto].26) 오보(ovo) 채식주의자는 비건과 비교할 때에 난류(卵類)만을 먹는 이들을 가리키는 명칭이다. 난류와 유제품을 모두 먹는 이들을 락토-오보(lacto-ovo) 채식주의자라고 부른다. 이에 비해 모든 것은 먹되 단지 육(肉)고기만을 먹지 않는 이들을 페스코(pesco) 채식주의자라고 칭한다.27)

그 외의 식습관 유형으로 들 수 있는 것으로는 먼저 반쪽(semi) 채식주의자라고 불리는 이들이 있는데, 이들은 포유류를 비롯한 붉은 고기는 안 먹지만 가금류를 먹는다고 한다(김우열, 2012: 35-40 참조). 또 대부분 채식을 하지만 때때로 육식을 하는 사람을 '플렉

---

26) 이 경우에도 치즈 응고제의 경우 동물성이냐 식물성이냐를 따져야 할 것이다. 보통 치즈 응고제인 렌넷(Rennet)은 동물성 응유효소가 사용되기 때문이다. 앤드류 댈비(Andrew Dalby)는 "스페인 남부의 에스트레마두라에서 만들어지는 양젖치즈인 '라세레냐'의 경우 카르둔이라는 꽃으로 응고시킨 보기 드문 진짜 채식 치즈 가운데 하나라고 소개하고 있다"(Dalby, 2011: 118, "사진 설명"의 글에서).

27) 다음과 같은 유형도 존재한다. "오후 6시 이전까지는 비건이지만 6시 이후부터는 스테이크를 허용하는 VB6 등이 있다"(Zaraska, 2018: 237).

시테리언(flexitarian)'이라고 불리는 이들도 있다(정한진, 2012: 71). 플렉시테리언들은 이들의 명칭에서 알 수 있는 것처럼 먹는 것에 대해 상대적으로 매우 유연(柔軟, flexible)한 자세를 취하고 있다는 것을 알 수 있다. 또 다른 독특한 유형으로는 프리건(freegan)이라고 불리는 이들이 있는데, 피터 싱어와 짐 메이슨(Peter Singer and Jim Mason)은 이들의 특징에 대해서 다음과 같이 적고 있는 것을 볼 수 있다. "쓰레기 다이버들 중에는 자신들을 '프리건(Freegan)'이라고 부르는 사람들이 생겼다. 베건의 한 단계 진화형이랄까. … 어떤 형태의 음식이라도 돈 주고 사기를 거부한다는 점에서, 프리건들은 베건보다 급진적이라고 할 수 있다. 그러나 오히려 더 유연한 점도 있는데, 그들은 쓰레기라고 하면 동물성 음식을 먹는 것도 윤리적으로 꺼려하지 않기 때문이다. 그들은 동물을 착취하는 사람들에게 자기 돈을 보태고 싶지 않을 뿐이다"(Singer & Mason, 2012: 374). 그 외에도 '토식주의자(locavore[로커보어], 일본에서는 지산지소[地産地消], 우리나라에서는 신토불이[身土不二]로 알려져 있다)'라는 이들이 있는데, '자기가 사는 지역에서 나는 음식만 먹는 사람'이라는 뜻으로 제시카 프렌티스(Jessica Prentice)가 만든 조어라고 한다 (Keith, 2013: 130; Singer & Mason, 2012: 204). 싱어와 메이슨이 만든 "양심적 잡식주의자(conscientious omnivore)"[28]라고 칭하는 식습관을 가진 이들도 있는데 이들은 육고기나 생선을 먹되, 일정한 윤리적 기준에 합당한 경우에 한해서 먹는 사람들을 가리키는 말이

---

28) 폴란(Michael Pollan)의 인도적으로 길러진 고기만 먹는 '인도적 육식주의자(humano-carnivore)'
   와 스크루톤(Roger Scruton)의 "양심적인 육식주의자(conscientious carnivore)"의 명칭을 참조해
   만든 말이다. 싱어와 메이슨(Singer & Mason, 2012: 136)이 봤을 때 순수 고기만 먹는 육식주
   의자(carnivore)란 존재하지 않기 때문에 잡식을 의미하는 Omnivore를 붙인 것이다.

다(Singer & Mason, 2012: 137).

2) 식습관과 상호 관련된 먹을거리 영역

식습관 유형이 매우 다양하기 때문에 논의의 편의를 위해 가장 단순하게 분류하여 채식주의와 육식(잡식)주의로 구분하고 채식주의 유형을 단순화하여 일반적으로 구분되어 널리 사용되고 있는 분류 유형인 비건(vegan), 락토(lacto), 오보(ovo), 락토·오보(lacto-ovo), 페스코(pesco) 채식주의 등을 중심으로 하여 식습관과 상호 관련되어 있는 먹을거리 영역에 대해서 살펴보면 다음과 같다(박상언, 2014b; 이광조, 2003; 최훈, 2012 참조). 앞에서 이미 언급하였듯이 일반적으로 대부분의 육식주의자들은 잡식주의자로 채식주의자들이 먹는 먹을거리를 가리지 않고 먹기 때문에 일반적으로 널리 알려진 채식주의의 유형을 중심으로 살펴보면 될 것 같다. 채식주의자들의 먹을거리에 문제가 되는 경우는 육식주의자들에게도 예외 없이 문제가 되는 경우가 많기 때문이다. 채식주의자가 먹을 수 없는 것이든 먹을 수 있는 것이든 상관없이 육식주의자들에게는 일반적으로 이 모두가 먹을 확률이 높기 때문이다. 무엇보다도 육식동물은 식물에서 나온 사료를 먹고 산다는 것을 생각해보라. 일반적으로 "먹을거리 안전성[食卓問題]"과 관련된 문제들이 구체적인 식습관의 유형과 어떻게 관련되어 있는지를 정리해보면 다음과 같이 나타낼 수 있을 것이다. [표]를 통해서 볼 수 있는 것처럼 대부분의 먹을거리 영역에서 육식주의자와 채식주의자의 경우 먹을거리 안전성의 문제가 겹치고 있다는 점을 확인할 수 있다. 이러한 이유로 채식이냐 육식이냐의 식습관에 관계없이 먹을거리의 안전성에 대해서 채식주의자와 육식주의자가 하나의 목소리를 내어야 할 필요성이 있다는 점을 재차 강조할 필요가 있다.

표: 먹을거리 문제와 식습관 유형의 상호 관련성

영역	먹을거리 문제	관계있는 식습관유형
땅(토지)	비료·살충제·제초제로 인한 토지오염	육·채식주의 전체
곡물·과일·야채	제초제·살충제·방부(보존)제·GMO	특히 fruitarian
빵·밀가루 등 곡물가공식품	합성첨가제·방부제·항생제	특히 vegan
우유(乳製品)	항생제·호르몬제	특히 lacto
계란(卵類)	항생제·살충제·호르몬제	특히 ovo
육류 (소·돼지·닭 등)	항생제·호르몬제·Superbug 출현	특히 육식주의
물	항생제·호르몬제 등의 유입으로 인한 바다·강 오염. 지하수(飮用水) 고갈	육·채식주의 전체
어류	항생제·살충제·호르몬제	특히 pesco

(1) 땅(大地): 육식[雜植]·채식주의 모두 다에게 중요

이 세상의 모든 인간은 다 땅 위에 서 있다.29) 먹을거리에 관해

---

29) "별난 사례 하나를 살펴보자. 소, 양, 말에 구충제로 투여된 이버멕틴이라는 약이 가축의 배설물을 독성물질로 바꾸어놓는 바람에 프랑스의 알프스 지역이 황폐화될 뻔한 적이 있었다. 배설물에 앉았던 곤충은 그 자리에서 죽었고 죽은 곤충을 먹은 새와 박쥐는 병에 걸려 죽었다. 몽펠리에 대학의 장 피에르 퓌마레 교수는 놀라움을 금치 못했다. '소의 배설물은 장장 4년 동

서도 육식주의자든 채식주의자든 모두가 토지를 발판으로 하고 있다. 육식주의자들이 먹는 먹을거리나 채식주의자들이 먹는 먹을거리가 모두 우리가 서 있는 이 땅에서부터 시작된다. 그렇기 때문에 육식주의자와 채식주의자는 먹을거리의 안전성에 대해서 두말할 것 없이 상호 협력자가 되어야 한다. 육류의 공급을 위한 공장식 사육에서 발생하는 토지오염의 문제가 농업에서도 나타난다. 바로 산업 농체제 생산 방식의 결과로 인해 토지가 오염되고 있다. 단일경작(monoculture) 시스템으로 대표되는 농작물 재배(農作物栽培) 방식은 종의 다양성(diversity)을 심하게 해치고 있으며, 단일경작은 또한 생산성의 향상이라는 것을 목표로 지향하기 때문에 많은 생산량을 수확하기 위해 살충제 등과 같은 각종 오염물질을 대지에 퍼부으면서 토양오염과 수질오염 등의 문제를 발생시키고 있다(Dunn, 2018: 7-8, 9 페이지에 나온 그림 [전 세계에서 섭취하는 열량의 비율] 참조).30)

영장류 학자인 제인 구달 등(Jane Goodall, G. McAvoy, and Gail Hudson)은 자신들의 책, 『희망의 밥상(Harvest for Hope: A

안 분해되지 않았다. 배설물이 분해되지 않으면 돌처럼 굳어져 주변에서 풀이 자라지 못한다'"(Fitzgerald, 2008: 178). 소는 단순히 육식과 관계된다고 생각할지 모르지만 소로 인해 땅이 오염되고, 그곳에서 채식주의자들의 식품이 생산된다. 모든 것은 연결되어 있다는 점을 기억해야 한다.

30) "한편 다국적 농업기업에 의해 이루어지는 대규모 플랜테이션은 생태다양성을 파괴하여 마치 섬과 같은 지역으로 만들어버린다. 이른바 '섬 현상'이라고 불리는, 단일작물 재배가 초래하는 현상이 그것이다. 섬은 외부로부터 고립되어 있어 내부 생태계가 다양하지 못하기 때문에, 조금만 충격을 주어도 쉽게 생태계가 파괴된다. 섬 지역에 고양이나 쥐, 뱀이나 외래 식물이 도입되어 생태계가 파국적인 상황을 맞이하는 사례는 흔하다. 단일 작물은 다양한 식물들이 자랄 때 서로에게 영향을 주는 되먹임(피드백) 현상을 완전히 사라지게 만들어, 외부 환경 변화에 취약한 상태를 만들어버린다. 설탕, 커피, 바나나, 옥수수 등 단일 작물을 대규모로 기르는 지역은 결국 농약으로 이 문제를 모두 해결할 수밖에 없는 상황에 처하는 것이다"(신승철, 2013: 452).

Guide to Mindful Eating)』의 "3장. 땅의 몰락"에서 단일경작이 땅을 죽인다(Goodall, McAvoy and Hudson, 2006: 82 이하)에서 이러한 사실과 더불어 "독으로 먹을거리를 기른다"고 지적한다(Goodall, McAvoy and Hudson, 2006: 86). 『환대받지 못하는 수확: 농업과 오염(Unwelcome Harvest)』의 저자인 콘웨이와 프리티(Gordon R. Conway and Jules N. Pretty)도 산업농체제로 인해서 토양오염은 물론이요, 담수자원 낭비 등 다양한 문제들이 발생하고 있다는 사실에 대해서 지적한다. "…명백하게 밝힌 것처럼 오늘날 지배적인 산업농체제는 환경적인 재앙이다. 그로 인한 달갑잖은 영향은 오염, 토질 악화, 야생생물 서식지 파괴, 담수자원 낭비, 생물다양성 감소, '외래'종 도입으로 인한 위협(생명공학의 유전자조작을 통해 만들어진 것들을 포함해서)이라는 6가지 범주로 묶어볼 수 있다"(Conway and Pretty, 1991: 2; Pawlick, 2009: 171 재인용).

(2) 곡물(옥수수·대두 등), 과일 그리고 야채: 특히 비건와 프루테리언의 경우 중요

오늘 우리가 재배하는 농작물이 과거의 농작물과 다르다는 점을 인지할 필요가 있다. 사과라고 불리기는 하지만 과거의 사과와 지금의 사과가 영양학적으로 많이 다르다는 점이 지적되고 있다(Pollan, 2007: 47; 진짜 야생사과를 먹은 Michael Pollan의 반응에 대한 기술은 Keith, 2013: 39 참조).[31] 오늘날 콩도 마찬가지다. 오

---

31) 바나나에 대해서 다음을 참조하라. "예를 들어 요즘 바나나는 예전 바나나와는 거의 품종이 다른 식물이다. 크기가 조그맣고 탄수화물이 많았던 이 과일은 이제 커다란 당분 튜브로 바뀌었다. 이 때문에 영국 페인턴동물원의 사육사들은 원숭이들에게 바나나를 먹이지 않는다. 페인턴동물원의 책임자인 에이미 플로먼은 요즘 바나나는 원숭이들에게 초콜릿 케이크와 똑같다고 했다. 단백질과 섬유질의 대부분이 제거되어 동물원의 유인원들에게 소화불량과 당뇨병

늘날 콩은 과거의 콩이 아니라고 한다. 오늘날 옥수수도 과거에 먹었던 옥수수가 아니라는 지적이다. 오늘날 많은 농작물들이 과거와 비교해 농작물이 가지고 있는 영양성분과 더불어 GMO투성이로 많이 변했다는 지적이다.[32] 과일은 당도가 높아지기는 했지만, 영양소 면에서 전혀 다른 것으로 변했다는 지적이다.

　식물의 양육을 위해서 살포되는 제초제 등으로 인해 농작물은 심하게 오염되었다. 그렇기에 많은 연구자들에 의해 농작물의 오염으로 인한 여러 위험들에 대해서 지적하고 있는 것을 자주 볼 수 있다. 독일 프라이부르크의 환경의학도인 프랑크 다슈너(Frank Daschner)도 오늘날 토마토 재배환경이 세균에 노출되어 있는 현실에 대해서 지적하고 있는 것을 볼 수 있다. "대개 온실 토마토는 진짜 맛을 내줄 흙에서 자라지 못하고, 여러 가지 섬유와 영양성분의 혼합물, 균, 세균 증식이 두드러지게 나타날 수도 있는 그런 혼합물 위에서 자랍니다. 그래서 토마토 몇 개라 해도 거기에는 저항력이 약해진 환자들에게는 위험할 수 있는 세균이 수천 마리나 들어 있을 수 있습니다. 병실에 있는 골수이식 환자들에게는 벌써 오래전부터 토마토를 먹지 못하게 하고 있습니다"(Wagenhofer & Annas, 2010: 54).

　　을 일으킨다는 것이다"(Gianni, 2017: 47; Paignton Zoo Park, "Taking Diet Tips from Monkeys" Newsletter. [January 14, 2014].: http://www.paigntonzoo.org.uk/news/details/taking-diet-tips-from-monkeys. 참조).

32) "모든 식품의 70%가 'GM 성분'을 포함하고 있다"(Bommert, 2015: 159).; 우리 밥상에서 유전자 조작(GM) 물질이 들어간 음식은 얼마나 될까. 한국은 2014년 GM 식재료 207만 톤(세계 1위), 사료 854만 톤(세계 2위)을 수입한 'GM 대국'이다. 우리는 유전자 조합을 조작한 옥수수와 콩을 식용유, 전분당(감미료), 과자, 빵 등 다양한 형태로 섭취하고 있다. 게다가 GM 사료의 상당량은 인간의 밥상에 오르는 가축이 먹는다(구정은 · 김세훈 · 손제민 · 남지원 · 정대연, 2016: 216). 최성진, "식용 GMO 수입 세계 1위…GMO 표기 가공식품 '0'", <한겨레>, (2015.01.11.) 참조.

유전자변형작물의 재배로 인해서, 동물 사육에서 항생제의 남용의 결과로 인해서 항생제 내성을 지닌 '슈퍼버그(super-bug)'가 의료 분야에서 발생한 것과 매우 흡사하게 유전자변형 목화, 옥수수, 콩 같은 살충제 내성 작물을 경작할 때 일상적으로 사용하는 화학 제초제에 내성으로 '슈퍼잡초'가 나타나고 있다는 연구자들의 지적도 볼 수 있다(Cockrall-King, 2014: 56 재인용).[33] 현실에서 상상하기 어려울 정도로 거대한 양의 농약이 집중적으로 농작물에 살포되고 있다는 지적이다. 마리-모니크 로뱅(Marie-Monique Robin)이 제시한 다음의 자료는 유럽에서만 살포된 양을 제시한 것인데도 불구하고 그 양은 무시할 수 없을 정도도 많다. 이를 참고로 해서 전 세계적으로 그 양을 계산한다면 그 수치는 어마어마하다는 것을 알 수 있을 것이다. 왜냐하면 유럽보다도 제3세계국가에서 뿌려지는 농약의 양이 더 많은 것을 짐작할 수 있기 때문이다. 누가 자신들이 먹는 음식에 더 많은 양의 농약을 살포하겠는가? 자신보다 남이 먹는 음식에 많은 양의 농약을 살포할 것이라는 것을 쉽게 짐작할 수 있지 않겠는가. 이에 대한 규제도 유럽보다 더 느슨할 것이다. "유럽에는 매년 22만 톤의 농약이 살포된다. 살진균제 10만 8,000톤, 제초제 8만 4,000톤, 살충제 2만 1,000톤이다[Pesticide Action Network Europe et MDRGF, "Message dans une bouteille", Etude sur la presence de residus de pesticides dans le vin. www.mdrgf.org.]. 거기에 밀의 줄기 성장을 억제하는 호르몬인 '성장조절물질' 7,000톤까지 합하면 유럽인 1인당 사용된 농약의 양은 0.5kg이나 된다. 프

---

33) "미국에서 가장 큰 산업단체인 미국화학회(American Chemical Society)마저 '슈퍼 잡초' 때문에 살충제 사용량이 이전보다 2-3배 가까이 늘어 농부들이 지불해야 할 비용이 많아졌다는 사실을 인정했다"(Adams, 2017: 181).

랑스는 그중에서 가장 많은 부분을 차지한다. 연간 사용량이 8만 톤에 이르러 유럽에서 가장 많은 농약을 사용하는 국가가 되었고 세계에서는 미국, 브라질, 일본 다음으로 4위를 기록했다. 농약의 80%는 네 종류의 작물에 집중 살포된다. 농경지의 40%밖에 차지하지 않는 이 작물들은 낟알이 작은 곡물(밀, 보리, 귀리, 호밀, 쌀), 옥수수, 유채 그리고 식물 약제를 가장 많이 사용하고 있는 작물인 포도이다"(Robin, 2014: 89).

(3) 빵, 밀가루 등 곡물가공식품: 특히 vegan의 경우 심각할 수도

정제된 곡물가공식품의 문제점을 지적할 수 있다.[34] 비록 영양학상으로 과거의 식품과 비슷하거나 아니면 그보다 더 우수하다고 해도 모든 것이 연구실에서 만들어진 화학성분들을 첨가한 가공식품들이 대부분을 차지하고 있는 것이 현실이다. 이 경우 비록 화학첨가제가 영양학적으로는 우수하다고 하더라도 우리 몸 안에서 실질적으로 유익하게 작용할 수 있겠는가 하는 의문이 따른다는 지적이다.[35] 비록 채식이라고 하고 그곳에 동물성 기름(지방)이 없다고 해도, 비록 영양학적으로 식물성 지방이라고 해도, 그것이 몸에서 실질적으로 더 나쁘게도 작용할 수 있다는 점을 인지할 필요가 있다

---

34) 마이클 모스(Michael Moss)는 그의 책 『배신의 식탁(Salt, Sugar, Fat: How the Food Giants Hooked Us)』의 "에필로그: 우리는 값싼 가공식품의 덫에 걸렸다"(Moss, 2014: 393-420)에서 "모든 가공식품 기업은 소금, 설탕, 지방을 포기할 수 없다"고 지적한다(Moss, 2014: 403). 가공식품들이 바로 소금, 설탕, 지방 범벅이라는 것이다.; "콘플레이크를 쥐 240마리에게 한 달 반 동안 먹이로 준 결과, 포장에 적혀 있는 것과는 정반대로 어린 쥐들은 지방간에 걸렸고, 철분이 첨가되었는데도 오히려 빈혈과 고혈압에 시달렸다"는 결과도 있다(Brian, 2008: 73, 사진 설명의 글).

35) "우리는 이제 분자 수준에서는 단백질이 단백질이라는 말이 옳다고 하더라도 생태적인 수준이나 종의 수준에서는 그 말이 옳지 않을 수 있다는 사실을 알고 있다. 식인 부족들 사이에서 발견되었듯이, 자신과 같은 종의 고기를 먹으면 특별한 질병의 위험이 따른다"(Pollan, 2008: 103).

는 것이다. 그리고 채식주의자들이 먹는 가공된 식물성 식품에도 몸에는 결코 좋을 수가 없는 과다한 양의 소금, 설탕과 같은 물질들이 다량 첨가되어 있다는 점을 인지할 필요가 있다는 것이다. 특히 탄산음료와 과일 주스의 정체(正體)에 대해서 채식주의자든 육식주의자든 간에 다음을 인지하는 것도 중요할 것 같다. 정제된 음료수들은 모두가 설탕덩어리라는 사실이다. "1980년대 이후 슈퍼마켓에서 파는 거의 모든 탄산음료와 과일 주스는 고과당(高果糖) 옥수수시럽(high-fructose corn syrup)으로 단맛을 내고 있다. 따라서 이런 음료의 주성분은 물을 제외하면 옥수수 감미료다. 청량음료 대신에 맥주를 집어 든다고 해도 마찬가지로 여러분은 옥수수를 마시고 있는 것이다. 맥주 역시 옥수수에서 정제한 포도당으로 발효시킨 알코올이기 때문이다"(Pollan, 2008: 34-35). 상대적으로 채식주의자들이 더 가까이서 접하게 될 가공된 곡물류의 경우도 마찬가지다. 과거에 비해 더 많은 종류의 화학물질이 첨가물로 음식물에 사용되고 있다는 것이 보편적 현상이라고 한다. "최근 몇 년 동안 산업적 생산과 수작업을 구분하는 경계가 점점 사라지고 있다. 산업은 물론이고 소규모 제빵업자도 대규모 제분소에서 가공된 밀가루 배합물을 공급받는다. 이것은 혼합빵 또는 건강빵으로 불리므로 제빵인들은 아무런 문제의식 없이 작업에 임할 수 있다. 화학산업 분야의 전문가들은 제빵업자들에게 주요 첨가물을 제공한다"(Wagenhofer & Annas, 2010: 65).[36] · [37] 오늘날 음식의 대부분이 정제 음식인 경우가 많

---

[36] "매년 40만 톤의 유화제, 65만 톤의 MSG, 7만 5,000톤의 감미료가 사용된다. ⋯ 식품산업은 제품의 생산, 풍미, 질감, 유통기한을 향상하기 위해 화학적 식품첨가물에 매년 240억 달러 이상을 지출한다. 산업국가 소비자는 매년 7-8kg의 식품첨가물을 섭취하고 있으며, 이와 관련해 식품산업은 소비자 1인당 약 20달러의 이득을 얻고 있다"고 한다(Millston & Lang, 2013: 100).

기 때문에 영양적인 면에서도 몸에 좋은 많은 영양소를 잃고 있다는 지적이다. 그렇다면 현실적으로 맛이나 식습관 그리고 조리의 편리함 때문에 일반인들이 보통 찾고 있는 정제식품의 경우 정제하기 전(前)의 거친 식품과 비교했을 때 어떤 영양학적 차이가 존재하는가?(김종덕, 2012: 34). 먼저 밀가루를 보자. 밀을 가공할 경우 영양학적으로 어떤 결과가 발생하는지는 다음에서 알 수 있다. 몸에 좋은 영양소들이 정제 과정에서 깎임으로 인해 몸에 유익한 많은 영양소의 손실을 가져오게 된다는 것이다. "통밀가루 100그램에는 식이섬유가 12그램 들어 있는 데 비해 가공한 흰 밀가루 100그램에는 식이섬유가 3그램밖에 들어 있지 않다. 또 흰 밀가루는 통밀가루에 비해 단백질, 비타민 B₆, 철분, 나이신 등이 훨씬 적게 들어 있다"고 한다(Nestle, 2006: 310; 김종덕, 2012: 33-34 재인용). 자연산 사탕수수 설탕과 가공된 고과당(高果糖) 옥수수 시럽이 다르다고 지적한다. 윌리엄 레이몽(William Reymond)은 조지 브레이 박사의 말은 인용하면서 다음과 같이 지적하고 있다. "분자구조가 다르기 때문에 몸속에서 다른 물질대사 과정을 따른다는 것이다"(Reymond, 2008: 201 재인용).

육식주의자가 먹는 육류의 경우도 마찬가지다. 육류도 가공할 경우[加工肉] 많은 종류의 화학성분이 첨가되는 것을 확인할 수 있다. 들어보지도 못한 어려운 용어투성이다. 발음하기도 어려운 단어들

---

37) 캠벨(T. Colin Campbell)이 채식주의자들에게 다음과 같은 사실을 인지시킨다. "문제를 더욱 악화시키는 것은 식물성 식품을 먹는다고 해도 대부분 지방, 설탕, 소금을 첨가한 고도로 가공된 식품이라는 것이다. 예를 들어, 미국 농무부는 전국단위의 학교급식 프로그램에서 프렌치 프라이를 채소로 간주했다(Campbell and Campbell, 2010: 335).

이 빼곡히 차 있다는 것을 쉽게 발견할 수 있다. 예를 들면 가공식품 햄에는 대두단백/ 난백/ 카세인산나트륨(유단백)/ 정제염/ 아질산나트륨/ L-아스코르빈산나트륨/ 폴리인산나트륨/ 피로인산나트륨/ 코치닐색소/ 5-리보뉴클레오타이드나트륨/ 단백가수분해물/ 돈육농축액(동물성향료)/ 변성전분/ 증점제(다당류)(쓰카사, 2006: 51; 김종덕, 2012: 60 재인용, "표: 무첨가 햄과 가공식품 일반 햄의 성분 비교"에 들어 있는 성분들을 열기히였다. 참고로 無添加 햄에는 돼지고기/ 천일염/ 삼온당(설탕의 일종)/ 향신료가 전부다). 가공식품에 첨가된 화학성분에 대해서 유·무해에 대한 의견들이 아직도 분분하다는 점이다. 이마도 자신들 각자의 이해관계 때문에 첨가물의 유·무해에 대한 의견의 일치는 당분간 보기 힘들 것이다. 하지만 분명한 사실은 한마디로 잘해봤자 본전(本錢)에 지나지 않는다는 점이다. 가공식품의 첨가물이 무해하다는 것이 맞는다고 해도 그것은 본전에 불과하다는 점이다. 물론 첨가물이 어느 날 유해하다는 연구결과가 나오게 된다면 어떻겠는가? 지금까지 괜찮다고 해서 아무런 의심도 없이 꾸준히 먹어왔는데 말이다. 그에 따른 결과에 대해서는 아마 상상하기도 싫을 것이다.

토마스 F. 폴릭(Thomas F. Pawlick)은 가공식품이 판을 치는 이러한 먹을거리의 현실에 대해 필요한 영양소를 얻어 개선할 필요가 있다는 휘트니와 롤프스(E. N. Whitney and S. R. Rolfes)의 견해를 인정하면서도 한편으로 다음과 같은 지적을 하고 있다. 오늘날 먹을거리에 대한 현실에 있어서 개선에 필요한 영양소를 얻지 못한 상황에 처해 있다면 어떻게 되겠느냐고 반문을 하였던 것이다. 이는 지금까지 식품 공급체계가 지속적으로 비식품의 증가로 이끌었기 때문이기도 하다. "'식습관이 올바르지 못한 때는 언제든지 식품에서 필요한 영양소를 얻어서 개선하려는 노력을 가장 먼저 해야 한다'고 휘트니와 롤프스[E. N. Whitney and S. R. Rolfes]는 말하고 있다. 훌륭한 조언이지만, 슈퍼마켓에서 이용할 수 있는 식품에 영양소가 거의 없거나 완전히 없다면 이것을 어떻게 따르겠는가? 지난 50년간의 추이가 꾸준히 사실이었다면, 우리의 식품 공급체계는 이제 지방, 소금, 설탕 같은 상대적으로 위험한 것들을 제외하고는 측정 가능한 영양물질을 거의 함유하지 않고 있는 '비식품(non-foods)'들로 구성된 식생활을 향해 냉혹하게 뻗어가고 있다고 보아야 할 것이다"(Pawlick, 2009: 50-51; Whitney and Rolfes, 2002: 350 참조).

참고로 일부 연구에서 음식중독의 주원인(主原因)으로 지목되고 있는 것으로 '정제탄수화물[主犯]'과 '(밀)가루식품[共犯]'이다(Sheppard, 2013: 87-97, 94-104).[38] 일반적으로 정제탄수화물을 흔히들 주범으로, (밀)가루식품을 공범으로 지목하고 있다. 정제하지 않은 과거 거친 탄수화물 음식은 아무런 문제를 일으키지 않았는데, 오늘날 정제된 탄수화물이 음식중독을 유발한다는 것이다. "최근 많은 식품영양학자들이나 의학계의 연구를 통해, 아무리 탄수화물이 많은 음식이라도 그것이 정제되거나 가공되지 않은 완전식품(whole food)이라면 아무런 문제를 일으키지 않는다는 사실이 발견되었다.

---

38) 디어드리 배릿(Deirdre Barrett)은 다음을 지적한다. "우리가 보통 '정제'라고 말하는 방법은 식사의 질을 떨어뜨리는 동시에 중독이 잠재성을 강화시켰다"(Barrett, 2011: 105).

탄수화물이 문제가 아니라 정제된 탄수화물이 중독의 원인인 것이다. 전반적으로, 중독을 유발하는 식품은 끈끈하고, 반죽 같고, 기름진 것들이다"(Sheppard, 2013: 92). 정제 탄수화물로 인해서 많은 문제들이 발생하고 있다는 지적이다(LeFever & Shafe, 1991: 30; Sheppard, 2013: 88 재인용 참조).

(4) 우유(乳製品): 특히 lacto채식주의자와 관계가 깊음

락토채식주의자들이 먹는 우유는 안전한가. 다음의 내용이 우리에게 우유를 공급하고 있는 오늘날 젖소의 현실이다. 더 많은 젖을 짜기 위해서 젖소에 유전자 조작 성장호르몬을 투여하고 육식성 사료를 보충해 준다는 것이다. 초식동물에게 육식을 강요하고 있는 것이다. 그것뿐만 아니라 그 상황은 더욱 비참하다. "우유 생산을 최대화하기 위해 젖소에게는 유전자 조작 성장호르몬 주사를 맞히고 해마다 인공적으로 임신을 시킨다. 미국의 대부분 낙농장에서 젖소들은 임신 기간 7개월을 포함해 1년에 10개월 동안 기계로 젖을 짠다. 지속적인 임신과 젖 분비는 소의 몸에 극도로 스트레스를 주기 때문에 많은 소가 다리 불구가 되거나, 유선염(乳腺炎)에 걸려 유방에 심각한 염증이 생기기도 한다. 소의 신체시스템이 이처럼 과로하다 보면 정상적인 신진대사 과정으로는 감당하기가 어려우므로, 풀만 먹는 타고난 초식습관을 곡물과 고단백, 육류와 골분(骨粉, 뼈가루)으로 이루어진 육식성 사료로 보충해 준다"(Joy, 2011: 80-82). 우유의 생산을 증가하기 위한 몬산토(Monsanto)가 유전자 기술로 생산한 호르몬의 사용은 소뿐만 아니라 그 젖소에서 채취(採取)한 우유를 마시는 인간의 건강에도 문제를 야기할 수 있다고 지적되고 있다. 우유를 마시는 주류 소비자가 면역성이 약한 어린아이들이라는 점을 한번 생각해보라. "유전자 기술로 생산한 소(牛)성장호르몬제 포실락(Posilac) 또는 rBST(유전자재조합소 성장호르몬)란 것도 있는데, 이것들은 암소의 우유 생산량을 촉진하는 호르몬제다. 이 약제는 암소의 젖을 염증으로 곪게 했고, 그 결과 우유를 병원균에 오염시켰다"(Wagenhofer & Annas, 2010: 51). "유럽에서는 고름 세포 허용치가 컵당 9,600만 개인 것에 비해 미국은 1억 8,000만 개까지 허용하고 있다. 물론 낙농업계에서는 건강에 해롭지 않다고 강조한다. 저온살균 처리 과정에서 박테리아는 모두 죽는다는 것이다. 하지만 그렇다고 고름을 우리 아이에게 먹일 마음이 들겠는가?"(Moby and Park, eds., 2011: 116). 몽펠리에 의과대학 암 전문 외과의(外科醫) 주와유(Henri Joyeux) 교수는 슈카르(Thierry Soucar)의 책 『우유의 역습(Lait, Mensonger et Propagande)』의 "추천글"에서 우유가 지닌 문제점을 지적한다. 오늘날 방식으로 생산되는 우유를 과다하게 섭취할 경우 비만이나 자가면역질환의 위험 등 다양한 질병에 노출될 수도 있다고 지적한다(Joyeux in Soucar, 2009: 8-9; 몽펠리에 의과대학 암 전문 외과의 교수 앙리 주와유[Henri Joyeux], "추천 글", 7-11 참조). 우유가 이러한 위험성을 지니고 있다는 이유로 『우유의 역습』의 저자인 슈카르는 칼슘섭취를 젖소를 통해 생산되는 우유를 통해서 하기보다는 과일이나 채소 등 다른 경로를 통해서 섭취하는 것을 권할 정도다(Soucar, 2009: 259).

(5) 계란(卵類): 특히 ovo채식주의자와 관계가 있다

오보(ovo)채식주의자들이 먹는 계란은 안전한가? 닭의 경우도 농장식 사육(battery farming)으로 인한 병원균의 감염을 줄이기 위해 여느 육류와 마찬가지로 항생제의 사용이 증가하고 있다. 특히 중국을 포함한 신흥국가들의 육고기 수요가 증가하자 항생제를 사용한 육고기가 증가하고 있는 상태라고 한다. 항생제를 사용하여 키운 닭의 경우 그곳에서 생산된 달걀의 경우도 항생제로 인해 오염된 경우가 많다는 점이다. 그리고 그러한 형태의 사육 방법은 지속적으로 증가할 것이라는 지적이다. "중국을 포함한 신흥국들의 고기 수요가 증가하자 항생제를 먹여 키운 육류도 급증하고 있다. 늘어나는 육류 수요를 충족하기 위해 가축에 항생제를 주입해 빠르고 쉽게 생산하는 것이다. 로이터통신은 … 인구가 많은 부유해진 신흥국에서 고기, 우유, 계란 등의 수요가 급증하면서 항생제를 맞은 가축으로 인해 세계인들의 건강이 위협받고 있다고 보도했다. 미국 프린스턴 대학 연구진은 항생제를 먹인 가축 수는 2010년과 2030년 사이 세계적으로 3분의 2가 증가할 것으로 예상되며 중국, 브라질, 러시아와 같은 신흥국에선 2배가량 늘어날 것으로 추정했다. 2010년 항생제를 먹인 가축 생산량은 전 세계적으로 6만 3,000톤이었지만 2030년엔 약 1.6배 증가해 10만 5,000톤에 달할 것으로 보인다." 계란의 경우 항생제의 문제뿐만 아니라 각종 약물과 병균에 오염된 경우가 많다는 것을 알 수 있다. 우리나라의 경우 최근 '살충제 계란 파동(2017년)'이 있었고 독일에선 "다이옥신에 오염된 계란"으로 인해 시끄러웠던 적도 있었으며, 미국의 경우에도 "살모넬라균으로 오염된 계란"이 유통되어서 시민들의 건강에 큰

해를 입히기도 했었다.39) 이처럼 계란도 안전에서 자유롭지 못하다는 사실을 확인할 수 있다.

(6) 육류(소·돼지·닭 등): 특히 육식주의자들과 관계가 깊음

모든 가축의 비육과정에서의 항생제와 각종 약물들의 증가 현상이다. "미국에서는 사람에게 쓰이는 항생제 양의 8배가 가축에게 쓰인다"고 한다(Millstone and Lang 2013: 44).40) 한마디로 말해 우리가 지금 먹고 있는 육고기의 거의 대부분이 항생제와 같은 각종 약물들로 범벅이라는 것이다. 미국공중위생국의 발표에 따르면, "인간의 건강에 가장 큰 위협이 되는 10개의 병원균을 선정했는데, 그중 9개의 병원균이 고기와 낙농제품을 통해 퍼진다"고 한다(Cox, 2009: 128 재인용). "돼지 사육시설에서 나오는 더러운 악취는 두통이나 구역질을 유발할 수 있고 눈에 자극을 주며 심지어는 면역 체계의 기능 장애까지 유발할 수 있음"을 입증한 연구결과들도 이미 나와 있다고 한다(Cox, 2009: 131 재인용; Avery, Wing, Marshall, & Schiffman, 2004: 101-108; Schiffman, Studwell, Landerman, Berman, and Sundy, 2005: 567-576. 참조).

"'육즙강화' 육류(case-ready meat)"로 만든 제품의 경우 많은 문

---

39) 한국의 살충제 계란: 배소영, "'살충제 계란' 소비자 불신에 소비급감…가격↓", <NEWSIS>, (2017.08.22.); 독일의 경우: 김동욱, "[비상 걸린 식품안전] 獨 다이옥신 계란파문 … 美 식품 테러 공포 … 中 '멜라 …", <한국경제>, (2011.01.07.); 미국의 경우: 백승훈, "美 노스캐롤라이나산 계란 2억 개 리콜…살모넬라로 환자 22명 발생", <디지털뉴스>, (2018.04.16.); "美 살모넬라 오염 계란 사태급속 확산", <헬스코리아뉴스>, (2010.08.24.).

40) 미국의 경우 공장식 축산농장이 국가가 관리하는 항생제 총공급량의 80%를 소비한다. Atlantic Wire. (February 8, 2013). "Factory farms use 80% of the United States' Antibiotic Supply."

제점을 지니고 있다는 지적이 또한 나타나고 있다. 소금과 인산염으로 떡칠해져 있다는 것이다. 문제는 소비자들이 이러한 사실을 모르고 건강과 거리가 먼 육즙강화 고기를 더 선호한다는 지적이다. "'육즙강화'라는 말은 이윤만 추구하는 장사꾼 이미지를 감추려고 그럴듯하게 꾸민 말이다. 사실은 더 맛있는 고기를 제공한다는 명목으로 포장하기 전에 고기를 소금과 인산염을 섞은 물에 담가서 인위적으로 무게를 늘리는 것이다. 이렇게 처리하면 무게가 평균 12% 늘어난다. 소비자들은 이런 사실을 까맣게 모른 채 소금물을 10쯤 머금은 고기를 사는 것이다. 육류업계에서는 소비자들이 좋아하니 소금물 처리를 한다고 변명한다. '평균적으로 소비자의 65-70%가 육즙강화 고기를 좋아한다. 더 연하고 육즙이 풍부하니 말이다'"(Reymond, 2008: 255). 유통기한과 관련해서 육류의 안전성의 문제가 지적되기도 한다. 유통기간을 위조하거나 조작하는 사태가 벌어지고 있다는 것이다(Wagenhofer & Annas, 2010: 93-94 참조).

(7) 물(water): 가장 중요한 것으로 육식 · 채식주의자 모두 해당

먹을거리를 생산한다는 미명 아래서의 물의 낭비와 오염이 심각하다. 이것은 모든 이들의 건강에 악영향을 미치게 된다. 쇠고기 생산에 많은 양의 물이 소모된다고 한다. 구체적으로 1kg의 쌀을 위해 3,000L의 물이 필요하지만 상대적으로 1kg의 쇠고기를 위해 1만 5,000L의 더 많은 양의 물이 필요하다고 한다(Milestone & Lang, 2013: 42).[41] 매년 미국 당국에 등록되는 항생제의 70%가 인간이

---

41) "영국 지리학자 앤서니 앨런(Anthony Allan)은 음식과 가공물질에(또는 그것을 생산하는 데)

아닌 농장의 가축에게 투여된다. 그리고 그중 4분의 1에서 3이 오줌과 배설물[42])을 통해 가축의 몸에서 빠져나와서 주변의 물과 토양등을 오염시키고 있다(Cox, 2009: 132; Walker, Rhubart-Berg, McKenzie, Kelling, and Lawrence, 2005: 348-356). 『내셔널 지오그래픽』의 보고에 따르면, 미국의 경우 먹을거리 생산을 위해 사용되는 제초제와 해충제들이 하천을 심하게 오염시키고 있다고 한다. 오염의 심각성으로 말미암아 심지어는 일부 생물은 멸종 직전에 놓인 경우도 있다고 보도한다(Barlow and Clarke, 2002: 57 참조). 이러한 오염의 심각성은 먹는 식수[飮用水]의 경우에도 예외가 아니라는 연구 보고들이 있다. "미국의 '사회적 책임을 생각하는 의사들의모임(Physicians for Social Responsibility)'이라는 단체가 보고한 바에 따르면, 질산염이 다량 함유된 우물물을 마신 어린이는 메트헤모글로빈혈증에 걸리기 쉽고, 이 병은 사망률이 8%에 이른다고 한다"(Barlow and Clarke, 2002: 97).

얼마나 많은 물이 들어가는지 계산하는 법을 만들어냈다. 한 잔의 커피에는 대략 140L의 '가상의' 물이 필요하고, 500g의 치즈에는 2,500L, 1kg의 쌀에는 3,400L, 청바지 한 벌에는 5,400L, 자동차 한 대에는 50,000L가 필요하다. 생산과정에 사용되는 물은 이와 같이 "가상수(눈에 보이지는 않지만 식품이나 제품의 생산, 유통, 소비 과정에 사용되는 물-역주)"가 될 뿐만 아니라 공간적 자리를 차지하는 '물발자국'도 남기는데, 이는 우리에게 익숙해진 탄소발자국과 같은 개념이다. 여기에는 지역의 환경에서 얼마나 많은 물을 가져다 썼는가와 관련된 '청색 물발자국', 그 과정에서 오염 폐수를 얼마만큼 만들어냈는가와 관련된 '회색 물발자국'의 개념이 있다. 이러한 물발자국은 지구의 공급망을 통한 흐름을 기반으로 하므로 매우 불균등한 분포를 보인다. 예를 들어 독일의 청색 물발자국은 200개국 이상의 나라에 퍼져 있다. 또한 독일인 개인이 하루에 직접 사용하는 물은 124L밖에 안 되지만, '그들이 소비하는 음식, 의복, 기타 일상 용품의 생산에 필요한 물의 양까지 포함하면 하루에 5,288L가 된다'"(Meissner, 2012: 54; Strang, 2015: 234-235 재인용).

42) "가축의 몸집에 따라 다르긴 하지만 돼지 한 마리가 보통 하루에 3.6-4.3킬로그램을 배설한다"(Keiffer, 2017: 74 재인용).

(8) 어류: 특히 pesco채식주의자의 경우와 관계

어류의 문제는 육류의 문제의 복사본이라고 할 수 있다. "양식업
도 오염과 사회적 혼란, 줄어드는 수익률, 그리고 심지어 유전자 조
작 생선을 개발하기에 이르기까지 농업이 안고 있는 많은 문제를
낳았다"(Patel, 2008: 503, 10장 20번 주석). 가짜 자연산이 판을 치
기도 한다는 것이다. 연어의 경우 자연산과 양식산의 구별이 어렵
고 가격 면에서 차이가 있기 때문에 자연산으로 둔갑하는 일이 발
생한다는 것이다(Marian Burros, "Stores say wild salmon, but
tests say farm bred", *New York Times*. [April 10, 2005]; Singer
& Mason, 2012: 180 재인용).

주제는 약간 벗어났지만 다음 연구결과들을 보라. 양식장 조성으
로 해양 생태계가 심각하게 파괴되고 있다는 것이다. 월드워치 연
구소에 따르면, 지난 10년 동안 세계 홍수림(紅樹林)의 거의 4분의
1이 소멸되었는데 그 대부분이 새우 양식장을 만들기 위해 벌채되
었다고 한다.43) '해산물감시단'의 보고서는 홍수림의 소멸 중 10%
를 새우 양식장건설 책임으로 돌리고 있다. 하지만 어떤 지역에서
는 그 비율이 20%까지 올라가기도 한다고 덧붙이고 있다(Singer &
Mason, 2012: 187 재인용). 또 다른 연구에서는 어류의 남획(濫獲)
의 문제를 제기하고 있는 경우를 볼 수 있다. 이들 연구에 따르면,

---

43) "맹그로브(mangrove)가 주는 혜택은 무엇일까? 맹그로브는 파도를 완화·분산시킨다. 인공방
파제보다 훨씬 더 강하다. 해안선을 따라 형성된 천연의 방재지역이라고 할 수 있다. 맹그로브
는 해안 침식방지 역할도 한다. 맹그로브 숲은 다양한 수산물의 어획 장소이며 목재, 숯의 원
료로도 활용된다. 또 해안 생태계의 보호 역할을 담당한다. 퇴적물과 영양염류를 여과하며, 물
속 오염물질을 흡수하는 중요한 역할을 한다. 그러나 맹그로브 숲이 주는 가장 큰 이익은 이
산화탄소를 줄이는 역할이다. 맹그로브 숲은 헥타르당 690-1,000톤의 이산화탄소를 줄여준
다"(반기성, 2016: 219; Bales, Trodd, and Williamson, 2012: 186 참조).

지금과 같이 남획이 계속될 경우에는 2048년께는 남아날 어류가 없다는 지적도 있다(Boris et al., 2006: 787-790; Patel, 2008: 418 재인용). 마이크 아담스(Mike Adams)의 다음과 같은 진술이 지닌 의미가 무엇인지 음미해보라. "바다는 지난 수백 년 동안 인간의 거대한 쓰레기통으로 활용되었고, 그 결과 심각한 오염에 직면했다. 바다로 들어간 모든 것은 결국 어떤 식으로든 누군가의 저녁 식탁에 오를 것이다"(Adams, 2017: 94).

Ⅲ. 나가는 말

**1. 再次强调, 채식이냐 육식이냐의 식습관은 비판대상이 전혀 아
님:** 식습관에 대한 서로의 소모적이며 불필요한 언쟁(言爭)은 먹을거리의 안전성에 대한 식탁문제에 집중하기 위해서 의식적으로라도 피해야 할 것이다. 또한 자신들의 식습관이 가지는 장·단점을 제공하는 데이터에 대해서 정직한 공개와 더불어 회의적 비판의 자세가 필요하다. 이는 다른 식습관을 가진 이들에게 올바른 선택이 가능하게 할 수 있도록 하기 위해서다. 그리고 그러한 데이터에 대해서 상대방의 진지한 반론이 있을 때에 열린 자세를 가지고 경청하는 자세를 가질 수 있어야 할 것이다. 왜냐하면 채식이든 육식이든 식습관의 유형과 관계없이 먹을거리 영역에서 많은 부분을 현실적으로 서로 공유하고 있기 때문이다. 그래서 이들 양자는 식탁문제에 관해서만큼은 서로 협력해야 하는 동역자의 길을 이제 가야만 한다.

2. 개인 수준에서의 실천, 飮食市民으로 살아가기[44]: 채식주의자든, 육식주의자든 그들은 모두 땅에 발을 딛고 서 있다. 이는 채식과 육식이라는 두 식습관이 상호 배타적인 관계가 아님을 의미한다. 오늘날 산업형농업(Industrial Agriculture)과 포드식(Fordism) 생산방식으로 인해 오염된 땅과 물에서 생산되는 채소(곡물)와 육류, 그리고 어류는 항생제와 제초제, 그리고 다른 화학물질로 인해 오염될 수밖에 없었다는 점을 앞에서 확인할 수 있었다. 그렇다면 개인적인 수준에서 먹을거리의 안전성을 위해 할 수 있는 것으로는 무엇이 있는가? 먹을거리 시민(food citizenship)이 되기 위한 행동은 무엇일까?(김종덕, 2012; 2009). 채식주의에서 육식주의로 전향한 니어 키스는 다음과 같은 질문을 할 필요가 있다고 한다. 육류든 채소든 그 무엇이든 관계없이 밥상에 오른 음식에 대해서 생산방법과 환경에 미치는 영향 등에 대해서 다양한 고민이 필요하다는 것이다. "이제 우리는 다음과 같은 새로운 질문을 우리 자신에게 해야 한다. 식사 전에 하는 새로운 기도로 삼아도 좋다. 내 앞에 놓인 음식이 표토를 만들어냈는가, 파괴했는가? 태양과 빗물로 자란 음식인가, 화석 토양, 화석 연료를 먹고 습지대를 말리고 강을 파괴한 화석 용수를 마신 음식인가? 내가 걸어갈 수 있는 거리의 땅에서 자란 음식인가, 아니면 석유로 범벅이 되어 미끈거리는 길을 거쳐 내 밥상에 오른 음식인가?"(Keith, 2013: 395-396).

---

44) "먹거리에 대해 관심을 가지고, 관련 지식과 정보를 공부하며, 이를 기반으로 성찰적인 먹거리 소비 행위를 하는 사람들을 먹거리시민(food citizen)이라고 할 수 있다. 더 나아가 먹거리를 매개로 생산자나 다른 소비자들을 만나고, 대안 농식품체계에 대해 고민하고 변화를 꾀한다면 성찰적 먹거리시민이라고 할 수 있을 것이다"(김철규, 2015: 34).; "먹거리 시민권(food citizenship)이다. 이 말은 시민으로서 먹거리에 대한 권리와 의무를 가진다는 뜻이다. 시민은 상품과 서비스를 소비하는 것을 넘어선 역량을 가지고 있으며, 단순한 시장 이상의 무언가인 사회에서 능동적으로 움직인다"(Lang, Barling, and Caraher, 2012: 426).

3. 본 연구자의 짧은 지식으로 세 가지 패스트 음식(3Fasts)을 될수 있으면 멀리하기: (1) 먼저 요리시간 짧은 음식을 피했으면 한다. 즉 조리시간이 짧은 음식을 피하라. 맥도날드, 버거킹은 아니지만 이런 음식들은 말 그대로 패스트푸드(fast food)다. (2) 두 번째로 몸에 흡수가 매우 빠른 음식을 피하라. 즉 고도로 정제된 음식(refined food)을 피했으면 하는 바람이다. 고도로 정제된 음식은 몸에 빨리 흡수되어 혈당을 갑자기 높이는 역할을 하기 때문에 이를 피했으면 한다(McDougall, 2014; Davis, 2012: 182-183; Sheppard, 2013: 87-93 참조).[45] (3) 마지막으로 빠른 속도로 비육(肥肉, fast fatting)된 음식 재료들로 만든 음식물에 대해서 멀리했으면 한다. 왜냐하면 빠른 비육은 항생제 등에 노출될 확률이 상대적으로 높을 수 있기 때문이다.

---

45) 성분이 같아도 먹을거리에 따라서 섭취한 다음 혈당치가 오르는 방법에는 차이가 있다. 그래서 포도당(글루코스)를 100이라 하고 혈당치가 얼마나 오르는지를 '당지수(glycemic index)'라고 부른다. 수치가 높은 만큼 당뇨병에는 좋지 않은데, 이탈리아산 흰쌀이 102, 밀이 80-99인데 반하여 스리랑카의 토종 벼인 라스 스웬델(Rath Suwendel)은 35로서 매우 낮다(Yoshida, 2011: 254).

02

첫 번째 확장된 식탁 담화

먹을거리 불안전 때문에 발생하는 사회문제에 대한 담화

Ⅰ. 들어가면서

1. 擴張된 식탁 담화의 필요성

"쇠뿔도 단김에 빼라(趁热打铁, Strike while iron is hot)"는 속담처럼 이제 채식주의자와 육식주의자 간의 먹을거리 안전성에 대한 식탁 담화도 그 영역을 확장해서 살펴보고자 한다. 왜냐하면 먹을거리의 안전성의 문제는 매우 개인적인 문제이면서도 동시에 매우 공적(公的)이면서 구조적(構造的)인 문제이기 때문이다[飮食問題=個人的問題+社會構造的問題]. 현실적으로 먹을거리의 불안전성은 개(個)개인의 건강을 해치는 것으로만 끝나는 것이 아니라 사회적 건강과 환경을 해치는 결과를 가져온다. 예를 들어 먹을거리는 한 개인에게 비만과 같은 질병을 가져오기도 하지만, 사회적으로도 비만(the obesity epidemic, '傳染性 肥滿')[Patel, 2008: 387; 폴 짐멧이 '전 세계적으로 유행하는 병'이라는 의미의 pandemic이라는 단어를 썼다(Reymond, 2008: 27-28 참조)][46)과 관련된 다양한 문제 등을 발생시키기 때문이다. 세계화된 오늘의 경우 더욱더 개인의 과식(過食)은 지구 저편에서의 누군가의 굶주림[窮乏・飢餓)]과도 연결되어 있다. 또한 개인의 과도한 육식은 그 자체로 끝나지 않고 크게는 전 세계적인 기후변화, 즉 지구온난화의 문제에도 영향을 줄 수도 있기 때문이다[음식 나비효과, food butterfly effect(?)].[47) 네슬(Marion Nestle) 교수는 자신의 책, 『식품정치(Food Politics)』가 출판되기도 전에 비판가들에 의해서 제기되었던 일을 소개한다. 책이 출판되기도 전에 비판가들에 의해서 제기되었던 비판 중의 하나가 바로 식품의 선택은 개인의 선택 문제인데 왜 저자인 네슬 교수가 이러한 견해에 대해서 이의를 제기하고 있는가 하는 문제였다고 한다. 네슬의 반대자들은 한마디로 먹을거리와 관련된 문제는 전적으로 개인의 문제라고 본 것이다. 전적으로 개인의 선택의 문제인 먹을거리의 문제를 구조적이며 사회적인 문제로 바라보지 말라고 네슬을 비난하였던 것이다. 과연 그럴까? 네슬을 비난한 자들의 주장처럼 먹을거리는 단지 개인적 선택만의 문제일까? 네슬은 먹을거리는 단지 개인 선택만의 문제가 아니라고 말한다. 만약 먹을거리의 문제가 한 개인의 사적인 문제에 불과하다면 그 해결책은 개인의 교육에만 한정될 수밖에 없다고 지적한다. 그런데 문제는 먹을거리의 선택과 관련된 문제는 개인의 교육으로만 해결될 수 있는 문제가 아니라는 점이다.

---

46) 당뇨도 사회적 질병으로 이해해야 한다. "현대에는 당뇨병이 게으른 부자들만의 전유물이 아니라 사회 각계각층의 사람들이 걸리는 병이 되었다. 당뇨는 우리 모두의 병이다"(William, 2012: 132).

47) 한국인이 먹는 음식 중에 탄소발자국 1위는 '설렁탕'이라고 한다. 1인분에 10kg의 온실가스배출량이 나온다. 손서영, "내가 먹는 음식이 온난화에도 영향?… '탄소발자국' 1위는 설렁탕!" <KBS 뉴스>, (2019.02.07.).

왜냐하면 먹을거리의 안전문제는 개인적인 선택[責任]을 떠나서 사회구조적인 문제이기 때문이다. 그래서 네슬은 『식품정치』에서 먹을거리와 관련된 사회구조적인 문제에 대해서 다루었던 것이다 (Marion Nestle, 2011).

> 나는 『식품정치』를 쓰면서, 식품 선택 시 영향을 미치는 것으로 개인적인 것보다는 환경적인 것-사회적, 상업적, 제도적 영향들-에 관심의 초점을 두었다. 만약 건강에 좋지 않은 식품 선택이 오직 개인적 책임에 관련된 문제라면, 그때 우리에게 필요한 것은 사람들이 좀 더 잘 먹도록 교육하는 것뿐이다. 하지만 환경적인 요인들로 인해 건강에 이로운 식생활이 어려워지고 있는 것이라면 건강에 이로운 선택이 기본이 되도록 사회를 변화시킬 필요가 있다. 나는 『식품정치』가 관심의 초점을 개인에게서 식품 선택과 특히 식품 마케팅을 변화시키기 위해서 필수적인 사회의 변화로 이동시키는 데 도움이 되기를 바란다 (Nestle, 2011: 8).

먹을거리와 관계된 문제는 개인적 차원에서 다루어져야 할 뿐만 아니라, 더 나아가서 보다 더 확대된 차원인 사회구조적인 접근을 필요로 하는 경우가 있다는 것이다.48) · 49) · 50) [참고로, 키마 카길

---

48) "신자유주의 경제학을 신봉하는 국가들은 먹거리정책에 있어 개인의 선택이 가장 우위에 있음을 강조하는 경향을 보인다. 이들은 소비자가 '현명한 선택'을 하도록 조언하거나 교육하는 것을 선호하는 경우가 많으며, 책임부담을 이데올로기적인 측면에서는 선택에, 실존적인 측면에서는 소비자에게 지운다. 하지만 보건의 문제를 슈퍼마켓 계산대에서 개인의 선택에 맡기는 것이 과연 합당한 일인가?"(Lang, Barling & Caraher, 2012: 43).; 김철규 교수도 먹을거리 문제에 대해서 사회학적 상상력이 필요함을 역설한다. "가난, 이혼, 자살 등 개인적인 것처럼 보이는 많은 문제들이 사회구조적 원인을 가지고 있듯이, 소비자로서 개인이 고민하고 있는 먹거리 문제 역시 사회구조적인 문제다. '개인적 문제(personal trouble)'를 사회적 맥락에서 이해하고, '사회적 의제(social issue)'로 바꿔 생각하는 것을 사회학적 상상력(sociological imagination)이라고 한다. 먹거리와 관련해서도 이런 사회학적 상상력이 필요하다. 개인으로서의 소비자가 먹거리를 통해, 다양한 행위자들(예컨대, 농민, 대형마트, 정부정책, 초국적 농산품기업 등), 그들 간의 관계방식, 권력의 문제 등을 이해하기 위한 노력이 요구되는 것이다"(김철규, 2015: 20).

(Kima Cargill) 교수가 자신의 책에 제시하고 있는 '과식(過食)에 영향을 미치는 복잡한 요인'을 보라. 과식도 개인적인 책임의 문제만이 아니라는 것을 알 수 있다(Cargill, 2020: 35)]. 그렇기 때문에 채식주의자와 육식주의자는 먹을거리 안전성과 관련된 문제, 즉 음식[食品·食單]의 안전성에 대해서 보다 확장된 범위에서 담화가 필요한 것이다. 지금 여기서(Here and now), 될 수 있으면 신속하게….

2. 연구문제와 연구범위

본고에서는 다음과 같은 연구문제에 대해서 살펴보고자 한다. **"[먹을거리와 관련된 社會構造的問題]"**에 대한 고찰이다.

연구문제1: **[먹을거리 問題의 次元]**
음식 안전성 문제는 개인적인 차원인가, 아니면 사회 구조적 차원인가?

연구문제2: **[먹을거리 문제의 범주]**
먹을거리와 관련해서 어떤 문제들이 발생하고 있는가?

---

49) 김민배에 따르면, 비만에 대해 각국이 정부 차원의 관심을 기울이는 이유는 비만이 질병 그리고 삶의 질과 직결되어 있기 때문이다. 과거에는 개인의 비만 문제를 순전히 자기 책임이라고 생각했으나, 비만이 다른 질병 등과 연계되면서, 사회 차원에서 무언가 조치를 취해야 한다는 문제 제기가 있어 왔다(김석신, 2016: 116-117; 김민배, 2011: 337-336 참조).; 김민배 (2011), "미국에서의 비만책임 논쟁", 『법학논총』, 18(3), 337-366 참조; "오늘날의 음식윤리는 개인윤리나 미시윤리(micro-ethics)의 관점에 머무르지 않고 거시윤리(macro-ethics)로서 사회적, 지구적 차원으로까지 범위를 확대하여야 한다"(김석신, 2014: 194; 김석신, 2013: 160-175 참조).

50) 세계식량체제에서 자행되는 부당한 행위는 세계의 문제일 뿐 아니라 우리 지역의 문제이기도 하다(Timmerman, 2016: 342).

이를 위해 본고에서는 다음의 내용에 대해서 다루기로 한다. 먼저 먹을거리의 안전성은 개인적 차원을 떠나 사회적 차원에서 다루어야 함을 기술할 것이다. 먹을거리 때문에 발생하는 문제들을 개인의 문제로만 왜 치부(置簿)할 수 없는지에 대해 설명할 것이다. 다시 말해 캐비앳 엠프토르(Caveat Emptor, '위험부담은 구매자가 진다', 'buyer beware')를 뛰어넘어(beyond)야 함에 대해서 말이다. 그리고 먹을거리의 안전성 때문에 발생하는 사회문제들에는 어떤 것이 있는지에 대해서 대략적으로 살펴보고자 한다(이는 이에 대한 저서들과 자료들이 많이 출판되어 있기 때문에 쉽게 접할 수 있는 부분이다). 구체적으로 건강문제, 환경문제 그리고 경제문제와 관련된 것에 대해서 기술할 것이다. 더 나아가서는 먹을거리의 안전성 때문에 발생하는 사회문제들을 해결하기 위한 방법에 대한 것에는 어떤 것이 있는지에 대해서 결론 부분에서 매우 간단하게 기술하고자 한다.

3. 研究前提: 무엇보다 색깔논쟁으로부터 자유함이 필요

최근 출판된 『뻔뻔한 육식동물: 육식가를 위한 선언문(The Shame less Carnivore: A Manifesto for Meat Lovers)』의 저자는 자신을 포함한 일부 육식가들이 채식주의자를 "콩머리, 채식 버거, 공산주의자, 우리의 적"이라고 부른다고 인정했다(Gold, 2008: 150; Zaraska, 2018: 240 재인용).

먹을거리 안전성을 논하기 이전에 전제되어야 할 것이 있다. 먼저 무엇보다도 색깔논쟁으로부터의 자유함이 필요하다는 것이 바로 그것이다. 왜냐하면 역사적으로 먹을거리의 안전성에 대해 지적했을 때 다른 분야의 사례(事例)에서도 볼 수 있었듯이 색깔논쟁과 결부시키는 사례들이 심심찮게 존재했기 때문이다. 다음과 같은 지적들에서도 확인할 수 있다. "조지 손다이크 에인절(George Thorndike Angell)이나 금욕주의 여성들 같은 순수 식품 운동가들은 광신자나 사회주의자 혹은 괴짜로 낙인찍히는 경우가 많[았]다"고 한다(Goodwin, 1999: 73; Wilson, 2014: 239 참조).[51] 그러므로 먹을거리 안전성에 대한 논쟁은 그 무엇보다도 색깔논쟁[理念論爭]으로부터 자유함이 전제되어야만 하는 것이다. 먹을거리 안전성에 대해서 논의하자는데 그 자리에 사회주의자네, 공산주의자네 하는 색깔논쟁이 끼어들 자리를 주지 말아야 한다는 것이다. 왜냐하면 색깔논쟁은 문제에 대한 초점을 흐리게 하기 때문이다. 1977년 미국의 시민운동가들이 네슬(Marion Nestle)이 개발도상국 여성들에게 모유가 아닌 분유 소비를 은근히 조장하는 것을 지적하면서 미국 내에서의 네슬레 사(社) 제품을 구매하지 말 것을 촉구하였을 때 식품회사인 네슬레 사가 가지고 나온 극단적인 카드도 반대하는 이들을 몰아붙이기 위한 색깔논쟁의 카드였다. 당시 네슬레 사는 자본력을 앞세워 여러 홍보전문 회사의 도움을 받아서 지속적으로 네슬레 사를 비판하는 세력을 공산주의자로 낙인찍었던 것이다(Nestle, 2012: 235).

---

51) "[몬산토를 비난했을 때] 프라카쉬는 애그바이오월드의 웹사이트를 통해서 환경운동가들을 '파시스트, 공산주의자, 테러리스트, 종족말살자'라고 맹비난했다"(Robin, 2009: 397).; "생명공학청의 헨리 밀러 대변인은 GMO에 반대하는 사람들을 '야만인' 또는 '나치적 지식인'이라고 거침없이 몰아세웠으며…(Robin, 2009: 237 재인용).; 카슨이 공산당 당원일 것이라는 주장은…(Robin, 2014: 76) 참조.

4. 研究限界

이 글은 많은 연구자들의 연구 자료들을 본 글의 제목에 맞게 재구성(모자이크化, mosaicization)하는 수준이라는 점을 밝힌다(독창성이란 거의 없을 것이다. 그런 의미에서 전[前] 연구자들의 많은 수고[勞苦]에 감사드린다. 특히 이들 연구를 한국어로 옮긴 한국어 번역자들에게는 더욱더 깊은 감사를 드린다). 먹을거리 문제는 범위 자체가 매우 광범위하다. 가장 세계화(世界化, globalization)를 잘 보여주는 문제 중의 하나가 바로 먹을거리 문제라는 점에서 이를 확인할 수 있다. 그렇기 때문에 최대한 제한된 범위에서 선택하여 기술하였다. 또 본 연구는 먹을거리로 인해 발생하는 문제를 3가지 영역, (1) 건강(보건), (2) 환경, (3) 경제문제로 나누어서 다루었다. 이러한 영역의 분류는 매우 임의적이며 기술(記述)의 편의상의 분류에 불과하다는 점을 밝힌다.

II. 먹을거리 不安全으로 발생하는 社會問題에 대한 食卓 談話

1. 먼저 캐비앳 엠프토르를 넘어 (Beyond Caveat Emptor)

거시적 측면에서 먹을거리 안전성 때문에 발생하는 사회적 문제는 어떤 것이 있을까? 과거에는 기본적으로 먹을거리에 대한 문제를 소비자 개인의 선택의 문제로만 보았다. 이를 잘 표현하고 있는 라틴어 문구가 바로 "캐비앳 엠프토르(Caveat Emptor '위험부담은 구매자가 진다', 'buyer beware')"다(Lang & Heasman, 2007: 54-55). 말 그대로 먹을거리 섭취는 전적으로 개인의 선택의 문제이며, 먹을거리는 그것을 먹는 사람과 그것을 파는 시장(市場) 사이의 자유로운 계약에 의한 것이기 때문에 이 경우에는 어느 누구도 간섭할 수 없다는 것이다. 이런 경우 먹을거리와 관련해서 발생하는 문제(特히 否定的結果)는 매우 사적인 한 개인의 문제에 지나지 않기 때문에 결코 사회구조적 문제로 취급할 수 없게 된다.[52]

그런데 시간이 경과하고 보니 먹을거리의 문제라는 것이 사적인 문제만이 아니라는 점을 인식하게 된 것이다. 먹을거리로 인해서 직·간접적으로 많은 사회적 문제들이 발생하고 있다는 것을 주변에서 쉽게 목도(目睹)할 수 있었기 때문이다. 먹을거리와 관계되는 문제는 단순히 한 개인에게서 나타나는 문제로 끝나지 않고, 가정, 지역공동체와 한 나라, 더 나아가서는 전 지구적 차원에서의 문제로 번져가고 있었기 때문이다. 물론 이는 먹을거리의 문제가 세계화의 과정에 긴밀하게 맞물려 있기 때문에 나타난 결과이기도 하다(먹을거리 문제를 구조적 문제로 다룬 저서로는 Clapp, 2013;

---

52) 2013년 2월 영국의 저명한 의학 전문지 『더 랜싯(The Lancet)』에는 식료품 콘체른에 대한 맹렬한 공격이 실렸다. "이윤과 세계적인 전염병"이라는 제목의 논문은 많은 병의 증가가 공공의 건강을 해친 책임을 들어 콘체른들을 규탄한다. 그들의 전략은 담배산업의 그것과 비슷하다고도 했다. 전문가들은 당뇨병, 고혈압, 심장마비 및 몇몇 다른 병의 증가, 그리고 건강에 해로운 인스턴트 음식과 청량음료 소비의 상승에 대해 콘체른들이 '결정적이고 촉진적인 요인'이라고 비판했다. 공격적인 광고 및 마케팅은 건강에 해로운 식료품의 수요를 증가시켰다. 시장을 안전하게 지키기 위해 콘체른들은 연구결과를 조작하고 의료정책에 자신들의 뜻대로 영향을 미칠 수도 있을 것이다. 그뿐만 아니라, 콘체른들은 법적 규제를 막기 위해 자신들이 이끌고 있는 로비 단체를 내세운다고 한다. 그리고 소비자들을 유죄로 낙인찍는 마케팅을 재정적으로 지원할 것이다(Werner-Lobo and Weiss, 2015: 176). http://people.ds.cam.ac.uk/ds450/details/LancetProfits.pdf.

Nestle, 2011; Holt-Gimenz & Patel, 2011; Patel, 2008; Lang and Heasman, 2007; Lang, Barling and Caraher, 2012; 김흥주 외 공저, 2015 등을 참조).[53]

건강과 관련해서 현실에 있어서 먹을거리와 건강과의 관계는 개인적인 것 같지만, 실제로는 매우 사회적이면서 동시에 매우 구조적이라는 점을 인지하기 시작한 것이다. 단순하게 한 개인(消費者)의 먹을거리로 인한 비만과 질병으로 끝나는 것이 아니라, 먹을거리와 관련된 노동자들의 열악한 작업환경으로 인한 질병과 그 인근 지역 주민들의 건강 문제와도 연관되어 있을 뿐만 아니라, 공장식 사육방법에 의해 사육되는 동물들의 건강(一種의 動物權)의 문제와도 밀접하게 연결되어 있는 문제라는 점을 인식하게 된 것이다. 비만(肥滿, obesity)의 경우를 예로 살펴보자. 오늘날 비만의 원인의 하나로 지목되고 있는 것이 바로 패스트푸드(fast food)다. 공장식 농업으로 인해서 육류의 대량생산이 가능해지게 되었고, 이는 낮은 가격으로 음식 공급이 가능해지게 됨으로써 소비자들은 보다 낮은 가격으로 음식물의 구입이 가능하게 된 것이다. 패스트푸드가 비만의 주요 요인이라면 그러한 음식을 개인이 굳이 사 먹지 않으면 되지 않느냐

---

53) "『물의 미래』의 저자 에릭 오르세나는 '왜 생선초밥이 아프리카의 물을 고갈시키는가?'를 친절히 알려준다. 생선을 좋아하는 일본인들의 미각을 만족시키기 위해 초현대식 일본 어선들은 전 세계의 바다에서 저인망으로 물고기를 싹쓸이한다. 당연히 아프리카 모리타니(Mauritanie) 인근 해역에서 고기를 잡는 영세한 아프리카 어부들은 초현대식 일본 어선들과의 경쟁에서 살아남을 수가 없다. 어쩔 수 없이 그들은 직업을 바꾸게 되고, 점차 시장 가판대에서 생선은 자취를 감추게 된다. 하지만 주민들은 부족한 단백질을 보충하지 않으면 안 되고, 그러기 위해서 그들은 점점 더 많은 염소나 소 등의 가축을 기르게 된다. 하지만 그 가축들은 생선과 달리 많은 담수를 필요로 한다. 우리가 무심코 먹는 생선초밥이 이렇게 아프리카의 지하수층을 고갈시키고 있는 것이다. 우리가 즐겨 먹는 고기 때문에 아마존의 밀림이 사라지고 있는 것이다. 우리가 누리는 풍요로움이 어느 누군가에게 폭력이 될 수 있는, 참으로 '불편한 진실'의 세계에 우리는 살고 있다"(장윤재, 2017: 53).

고 되물으면서 이러한 소비를 하는 개인에게 전적으로 문제가 있지 않으냐고 반문(反問)할지도 모른다.54) 그러나 토머스 F. 폴릭 (Thomas F. Pawlick)이 지적한 것처럼 오늘날 우리가 값싸고 쉽게 구할 수 있는 음식의 대부분이 '비식품(non-food)'라는 점을 무엇보다 먼저 인지할 필요가 있다. 이것은 소비자로서 먹을거리에 대한 선택이 전적으로 소비자의 자유로운 의사(意思)에 의한 선택이라기보다는 소비자의 자유로운 선택처럼 보이지만 어쩔 수 없이 하는 선택의 결과에 불과하다는 점을 보여주는 것이다. "지난 50년간의 추이가 꾸준히 사실이었다면, 우리의 식품 공급체계는 이제 지방, 소금, 설탕 같은 상대적으로 위험한 것들을 제외하고는 측정 가능한 영양물질을 거의 함유하지 않고 있는 '비식품(non-foods)'들로 구성된 식생활을 향해 냉혹하게 뻗어가고 있다고 보아야 할 것이다"(Pawlick, 2009: 50-51). 개리 에거(Garry Egger)와 보이드 스윈번(Boyd Swinburn) 교수도 세계적인 비만의 경우 개인의 선택이 아니라, 먹을거리와 관련된 경제 시스템에 대한 변화가 필요함을 지적하였던 것이다. 오늘날 비만의 요인이 개인에게 기인한 경우가 아니기 때문에 아무리 개인에게 비만의 방지에 대한 무엇인가를 하더라도 별로 효과가 없을 거라는 얘기다. "'개인에게 아무리 권고해도 세계적인 비만을 줄일 수 없다고 단언한다.' 그 대신 운송, 지역배치, 가정환경, 재정 정책 그 외 공급 체인의 다른 변화 요인에 혁신을 가해야 할 것이다"(Lang and Heasman, 2007: 87; Swinburn and Egger, 2002: 289-301 참조).

---

54) 신문과 학술지 등 많은 곳에서 먹을거리를 개인의 선택으로 취급하고 있다(Paterl, 2008: 389; Saguy & Riley, 2005: 869-923 참조).

그러면 나쁜 음식 말고 '좋은 음식'만을 잘 골라 먹으면 되지 않
겠느냐고 반문(反問)할 수도 있다. 현실은 그렇게 간단하지 않다는
점이다. 먹을거리를 결정하는 데 중요한 위치를 차지하는 요인이
무엇보다도 소득수준(음식에 대한 소비자의 가격 지불능력)에 있기
때문이다. 소비자들이 음식을 결정할 때 무엇보다도 가격(價格)에
대해서 비중 있게 따진다는 점이다. 이것은 부정할 수 없는 어쩔
수 없는 현실일 것이다. 경제학자들도 가격이 음식물 선택에 주요
요인임을 인지하고 있다(個人的으로 식당 밖에 음식 가격이 적혀
있는 곳을 선호한다. 왜냐하면 들어가서 식당의 음식값이 비싸면
매우 당황스럽기 때문이다. 과거에는 체면 때문에 비싸도 나오지
못하고 사 먹고 후회한 적도 있었지만, 그러한 실수를 되풀이하지
않기 위해 아예 식당 밖에 가격이 적혀 있는 곳을 찾는다. 물론 지
금은 체면이라는 것을 모두 엿 바꾸어 먹었기 때문에 음식값이 비
싸면 그냥 나오기도 한다. 딸이 볼 때에 이러한 행동을 한 아빠가
좀 많이 거시기할지도 모른다). "식품 선택에서 가격은 매우 중요
한 요인으로 작용하기 때문에 경제학자들은 가격 변동이 영양 섭취
에 주는 영향을 계산할 수 있을 정도다. 예를 들어, 고기 가격의 하
락은 칼슘과 철분의 평균 섭취율을 높이지만, 칼로리, 지방, 포화지
방 및 콜레스테롤의 섭취를 증가시키기도 한다"(Nestle, 2011: 52;
Meade and Rosen, 1996: 39-44; Huang, 1998: 11-15 참조). 홀푸
드의 최고경영자인 존 맥케이의 인터뷰 내용에서도 가격이 음식 선
택에 있어서 매우 큰 비중을 차지한다는 것을 확인할 수 있다. 맥
케이는 다음과 같이 말하였다. "그러려면 가격이 더 저렴해져야 합
니다. 대부분의 사람들은 가격을 보고 구매하기 마련이니까요. (⋯)

가격보다는 품질을 더 높이 평가하는 사람들이 있지만 그런 사람은 비교적 적은 편이지요"(Cox, 2009: 206; *Wall Street Journal.* [December 4, 2006] 참조). 이는 결과적으로 높은 소득을 가진 사람은 좋은 음식을 사 먹을 확률이 높은 반면에, 낮은 소득 수준에 속하는 계층은 상대적으로 나쁜 음식을 접하기가 쉬운 사회 구조라는 것이다. "사회경제적 지위가 높은 집단은 통곡물(whole grain), 지방이 적은 고기, 저지방 유제품, 신선한 채소와 과일을 더 많이 먹는다. 소득이 낮은 집단은 앞에서 이야기한 것들을 더 적게 먹는 대신 정제된 곡물과 식품에 첨가된 지방을 더 많이 먹는다"는 점에서도 이를 확인할 수 있는 부분이다(Lang, Barling and Caraher, 2012: 259 재인용; Darmon & Drewnowski, 2008: 1107-1117 참조). 음식 가격에 대해 지불능력이 낮은 소비자들은 그렇지 않은 사람들에 비해 신선식품이나, 통곡물 음식을 접할 기회가 줄어든 대신에, 값싼 패스트푸드, 덜 신선한 야채, 정제된 탄수화물을 접할 기회가 증가하게 된다. 참고로 미국의 경우 슈퍼마켓 체인 중 사회적 책임의 선두주자라고 칭해왔던 홀푸드의 경우 오늘날 문제점으로 지적되고 있는 것 중의 하나가 바로 높은 음식물 가격으로 인해서 낮은 소득을 가진 계층들이 접근하기 매우 어렵게 되었다는 점이다. 유기농이면 뭐 하느냐는 것이다. 일반 서민들이 접근할 수 없는 식품 가격은 그저 그림의 떡에 불과하다는 것이다.55) 이처럼 너

---

55) 홀푸드에 대한 지적으로 나온 것에는 이익을 위해서 소규모의 유기농민과 거래하기보다는 대형 유기농장과 거래하기를 원한다는 것이다. 그 결과 판로(販路)를 확보하지 못한 소농들의 경우 유기농업을 포기하고 관행농업으로 돌아가거나 농업을 포기했다고 한다. "1980년 '홀푸드' 매장이 텍사스주 오스틴에 처음 문을 열었을 당시 매장을 채운 유기농 과일과 채소 대부분은 지역의 소규모 유기농민이 재배한 농산물이었다. 하지만 유기농 시장이 확대되자 20곳의 소규모 유기농민과 거래하는 것보다 한 곳의 대형 유기농장과 거래하는 것이 비용이 훨씬 적게 드는 상황으로 발전했다"(Rogers, 2011: 62).; 요시다 타로(Yoshida Taro)도 같은 지적을 한다.

무 비싼 가격 때문에 홀푸드를 '홀 페이체크(Whole Paycheck)'라고도 한다.

그렇다면 나쁜 음식이 판매되지 않도록 국가가 적극적으로 규제하면 되지 않겠는가라고 재반문(再反問)할지도 모른다. 그것도 이론으로는 가능하지만 현실적으로는 그리 쉽지 않는 문제다. 현실에 있어서 국가는 먹을거리의 문제에 대해서 매우 소극적이기 때문이다. 무역의 자유화(기업 활동의 자유화, business friendly)라는 구실로 심지어 방조적인 양상까지 보인다는 지적이다. "실제로 개발도상국에서 토착식품의 '훌륭한' 요소를 지키고 서구화된 식품과 음료가 유입되지 못하도록 맞서 싸우려는 정책결정자는 별로 없었다. 즉 무역 자유화를 어기지 않기 위해서일 것이다. 솔직히 말하자면 무역과 경제정책이 건강 문제를 이긴 셈이다"(Lang and Heasman, 2007: 78)고 지적될 정도로 국가는 먹을거리 문제에 대해서 국민의 편에서 적극적으로 행동하지 않다는 점이다.56) 존 맥도걸이 자신의 저서 "6장. 정부는 국민의 건강이 아니라 식품업계의 이익을 대변한다"(McDougall, 2014: 99-112)에서 지적하고 있는 내용에서 국가가 먹을거리의 문제에 대해서 적극적이지 않는 이유를 찾아볼 수 있다. 회전문 인사와 밀접하게 관련되어 있기 때문에 그들은 농축

"2001년에 개발도상국들 가운데 인증 유기농지의 비율이 1%가 넘는 나라는 아르헨티나밖에 없는데, 2004년에는 7개국이나 되고 우루과이는 농지의 4%가 인증을 받았다. 그런데 이 번성한 유기농업은 선진국의 수요를 충족시키기 위한 것이다. 국내에서는 거의 유통되지 않는다"(Yoshida, 2011: 31).; "일명 '홀페이체크(Whole pay check)'라는 홀푸드는 오히려 소비자의 씀씀이를 늘게 만들고 있으며 잉여 수익이 필요한 사람들에게 분배되고 있는지도 분명치가 않다. 올바른 수익 분배를 위해서는 식품업계에 고도의 정책적인 변화가 일어나야 한다"(Patel, 2008: 432).

56) 소비자가 더 안전하고 건강한 먹거리를 선택할 수 있도록 정보를 제공하는 것도 중요한데, 이는 보통 국가와 식품자본의 '협력'으로 실행된다는 지적이다(송인주, 2015: 119 참조).

산업계의 대변자로 변질되었다는 지적이다. "미국 식품정책은 마치 회전문과 같다. 농축산업계 지도자에서 정책을 입안하는 정부 관리로, 다시 산업계로 빙글빙글 도는 것이다. … 미농무부는 농업인구가 50%였을 때 창설됐지만, 150년 지난 후에는 '미국인을 위한 부서'에서 식품생산과 식품공급에 정치적으로 영향을 주는 거대 정치집단, 즉 '농축산업계의 대변자'로 변질되었다는 점을 감히 말할 수 있다"(McDougall, 2014: 104-105). 이러한 현실을 알고 있었던 팀 랭 등(Tim Lang, D. Barling and M. Caraher)은 그러한 이유로 다음과 같이 물었던 것이다. "신자유주의 경제학을 신봉하는 국가들은 먹거리 정책에 있어 개인의 선택이 가장 우위에 있음을 강조하는 경향을 보인다. 이들은 소비자가 '현명한 선택'을 하도록 조언하거나 교육하는 것을 선호하는 경우가 많으며, 책임부담을 이데올로기적인 측면에서는 선택에, 실존적인 측면에서는 소비자에게 지운다. 하지만 보건의 문제를 슈퍼마켓 계산대에서 개인의 선택에 맡기는 것이 과연 합당한 일인가?"(Lang, Barling and Caraher, 2012: 43). 그러한 연장선에서 앞에서 언급했던 매리언 네슬 교수는 아주 간략하게 먹을거리의 선택은 바로 사적인 동시에 정치적이라고 선언한 취지를 이해할 수 있는 것이다. "『식품정치』의 주된 주제는 식품선택이 사적인 동시에 정치적이라는 것이다"(Nestle, 2011: 547). 『세계 식량안보(World Food Security)』의 저자인 마틴 매클로플린(Martin McLaughlin) 박사가 "기아란 정치적이면서도 사회적인 현상인 만큼 분배와 복지의 문제라고 지적"한 것도 어느 정도 같은 맥락에서의 언급으로 이해할 수 있겠다[57](Hahn Niman, 2012:

---

57) 클랩(Jennifer Clapp)은 세계식량경제가 확산된 배경으로 다음의 네 가지 주요 요인이 작용했

363 재인용; McLaughlin, 2002). 범위를 넓혀서 홀트-기메네스와 파텔이 마이클 폴란(Michael Pollan)의 말은 인용하고 동시에 그 의미를 확장하여 다음과 같이 주장한 것도 같은 기류에 대한 기술로 받아들일 수 있다. "미국의 인기 작가이자 언론인 마이클 폴란(Michael Pollan)은 기후변화, 에너지 위기, 보건 위기라는 미국의 당면과제를 먹거리체계의 개혁 없이 해결하는 것은 불가능하다고 주장한다. 여기서 한 발자국 더 나아가, 우리는 세계 먹거리체계를 바꾸지 않고서는 전 지구적 금융위기와 식량위기를 해결할 수 없다고 말하고자 한다"(Holt-Gimenez & Patel, 2011: 130).

먹을거리와 관련해서 오늘날 회자(膾炙)되고 있는 사회문제를 살펴보기로 한다. 논의의 편의를 위해서 앞에서 언급하였듯이 본고에서는 세 가지 영역에서 제한적으로 살펴보고자 한다. 본고에서 다루지 않는 문제(동물권 등)에 대해서 심각하지 않다는 것은 아니다. 여기서 3가지 영역이란 바로 (1) 건강(보건), (2) 환경, (3) 경제문제가 그것이다. 먹을거리와 관련한 사회문제를 3가지 영역으로 분류할 경우에 이 분류는 단지 편의상의 분류에 불과하기 때문에 다루는 영역들 간에는 서로 중첩(重疊)된 부분이 있을 정도로 상호 긴밀한 관계가 있다는 사실 또한 기억해야 할 것이다. 예로 들어서 건강의 문제인 비만의 경우 보건문제인 기아문제와 관련되어 있고 이는 경제 불평등의 문제와도 어느 정도 밀접한 관련성을 지니기

다고 한다. "국가가 주도한 산업형 농업과 다국적 식품 무역의 세계적 확산, 농산물 무역의 자유화, 식품과 농산물 부문의 모든 영역에서 초국적기업의 등장, 식료품이 투자자들에 의해 매매되는 금융상품처럼 취급되는 식량의 금융상품화 현상 심화가 바로 그 네 가지 요인이다"(Clapp, 2013: 33).

때문이다. 공장식 농장의 경우에도 이로 인해 지역주민들과 작업 노동자들의 건강에 많은 악영향을 주는 것은 물론이고 더 넓은 범위에서는 CO_2의 증가로 인한 지구온실 효과와 같은 환경의 문제와도 관련되어 있기 때문이다. 현재의 산업농업이 가져오는 다양한 문제들과 이로 인해 연쇄적으로 발생하는 결과들은 매우 다양하게 나타나고 있는 것에 대한 지적에서도 앞에서 논의의 편리를 위해 나눈 각 영역 간의 밀접한 상호 관련성을 찾아볼 수 있기는 마찬가지다[連鎖作用]. 에릭 홀트-기메네즈와 라즈 파텔의 다음의 기술은 이러한 연쇄적 반응을 잘 보여주고 있다.

> 석유와 화학물질을 과도하게 사용하는 산업농업이 주를 이루고 있는 현재의 농업은 전 세계 온실가스 배출의 13-18%를 차지하며 고갈되고 있는 전 세계 담수 공급량의 60-70%를 사용한다. 농업은, 기후 관련 위험들을 유발하는 동시에 그로부터 가장 큰 고통을 겪는다. 전 세계 인구의 6분의 1이 극심한 굶주림에 시달리고 있는 반면, 그와 비슷한 숫자의 사람들이 비만으로 고통받고 있다. 싸구려 나쁜 음식(고도로 가공되고, 소금, 설탕, 지방, 고과당 옥수수 시럽으로 범벅이 된)이 빈민과 중산층 사람들 모두에게 있어 공중보건상의 위협이 되었다. 비만, 고혈압, 2형 당뇨병 및 기타 음식 관련 질병의 증가-주로 저소득층에서-는 미국 보건 관련 지출을 12% 증가시켰다. 유럽도 마찬가지이며, 남반구의 개발도상국에서도 이런 패턴이 점점 더 뚜렷해지고 있다(Holt-Gimenez & Patel, 2011: 23-24).

2. 被害: 먹을거리로 발생하는 諸問題

1) 健康(保健) 問題

정크푸드(Junk Food)로 대표되는 패스트푸드(fast food)의 증가 ('버거화, Burgerization', '맥도날드화, MacDonaldization', '코카콜라 식민지화, coca-colonization', '햄버거 문화, burger culture' 등과 같은 신조어를 통해서도 이를 확인할 수 있다)와 식품가공산업의 발전으로 인한 각종 화학첨가제를 첨가(添加)한 가공음식의 판매의 증가, 그리고 공장식 가축사육에서 발생하는 각종 약물의 오·남용(항생제, 살충제, 호르몬제)으로 인해 소비자, 작업 노동자와 그 지역주민, 그리고 더 나아가서는 집단 사육되고 있는 동물들의 건강상 발생하는 부작용 등의 문제를 생각할 수 있다. 공장식 가축사육을 중심으로 건강[保健]에 대한 문제점을 살펴보자.

(1) 나쁜 음식에 노출된 소비자(Robin, 2014; Lang and Heasman, 2007; Grant, 2012; Wagenhofer & Annas, 2010; Nestle, 2011; Pawlick, 2009: "3장 약간의 과잉?" 52-110; Reymond, 2008; Norberg-Hodge, Goering and Page, 2003; 김흥주 외 공저, 2015 참조)

김종덕 교수는 현대 음식의 문제로 대표되는 음식으로 글로벌푸드, 패스트푸드, 가공식품 그리고 유전자조작 식품 등에 대해서 열거한다(김종덕, 2012). 이들 나쁜 음식으로 인해서 소비자들은 건강상의 위험에 노출될 수밖에 없다는 지적이다. 현대 음식을 대표하는 이들 나쁜 음식의 경우 대부분이 각종 화학첨가제, 항생제, 살충제, 호르몬제 등으로 먹을거리가 뒤범벅이 되어 있기 때문이다.

먼저 공장식 농장에서 생산되는 우유를 생각해보자. 공장식 농장에 있는 젖소는 자연 상태보다 열 배 더 많은 우유를 만들어낼 수 있도록 호르몬제를 맞는다고 한다(Grant, 2012: 61; www.animalaid. org.uk 참조). 그런데 문제는 젖소의 우유의 생산량을 증가시키기 위해 투여하는 성장호르몬 등으로 인해서 우유가 병원균에 의해서 오염된다는 것이다. "유전자 기술로 생산한 소(牛) 성장호르몬제 포실락(Posilac) 또는 rBST(유전자재조합 소성장호르몬)란 것도 있는데, 이것들은 암소의 우유 생산량을 촉진하는 호르몬제다. 이 약제는 암소의 젖을 염증으로 곪게 했고, 그 결과 우유를 병원균에 오염시켰다"(Wagenhofer & Annas, 2010: 51). 우유에 들어 있는 인슐린유사성자인자 1(IGF-1)이 지닌 위험성에 대해서 연구자들은 구체적으로 지적하기도 한다. IGF-1이 인체에 암이나 다양한 질병을 일으킬 수 있다는 것이다(박상표, 2012: 33; Norberg-Hodge, Goering and Page, 2003: 35-36).

쉽게 구해서 마실 수 있는 음료의 경우도 마찬가지다. 음료에 설탕 대신 사용되는 아스파르탐의 경우도 건강에 매우 치명적일 수 있다는 지적이다. 윌리엄 레이몽(William Reymond)은 청소년들이 쉽게 접할 수 있는 탄산음료에 들어가는 액상과당(HFCS, 고과당 옥수수시럽)에 많은 양의 당(糖)을 포함하고 있다는 것이다. 그런데 문제는 청소년들이 그러한 성분이 들어간 음료의 주 고객이라는 심각성에 대해서 지적한다. "미국에서 탄산음료는 제일의 열량 공급원이자 '가장 많이 소비되는 식품'인 것이다. (…) 매일 미국 청소년들이 탄산음료를 마시며 섭취하는 HFCS의 양은 찻숟가락으로

설탕 15스푼 정도다"(Reymond, 2008: 176-181). 로빈(J. Robin)의
경우도 비슷한 지적을 한다. 식품첨가제로 사용되고 있는 인공감미
료인 아스파르탐(aspartame)에 들어 있는 당의 문제를 지적한다. 다
양한 식품에 과도하게 첨가되고 있다는 것이다(Robin, 2014: 14장,
"아스파르탐 규제를 쥐락펴락하는 기업", 374-393, 15장, "아스파
르탐의 위험과 공권력의 침묵", 394-425 참조).

폴릭(Thomas F. Pawlick)은 자신의 책 "9장, 약간의 과잉"(Pawlick,
2009: 52-110)에서 우리의 먹을거리에 포함되어 있는 좋지 않은 성
분들을 열거하고 있는 것을 볼 수 있다. 얼마나 심각한 수준인지
알 수 있는 부분이다. 첨가제(일반)(addictive[common]) · 항생제
(antibiotics) · 비소(arsenic) · 소성장호르몬(Bovine Growth Hormone,
BGH) · 브롬산염과 브롬화 피페닐 에테르(Bromide and Brominated
Diphenyl Ethers, BDEs) · 다이옥신(Dioxin) · 유전물질(유전자조작
식품, Genetic material, GM Foods) · "광우"병(소해면상뇌증)("Mad
Cow" Disease[Bovine Spongiform Encephalopthy, or BSE]) · (중)
금속(Metals[Heavy]) · 육류 혼합제품(Meat Mixes) · 우유단백질 농
축물(Milk Protein Concentrates, MPCs) · 잡다한 화학물질/약품세
트(수프)(Miscellaneous Chemical/Drug Arrays[Soups]) · 나노 조작
과 원자변형 유기체(Nanoparticles [Buckyballs] and Atomically
Modified Organims[AMOs]) · 유기 오염물질(부패물, 똥, 병원균
등)[Organic Contaminants(AKA, Rot, Shit and disease germs)] ·
살충제(Pesticides) · 트랜스 지방산(Trans-Fatty Acids) 등이 포함되
어 있다는 것이다(Pawlick, 2009: 52-110 참조). 오늘날의 먹을거리

가 해로운 화학첨가제를 포함하고 있어서인지 몰라도 랭과 해스먼
(Tim Lang and Michael Heasman)에 의하면 오늘날의 비전염성
질병의 상위 10개 위험요인 중의 8개가 바로 식품과 음료와 관련
되어 있다고 지적할 정도다(Lang and Heasman, 2007: 66-67). 이
저자들이 지적하고 있는 8가지 위험요인은 다음과 같다.

- 혈압
- 콜레스테롤
- 저체중
- 과일 및 채소 섭취 부족
- 높은 체질량지수
- 신체활동 부족
- 음주
- 불결한 식수와 위생(Lang and Heasman, 2007: 66-67)

이러한 이유 때문에 이 저자들은 "비만, 당뇨, 심혈관계 질환, 암,
골다공증과 골절, 구강질환" 등은 음식을 통해 적절한 영양섭취를
하면 예방할 수 있는 질병이라고 주장한다(Lang and Heasman,
2007: 66-67). 이처럼 몸에 나쁜 음식들이 소비자들의 건강과 얼마
나 직·간접적으로 관련되어 있는지를 알 수 있는 부분이다.

(2) 공장식 농장의 노동자들과 지역주민들의 위험한 환경에 노출(박
상표, 2012; Moby & Park, 2011; 특히 7장 "노동자 문제[Workers]"와 8장 "지역
사회 문제[Communities]"; Robins, 2014; Singer & Mason, 2006; Hanh Niman,
2012; Lyman, 2004 등 참조)

공장식 농장(CAFO, Concentrated Animal Feeding Operation)으

로 대표되는 사육방식은 작업 현장의 노동자뿐만 아니라 그 인근 지역의 주민들에게 건강상의 많은 문제를 야기한다. 미국 질병관리본부나 수많은 연구보고서에 바로 공장식 농장이 지닌 문제점들에 대한 지적에서 이를 확인할 수 있다. 항생제 내성균이나, 오염물질들이 공기 중에 유출될 수 있다는 것이다. 그것도 많은 양을 말이다. 다음은 집중가축사육시설의 공중보건상의 문제점에 대해서 미국 질병관리본부(CDC, Centers for Disease Control)는 다음의 것들을 지적했다. "(1) 항생제 오남용으로 인한 항생제 내성균 발생 우려, (2) 사람과 동물에 질병을 점염시킬 수 있는 기생충·세균·바이러스 등 병원체의 발생 우려, (3) 암모니아, 질소, 인 등 지표수의 산소를 감소시키는 물질이 배출되어 유해한 조류(alga)를 증식시키고 수질을 오염시킬 우려, (4) 축산분뇨의 깃털 등의 고형 물질이 유용한 수생식물의 성장을 제한하거나 질병의 원인이 되는 미생물을 발생시킬 우려, (5) 비소, 구리 등의 중금속이 지표수에 흘러들어 인간의 건강에 해를 끼칠 우려 등이 그것이다"(박상표, 2012: 13 재인용; 박상표는 미국 질병관리본부[CDC]가 "미국 정부의 유전자 조작 곡물 사료, 유전자조작 호르몬, 동물성 사료 정책 등의 문제에 대해서는 외면하고 있는 것에[박상표, 2012: 13 '박스 글'에서]" 대해 부정적이다; Moby and Park ed., 2011: 129 참조).

한 니먼(Nicolette Hahn Niman)은 공장식 농장에서 노동하는 노동자들과 지역 사람들의 열악한 건강과 관련해서 황화수소라는 구체적인 물질을 예로 들어 이에 대해서 언급하고 있다. 저장된 가축 배설물 중에서 발생하는 가스, 특히 황화수소의 독성으로 인한 질

식사의 위험과 유독기체로 말미암은 호흡기질환과 같은 문제점에 대해서 지적하고 있다. "퍼듀(Purdue) 대학에서 펴낸 농장 안전 지침서에서는 동물의 배설물이 대량으로 저장된 환경이 인간과 동물 모두에게 위험하다고 지적한다. 그 지침서를 살펴보면 처음에는 거름 연못에 빠져 죽을 수도 있다며 주의를 주는 내용이 나오다가 나중에는 거름 연못에서 발생하는 가스, 특히 황화수소 때문에 질식사할 위험이 있다는 경고가 등장한다. '황화수소는 독성이 매우 강한 기체다'[www.purdue.edu] …공장식 가축사육 시설에서 배출하는 기체는 폐질환, 구역질, 코피, 우울증, 뇌손상 등을 유발했다. 유독성 기체의 농도가 가장 높은 곳은 당연히 축사 내부였고, 그에 따라 유독성 기체로 가장 자주 피해를 보는 사람들은 시설을 관리하는 직원들이었다. 그런 공기를 말 그대로 밤낮으로 들이마시는 가축의 상황은 더욱더 나빴다. 감금된 돼지에게 가장 문제가 되는 건 만성 호흡기질환이었다"(Hahn Niman, 2012: 36-37 재인용).[58] 한 니먼이 쓴 책의 "서문"에서 로버트 F. 케네디 주니어도 공장식 축산업의 노동자의 경우 말단 시간제 노동자로 미국 내에서도 가장 낮은 수준의 임금을 받은 가장 위험한 일자리임을 지적한다. 컴퓨터를 이용한 관리로 인해서 돼지 농장의 경우 두 명의 직원이 1만 마리의 돼지를 관리하는 경우가 허다할 뿐만 아니라, 작업 환경이 너무나도 열악해서 이직률(移職率)이 매우 높게 나타나고 있다고 한다(Robert F. Kennedy Jr., in Hahn Niman, 2012: 10-11).

---

58) "돼지 공장 직원 중 무려 30%가 만성 호흡기 질환을 앓고 있다"(Donham, 1998: 74; Sorenssen et al., 2006: 149; Hahn Niman, 2012: 397, 1장 7번 8번 주 참조).

(3) 공장식 농장의 사육동물의 열악한 현실상(박상표, 2012; Moby and Park, ed., 2012; Hahn Niman, 2012; Martin, 2012; Singer & Mason, 2006; Lyman, 2004 등 참조)

공장식 농장(factory farm)은 가축을 비육할 때에 공장식 사육방법을 도입한 농장으로 "비좁은 공간에 격리시키는 밀집사육, 각종 인공시술, 온갖 화학약품 사용, 곡물사료 투여,59) 단일품종 사육등"을 특징으로 하는 경우를 가리킨다(박상표, 2012: 11-12). 전 세계에서 소비되고 있는 쇠고기의 경우 43%, 닭고기의 경우 74%, 계란의 경우 68%가 바로 이 공장형 축산방식으로 생산되고 있다고 한다(박상표, 2012: 7). 심지어는 오늘날 양식업의 경우도 예외 없이 공장식 농장 시스템을 생산방법으로 도입하였다고 한다. 그래서 양식장을 가리켜서 '바다의 사육장'으로 일컫기도 한다. 브리티시 컬럼비아 대학 수산학 어느 교수가 "양식장은 물 위에 떠다니는 돼지 농장이나 마찬가지다"고 지적한 것이다(Hahn Niman, 2012: 303-304 재인용). 그렇다면 공장식 농장은 동물들의 건강에 어떤 영향을 미치는가? 모비와 박(Moby and Park ed., 2011: 81 "통상적인 영농축산업이 모습" 설명의 글 참조)이 잘 정리한 자료를 보

---

59) 소에게 곡물사료가 미치는 영향은 다음과 같다. "소에게 곡물사료를 주는 것이 어떤 영향을 미치는지 아는 사람이 많지 않은 듯하다. 소는 곡물사료를 먹고는 건강하게 자랄 수 없는 동물이다. 소는 위실이 여럿인데 첫째 위실이 반추위다. 반추위가 하는 일은 소가 먹는 풀과 건초의 셀룰로오스를 분해하는 것이다. 그런데 소에게 곡물사료를 먹이면 옥수수와 보리, 밀 같은 곡물에 포함된 당이 발효 과정을 촉진해 급성이나 아급성산중독증을 일으킨다. 아급성산중독증이 생긴 소는 죽을 수 있다. 이는 사육장에서 큰 문제가 된다. 산이 생기면 소가 사료를 아예 거부하기 때문에 대개는 곡물을 먹이는 것과 동시에 산 발생을 억제하기 위해 사료에 이런저런 약품을 섞는다. 산성증은 간농양과 급성 간질성 폐렴 같은 또 다른 심각한 문제를 낳는다고 알려져 있다. 둘 다 소의 건강에 무척 해로운 병이다. 간단히 말해 출하 전 비육우에 곡물을 먹여 살찌우는 업체 관행 때문에 소들은 여러 달 동안 위 통증에 시달릴 수밖에 없다. 그 통증은 더 심한 증상으로 이어지기도 한다"(Keiffer, 2017: 102-103).

면 얼마나 심각한지 알 수 있다. 참고로 애완용 동물[伴侶動物]인 고양이와 개의 경우도 먹을거리 안전성[飼料安全性]에 있어서만큼 은 전적으로 자유롭지 못하다는 점이다. 육골분과 각종 수상한 첨 가제 등으로부터 사료에 첨가되어 있다는 것이다. 대표적인 경우가 미국의 2007년 최악의 사료 리콜 사태가 이에 해당할 것이다. 반려 동물의 경우에도 사육환경과 관련해서 발생하는 문제들에 대한 지 적도 적지 않다는 점이다. 물론 공장식 농장을 통해서 사육된 가축 에 비해서는 상대적으로 좋은 환경이라고는 말할 수 있겠지만, 품 종 개량가들로부터 디자이너도그가 만들어지는 경우라든가, 고양이 의 경우 발톱 제거수술 등과 같은 행위들이 행해지고 있다는 점에 서 그렇다(Martin, 2012 참조)[자본의 숭배[돈毒]=많은 이익창출= 먹을거리·거주 등 열악한 환경양산으로 나타난 것이다].

2) 環境 問題

라즈 파텔(Raj Patel)은 먹을거리에 대한 실제비용을 계산할 때에 경제학에서 말하는 외부효과(externalities)로서의 사회적 비용을 계 산해야만 한다고 자신의 책,『경제학의 배신(The Value of Nothing: How to Reshape Market Society and Redefine Democracy)』에서 주장한다. 파텔은 햄버거의 비용은 하나의 햄버거를 만들 때에 들어 가는 고기의 값(패티, hamburger patty)이거나 단순히 인건비와 같 은 매장의 고정비용만을 계산할 것이 아니라, 하나의 햄버거를 만들 기 위해 들어간 모든 사회적 비용을 고려해서 산출해야만 한다는 것이다[飮食費用에 社會的費用包含]. 햄버거에 들어가는 외부비용, 즉 사회적 비용을 포함할 경우 파텔은 햄버거의 비용이 4달러가 아닌 200달러로 표시될 것이라고 주장하기도 한다. 비록 보이지 않는 환경 등과 관련된 사회적 비용이 곳곳에 숨어 있더라도 그것을 찾아내서 비용에 포함시켜야 한다는 주장이다. 사회적 비용들이 다른 곳에 알지 못하게 숨겨져 있다거나, 개발도상국에 떠넘겨지거나 쉽게 잊어진다고 하더라도 그러한 비용을 추가해야만 한다는 주장이다. "만약 산업적 육류생산에 따른 환경 악화, 생물다양성 감소, 브라질 같은 곳에서 벌어지는 생태계 파괴에 화폐 가치가 부여된다면 드라이브스루 햄버거 가게에서 파는 가격표에는 4달러가 아니라 200달러가 표시될 것이라고 주장한다([*Financial Times*. (January 12, 1994) 참조] 파텔은 브라질에서 콩 수확을 위해 산림을 벌채해서 가축 사료용 콩을 재배하고 목초지를 만드는 일이 소매가격에 포함되어야 한다고 주장한다). 더욱이 이것은 보통 발전도상국인 다른 누군가가 지불하는 비용인데, 발전도상국은 때때로 5달러 이하의 가격으로 과체중인 미국인에게 버거, 감자튀김, 탄산음료를 먹거리로 공급하기 위해 표토를 잃고 지하수면을 오염시키고 생물다양성을 감소시키고 있다. 이 비용은 실질적이지만 거치되어 있고 예약할부제로 숨겨져 있거나 너무 자주 발전도상국이 지불하도록 떠넘겨진다. 이것은 눈에 보이지 않아서 곧 잊힌다"(Cockrall-King, 2014: 74 재인용; 본 내용은 Patel, 2011: 84-85 참조). 먹을거리의 숨겨진 사회적 비용에서 알 수 있듯이 먹을거리는 직·간접적으로 환경 영역에도 많은 사회적 비용을 포함하고 있다. 먹을거리는 생산과 유통 그리고 소비에 이르는 과정에서 환경에 부정적인 영향을 끼치고 있다는 것이다. 먹을거리와 관련된 환경문제로 구체적으로 자주 지적되고 있는 것으로는 다음을 들 수 있다. 지하수(물) 고갈과 오염문제, 온실가스의 증가 문제(지구온난화[60])), 단일품종의 확산(종의 다양성의 훼손) 문제 등이 대표적인 먹을거리와 관련 있는 환경문제다.

(1) 물[淡水] 고갈문제(Holt-Gimenez & Patel, 2011; Millstone and Lang, 2013; Lang, Barling, and Caraher, 2012; Barlow and Clarke, 2002; Hengeveld, 2014; Bommert, 2011: 109-138, "물 전쟁: 물을 향한 세계의 갈증" 등 참조)

공장식 생산방식은 상대적으로 많은 물을 필요로 한다는 점이 지적되고 있다. 이는 물 고갈의 문제와 밀접한 관계를 지닌다. 농업은 전 세계 담수 공급량의 60-70%를 사용한다고 한다(Holt-Gimenez & Patel, 2011: 23 재인용; fao.org/nr/water/2008/wateruse.htm.; world water.org/data.html. 참조). 공장식 농장의 경우 더욱더 많은 양의 물을 필요로 한다는 것이다. 예로 들어 1kg의 쌀을 위해 3,000L의 물을 필요로 하는 데 비해 1kg의 쇠고기를 위해 1만 5,000L의 물을 상대적으로 필요로 한다(Millstone and Lang, 2013: 42). 먹을거리 상품의 경우에는 환경적 외부성(外部性)을 측정하는 형태의 '감추어진 물(embedded water)' 개념이 존재한다고 지적한다. 감추어진 물의 개념을 사용할 경우 먹을거리 생산을 위해서 더 많은 물이 소비되고 있음을 알 수 있다. "70그램의 토마토를 생산하는 데 13리터의 물이 필요하고, 200밀리리터의 우유를 생산하는 데 200리터의 물이 필요하며, 150그램의 햄버거를 생산하는 데 2,400리터의 물이 필요한 것으로 추산된다"(Lang, Barling, and Caraher, 2012: 295). 한마디로 말해서 먹을거리 상품의 생산에 있어서 눈에 보이는 물의 사용

---

60) "제2장. 세계화 경제와 온난화: 지구온난화를 부채질하는 자유시장 근본주의"(Klein, 2016: 103-143 참조).

량의 수치보다도 더 많은 양의 물이 실질적으로 사용되고 있다는 것이다. 가상수(假想水, virtual water) 개념을 통해서도 먹을거리의 생산을 위해서 얼마나 많은 물이 사용되고 있는가를 확인할 수 있다 (Bommert, 2011: 133 "표: 몇몇 제품에 들어 있는 가상수" 참조).

메러디스 S. 휴스(Meredith Sayles Hughes)는 대수층(Aquifer)의 고갈을 우려하고 있다. "2014년에 대수층(Aquifer)의 평균 수심은 1950년대보다 3분의 2나 감소해 겨우 24미터밖에 되지 않는다. 학자들은 지금과 같은 속도로 물이 줄어든다면 2040년 무렵에는 대수층이 완전히 메말라버릴 것이라고 경고한다"(Hughes, 2017: 103-104). 또한 세계 각지의 강이 마르고 있다고 한다. 대륙을 가로지르는 웅대한 강들까지도 지류뿐만 아니라 본류도 말라붙고 있는 것이 현실이라고 한다. 세계적으로 이러한 현상이 나타나고 있다는 지적이다. 미국 서부의 콜로라도 강과 동부의 미시시피 강도 조만간 이러한 문제가 발생할 것이란다. 오스트레일리아의 동부의 머리 (Murray) 강, 인도의 갠지스 강, 브라질의 강(江) 중의 강인 아마존 강도 이러한 위기에 처해 있다는 것이다. 중국의 황하도 예외는 아니다(Hengeveld, 2014: 164).

(2) 지구온난화(溫室가스增加)(Lyman, 2004; Moby and Park ed., 2011; Hengeveld, 2014: Holt-Gimenez & Patel, 2011 등 참조)

석유와 화학물질을 과도하게 사용하는 산업농업이 주를 이루고 있는 현재의 농업은 전 세계 온실가스 배출의 13-18%를 차지할 정도로 많은 양의 이산화탄소를 배출하고 있다(Holt-Gimenez &

Patel, 2011: 23 재인용; www.fao.org/climatechange/49369/en/ 참조).61) · 62) 사료용 곡물 생산을 위해 쓰이는 비료를 만드는 과정에서만 연간 4,100만 톤의 이산화탄소가 배출되는데 이는 자동차 700만 대가 배출하는 이산화탄소와 맞먹는 수치에 해당하는 양이라고 한다(Moby and Park ed., 2011: 92). 하워드 F. 리먼(Howard F. Lyman)도 현대적인 방법으로 소를 키우는 방식이 지구온난화를 촉진하는 공헌자임을 지적하기도 한다. 소가 방출하는 메탄가스가 지구온난화에 영향을 주고 있는 것이다. "전 세계에서 키우는 13억 두의 소가 방출하는 메탄가스의 양은 150조 쿼트 정도라고 추정되는데, 이는 (일산화탄소에 뒤이어) 온실효과를 일으키는, 두 번째 의미심장한 공헌자이다. 소는 하루에 최대 400쿼트의 메탄가스를 방출한다"(Lyman, 2004: 153; Hengeveld, 2014: 174-175 참조).63)

---

61) 맥도날드의 쿼터파운더 하나를 만들려면, 연료효율성이 좋은 자동차를 92마일 운전할 때와 맞먹는 이산화탄소가 배출된다. New York Times. (January 27, 2008). "Rethinking the Meat-Guzzler"; http://www.nytimes.com/2008/01/27/weekinterview/27bittman.html.

62) "일인당 연간 이산화탄소 배출량"은 "CO2eq톤/인"로 국가별 온실가스 배출량을 CO_2 배출량으로 환산한 뒤 이를 총인구로 나누어 일인당 연간 이산화탄소 배출량을 나타낸 것이다. 2012년 발표된 한 조사에 따르면 전 세계 국가들의 일인당 이산화탄소 배출량은 미국 17.3CO2eq톤/인, 중국이 7.2CO2eq톤/인, EU가 7.5CO2eq톤/인, 일본 9.8CO2eq톤/인, 한국 12.6CO2eq톤/인 등으로 나타났다. 통계에서 볼 수 있다시피 한국의 이산화탄소 배출량은 미국보다는 적은 수치이지만 세계 주요 국가들의 수치보다는 높다(Muniglia & Broyart, 2015: 24).

63) "상대적인 온난화 효과를 측정하기 위해 기후과학자들은 이산화탄소(CO_2)가 아닌 다른 온실가스들을 '이산화탄소 환산량(CO_2-e)'으로 치환해서 사용한다. 예를 들어 메탄(CH_4) 분자의 20년간 열 차폐율은 이산화탄소 분자에 비해 약 23배 정도 높다. 모든 온실가스는 다 합쳐서 대기 중의 이산화탄소 환산량 농도를 나타내는 ppm(par per million 백만분율)으로 표시된다. 그런데 과학 서적과 정책 토론에서는 흔히 이산화탄소 농도와 이산화탄소 환산량 농도를 구분하지 않고 사용한다. 여기서 발생하는 혼란은 매우 중요한 공문서에서도 종종 발견된다"(Hamilton, 2013: 286).; 메탄과 이산화질소는 특히 문제가 된다. 이산화질소는 탄소보다 296배 강한 온실화 효과를 가졌다. 메탄은 비록 그 효과의 지속 기간은 탄소의 100년보다 짧은 4년이지만, 탄소보다 23배 강한 온실화 효과를 가졌다. 하지만 온실가스가 자기강화적 피드백루프 self-reinforcing feedback loops 현상을 일으키는 티핑포인트 농축 상태에 이르는 것에 대한 우려를 생각하면, 이들 강력한 온실가스는 큰 문제다(Lewis and Conaty, 2015: 239-240).; 마크 샤피로(Mark Shapiro)는 "메탄은 이산화탄소보다 최대 25배나 많은 온실가스를 배출할 수 있다"고 한다(Shapiro, 2019: 152).; "'공룡 방귀가 과거 지구 온난화를 유발했을 것'이라는 기사는 얼마 전 일간지에 실렸다. 영국 리버풀 존 무어스 대학의 데이비드 윌킨스(David

아이라 라이퍼 UC산타바버라대 교수도 지구온난화의 주범으로 대량 사육되고 있는 소 떼를 뽑고 있는 것을 볼 수 있다. "소 떼의 트림, 방귀, 배설물에서 메탄이 나오는데 특히 배설물이 주요인"이라며 "인공 못을 파서 분뇨를 처리하는 농가 관행은 냄새는 줄일 수 있어도 메탄 발생에는 최적의 환경"이라고 지적했다.

(3) 단일경작(monoculture, 種의 多樣性의 毀損)

오늘날 먹을거리와 관련해서 지적되고 있는 것 중의 하나로 단일경작으로 인한 종의 다양성의 훼손에 대한 것이다. 단일경작이 그 범위를 넓혀가게 된 이유는 어디에 있을까? 공장식 농장과 거대 식품산업이 단일경작을 계획적으로 유도한다는 점이다[어떻게 보면 捕獲現像이다]. 재배의 편의와 수입(생산량)의 증가와 더불어, 상품의 동일한 품질 유지를 위해서 단일경작을 유지하도록 유도한다. 예를 들어 패스트푸드 회사들은 전 세계 매장에서 동일한 종류의 감자를 요구하게 된다. 같은 모양의 프렌치프라이드의 공급을 위해서 같은 규격의 감자와 같은 성질의 감자가 필요하기 때문이다. 그 결과 생산자는 일반 개별 소비자보다는 큰 고객인 패스트푸드 회사의 요구에 맞출 수밖에 없으며 그렇게 하다 보면 자연스럽게 동일 품종의 감자가 전 세계에서 지배되고 있는 것이다. 네덜란드 경우에는 전체 경작지의 80% 이상에서 단일 종류의 감자가 재배되고 있는 일이 벌어지고 있다고 한다(Lang and Heasman, 2007: 242;

Wilkinson) 교수는 2012년 9월 7일 『현대생물학(Current Biology)』저널에 실린 논문에서 '1억 5,000만 년 전 중생대에 살았던 초식공룡들은 오늘날 방출되는 분량보다 더 많은 메탄가스를 방귀로 내뿜었을 것'이라고 주장했다. 이들은 공룡들이 방귀로 내뿜는 메탄은 연간 5억 톤에 달했다고 주장한다. 오늘날 지구의 가축 전체가 내뿜는 메탄 양 5,000만-1억 톤보다 5배 이상 많았다는 것이다"(반기성, 2016: 118).

김종덕, 2012: 43 참조). 이런 동일한 현상이 여러 농작물에서 이루어지고 있고 그 결과 과거 작물품종의 단 10%만이 경작되고 있는 실정이란다(Millstone and Lang, 2013: 62).[64]

이런 단일경작의 문제는 비단 어느 특정 국가에서만 나타나는 현상이 아니라 전 지구적으로 여러 작물품종에서 나타나고 있는 문제라는 점에서 문제의 심각성은 생각보다 크다 할 것이다. 한마디로 산업형 농업이 작물재배를 지배하고 있는 모든 곳에서 품종의 수가 확연하게 줄어들고 있다.(Goodall, McAvoy, and Hudson, 2006: 85). 바나나의 경우 전 세계적으로 300개의 바나나 품종이 있지만, 실제로 국제적으로 생산되는 대부분의 바나나가 단일품종인 '캐번디시(cavendish)'라고 한다(Lang, Barling, and Caraher, 2012: 267; bananalink.org.uk/content/view/77/37/lang.en/참조). 다른 작물들도 단일재배로부터 자유로울 수가 없다. "1960년 이래 밀은 옛날 품종의 90%가, 쌀은 70%가, 옥수수는 60%가 사라졌다. 1949년에 중국은 벼 품종 1만 종을 이용할 수 있었다. 거대한 제국의 다양한 기후와 토양에 적응한 품종들이다. 그러나 1979년에 학자들은 겨우 1,000종의 벼 품종밖에 발견하지 못했다. 유전학적 다양성에서

---

64) http://blog.naver.com/PostView.nhn?blogId=tasmanic&logNo=220330205305; 작성자. 스완스, "종의 다양성의 중요성 [GMO, 대멸종, 생명의 창조]"; 토종 종자의 벼가 우리나라에 2,000종이 있었으며, 일제강점기 때 이름이 등재된 것만도 1,600종에 이른다고 한다. 또한 원산지가 우리나라인 콩은 4,000여 종이 있었는데, 미국이 종자를 가져가 3,000여 종을 등록해놓았고 우리나라 땅에 남은 종은 2,000여 종밖에 되지 않는다고 한다. 현재 농림축산식품부가 농민들에게 보급하는 품종이 100-200여 종밖에 안 되는 것을 감안하면 우리가 얼마나 '종자주권'에 무감했는지를 알 수 있다(신승철, 2013: 453).; "인도의 저명한 활동가인 반다나 시바(Vandana Shiva)는 농민들의 자살에 제동을 걸고자, 씨앗을 보존하고 다양성을 지키는 운동 '나브다냐(Navdanya) 희망의 씨앗 운동'을 시작하고 있다. … 비자야락시미(K. Vijayalakshmi) 박사는 이렇게 말한다. '벼 품종은 125가지, 그리고 약 60가지의 토종 채소를 어떻게든 되돌려 받았다'"(Yoshida, 2011: 151, 156-157).

90%가 사라진 것이다"(Sommert, 2011: 223).

단일재배는 질병의 공격에서 취약하다는 점에서 특히 문제시된
다. 감자의 경우 단일경작으로 재배할 때는 잎마름병으로 인한 고
사(枯死) 확률이 매우 높다고 한다(Lang and Heasman, 2007: 209).
감자의 경우 종의 다양성의 훼손은 질병의 공격으로부터 매우 나약
하다는 점이다. 이에 대해서는 역사적으로 아일랜드 대기근[65] 사례
를 통해서 알 수 있다. 1847년 당시 아일랜드는 농업과 식량은 철
저하게 '럼퍼'라는 단일 감자 품종에만 크게 의존했던 것이다. 아일
랜드에서 재배되던 모든 감자가 유전자적으로 동일했기 때문에 우
연히(또는 운이 나쁘게) 대기근을 몰고 온 감자 역병 앞에서 힘없
이 무너지고 만 것이다. 그 결과 아일랜드 전체 인구 중 200만 명
이 굶어 죽었던 것이다[물론 감자 역병이 기아로 인한 사망의 원인
의 전부는 아니지만, 감자 역병이 믿어지지 않게 굉장한 역할을 한
것만은 사실일 것이다]. 아일랜드의 감자 기근은 잉카 사람들이 다
양한 감자 품종을 재배함으로써 감자 역병으로부터 해를 받지 않았
던 것과는 대조적인 현상으로 지적된다. 왜냐하면 잉카인들은 감자
의 종의 다양성을 유지함으로써 그러한 피해를 최대한으로 줄일 수
있었기 때문이다(Pollan, 2007: 358 참조).

---

65) 몽고메리와 치롯(Scott L. Montgomery and Daniel Chirot)의 책에 나온 다음의 내용도 참고하
라. 아일랜드 기근은 당시 지배적인 정치경제이론에 의한 것이었다는 지적이다. "당신의 지배
적인 견해는 아일랜드의 주요 식물 작물인 감자를 죽이는 전염병이 창궐한 이 상황에 원조가
굳이 필요하지 않다는 것이었는데, 이 재난이 자연적인 경로에 따르게 내버려두면 아일랜드인
에게는 교훈이 될 것이며, 경제 상황도 더 나아질 것이라는 이유였다(당시 아일랜드는 영국의
식민지였다). 결국 아일랜드 인구 약 800만 명 가운데 100만 명이 사망하고 말았다. 당시 새로
운 잡지였던 『이코노미스트』는 (지금도 그렇지만) 자유무역과 자유시장을 옹호한 까닭에, 정
부의 개입이 자유시장의 기능을 저해할 것이라며 강하게 반발했다. 이에 호러스 타운센드는
그토록 많은 아일랜드인이 '돌팔이들이 투여한 정치경제학의 과다 복용으로 사망했다'라는 유
명한 말을 남겼다"(Montgomery and Chirot, 2018: 122).

참고로 내용과는 관계가 먼 좀 옆길로 빠져서 박상표는 우리나라 (2008년 기준)에서 사육 중인 산란계와 육계의 경우 종의 다양성이 줄어들고 있음을 지적하였다. 그 결과 달걀껍질이 브라운 색인 것만을 선호하게 되었다는 것이다. "산란계의 경우 하이란인 브라운 (66.5%), 로만 브라운(16.2%), 브라운 닉(11.9%) 3개 품종이 95%를 차지하고 있다(2008년 기준). … 국내의 육계 품종도 산란계의 상황과 큰 차이가 없다. 로스(43.7%), 아바 에이커(22.9%), 코브 (18.4%) 등 3개 품종이 전체의 85%를 점유하고 있다(2008년 기준)"(박상표, 2012: 67-68). 과거 계란 생산량이 달려서[鷄卵大亂, 2017年] 미국으로부터 계란을 수입했었는데, 미국산 계란에 대해서 한국의 소비자들이 관심을 적게 가졌다는 것이다. 왜냐하면 '계란=갈색'이라는 소비자들의 인식과 다르게 미국산 수입계란은 흰색이었기 때문이다. 한국의 소비자들에게는 '흰색=오리알'이라는 인식이 더 강했기 때문이다. 물론 계란이 브라운 색으로 단일화되기 전에 우리나라에서도 흰색 계란이 있었음에도 불구하고 말이다. 소비자들의 의식이 단일재배를 강화시켜 주는 역할을 하는 측면도 있다는 점에 대해서 고민해봐야 할 것이다.66) "먹는 것은 농업행위다"라고 말한("Eating is an agricultural Act") 농부이자 시인이었던 웬델 베리(Wendell Berry)의 말의 의미에 대해서 말이다.

---

66) 신동규, "미국산 계란 첫 도착…흰색 계란 먹을까?" <MBN>, (2017.01.12.) 참조.

3) 경제 문제

(1) 빈곤[飢餓]: 식량 재분배의 심각한 왜곡

지금은 잘 믿기지 않겠지만 벨로(Walden Bello)는 아프리카 대륙이 1960년대에는 식량 순수출국이었다는 사실을 지적한 적이 있었다. "1966-70년에는 연간 순수출량이 평균 130만 톤에 달했다. 오늘날 아프리카는 식량의 25%를 수입하고 있고, 거의 모든 나라가 식량 순수입국이 되었다"(Holt-Gimenez & Patel, 2011: 195 재인용). 그런데 지금은 왜 아프리카 대륙은 식량 순수입국으로 전환하게 되었을까? 녹색혁명(green revolution)으로 식량의 산출량이 대부분 증가했었을 것인데도 말이다. 식품영양 전문가인 매리언 네슬(Marion Nestle) 교수가 자신의 책 『식품정치학(Food Politics)』에서도 지적했듯이, 미국 식품업계가 숨기고 있는 비밀 중에서 가장 큰 것이 식품의 과잉공급(過剩供給)이라는 점과 더불어서 세계 식품업계가 현재 생산하는 식품의 양을 보았을 때 그 생산된 식품의 양으로 남녀노소를 불문하고 전 세계 인구가 하루에 3,800칼로리 정도 섭취할 만큼 충분하다고 하는데도 말이다. 사실 이 정도의 먹을거리의 양이면 적절한 영양 상태를 유지하는 데 필요한 양의 두 배에 육박한 수치라고 하는데도 말이다(Nestle, 2011; Hahn Niman, 2012: 363). 그런데 왜? 무슨 이유로 인해서 우리가 살고 있는 이 지구에서는 5초마다 아이들이 굶어 죽고(Millstone and Lang, 2013: 18), 또 극심하게 굶주리는 사람의 수가 큰 수치로 꾸준하게 증가하고 있느냐는 것이다. 어떻게 식량의 생산량이 부족하지도 않은데 굶주리는 사람의 수가 1986년에는 7억 명에서 1998년 8억으로, 현재[2008년 기준]에는 9억 8,200만 명에 이르게 되었느냐 하는 의문이 제기되고 있다(Holt-Gimenez & Patel, 2011: 30; www.fao.org/newsroom/en/news/2008/1000853/index.html. 참조).

먼저 먹을거리에 대해서 돈벌이라는 시장논리로 접근하고 있기 때문이다[新自由主義的市場論理]. 거대 식품업계가 '일용할 양식'이 되어야 할 먹을거리를 단순히 '돈벌이를 위한 양식'으로 생각하고 있기 때문이다. 돈이 없는 이들이 일용할 양식을 구할 수 없어서 굶어 죽고 있는 것이다. 조효제의 지적처럼 말이다. "이 시대의 먹거리 위기는 모든 사람의 생명보존에 필요한 '일용할 양식'을 돈벌이용 상품으로 취급하면서부터 비롯되었다. 그 결과 인간의 육신과 그 정신까지도 수익을 올리기 위한 전 지구적 자본주의의 먹이사슬에 얽매이게 되었고, 넘쳐나는 식량더미 한가운데서도 굶어 죽는 사람이 생기는 모순이 나타났다"(조효제, in Holt-Gimenez & Patel, 2011: 조효제, "추천의 글"에서). 먹을거리에 대한 농가공업계의 시장 논리에 대해서 주앙 페드로 스테딜(Joao Pedro Stedile)도 지적한 것처럼 세계적인 거대 식품업계는 식품을 생산하고 있는 것이 아니라 단지 돈을 벌기 위한 욕심으로 먹을거리를 생산하고 있는 것인지도 모른다(Ziegler, 2012: 151).[67]

또 생각할 수 있는 것은 부(富, [食糧・飮食])의 재분배가 제대로 되지 않고 있기 때문이다. 노벨 경제학상을 받은 인도 출신의 경제학자인 아마르티아 K. 센(Amartya Kumar Sen)의 연구에서 찾아볼

---

67) "저명한 경제학자 존 갤브레이스(John Galbraith)에 따르면, 무엇보다도 시장권력이 무서운 것은 (적어도 자신들이 범죄를 자행하고 있다는 사실을 인지했던 독재 정치권력과 달리) 거대 기업들 스스로 '죄를 짓는다는 의식 없이' 사람들을 기만하기 때문이다. (이것을 갤브레이스는 '죄의식 없는 사기[Innocent fraud]'라고 말한다) 거대 기업들은 지금도 교묘하게 사람들을 속이고 조작함으로써 이익을 챙길 수 있는 영역을 끊임없이 넓혀나가고 있다"(윤영삼, in Edwards, 2013: 190; 윤영삼, "옮긴이의 말: 기업의 사고가 보편화된 세상에서 살아남기", 189-192 참조).

수 있다. 센의 연구에 의하면 굶주림의 현상은 단지 식량의 부족이 아니라 식량을 살[購買] 경제적 여유가 없기 때문이라고 지적한다. "1943년 기아 사태를 짚어본 센은 뱅골에 식량이 부족하지 않았다는 사실을 발견했다. 사실 식량은 풍족했다. 그러나 식량을 가진 자들은 가격이 오를 것을 기대하고 창고에 쌓아놓았다. 이처럼 곡물 창고에 식량이 가득한데도 그것을 살 여력이 없어서 사람들은 길거리에서 죽어갔다"(Patel, 2008: 193 재인용). 세계식량계획에 따르면 전 세계에서 굶주림에 시달리는 사람의 90% 이상이 너무 가난해서 충분한 양의 식량을 살 수 없는 이들이었다고 한다. 식량이 부족해서가 아니라 단지 그 식량을 구매할 수 있는 돈이 없기 때문에 굶게 된 것이다. "우리는 이전보다 더 많은 사람들이 굶주림에 시달리고 있는 모습을 보고 있다. 매장 진열대에는 식량이 있지만, 비싼 가격 때문에 사람들이 시장에서 쫓겨난다"고 세계식량계획 사무총장인 조셋 쉬런(Josette Sheeran)이 지적한 것에서도 이러한 현실을 알 수 있다(Holt-Gimenez & Patel, 2011: 30). 그래서 일부 진보적 비판가들이 부와 식량의 재분배가 지닌 문제들에 대해서 지속적으로 이야기하고 있는 것이다. "반대자들은 녹색혁명으로 생산량이 증가했어도 세계적인 기아문제는 해결되지 않았다고 비판한다. 단지 생산량이 증가했다고 해서 식량의 분배가 잘 이루어지는 것이 아니기 때문이다. 기아문제는 권력과 자연이 재분배되어야 해결할 수 있는 복잡한 사회·경제적 문제로, 단순히 기술적 해결책으로 풀리는 게 아니라고 비판자들은 주장한다"(Clapp, 2013: 67). 그렇기 때문에 녹색혁명과 같이 단지 식량생산의 증가를 통해 세계인을 굶주림으로부터 자유롭게 해야 한다는 생각에 대해서 기아의 원인에 대한 잘못된 전제와 인식에서 출발한 것임을 인지할 필요가 있다고 지적하고 있는 것이다(Hahn Niman, 2012: 362-363 참조).

(2) 빈곤의 원인: 왜곡된 식량 재분배의 원인

그렇다면 식량 자본화의 논리와 먹을거리의 재분배를 어렵게 하는 것은 무엇인가? 초국적 농산품 기업이 지배하고 있는 세계 식량경제(Global Food Economy)와 그 경제를 유지하기 위한 세계 식량체계(Global Food System)로 인해서 빈곤의 문제가 발생하게 되는데, 먹을거리의 재분배를 어렵게 하는 대표적인 것으로 공장식축산농장(Factory Farming), 농산연료(Agrifuel), 농산물의 금융상품화, 토지수탈 등을 지적할 수 있을 것이다.

(a) 工場式畜産(Factory Farming) 문제

먹을거리의 분배에 있어서 가장 어처구니없는 경우로 지적되고 있는 것이 바로 인간이 먹어야 할 곡물을 가축들에게 먹인다는 것이다. 그것도 많은 양의 곡물을 가축의 빠른 비육을 위해 사용되고 있는 현실이다. 사람이 먹어야 할 곡물을 소와 같은 동물이 먹음으로 인해 식량의 가격은 상대적으로 높아지게 되고 구매력이 없는 가난한 자들은 식량을 구입하지 못해서 배가 고프고 또 굶어 죽어가고 있는 것이다. "전 세계적으로 생산되는 곡물의 3분의 1 이상은 미국, 캐나다, 오스트레일리아 등의 소들이 먹는다. 한쪽에서는 사람이 굶어 죽을 때, 상당수 먹을거리가 소의 입으로 들어간 것이다"(강양구·강이현, 2009: 58). 곡물뿐만 아니라 어획량(漁獲量)의 대부분도 가축들의 사료로 사용되고 있다. 다음은 미국의 경우다. 얼마나 많은 곡물과 생선들이 가축의 비육을 위해서 사용되고 있는

지, "미국은 가축사료 재배에 독일 국토보다도 넓은 면적인 40만 헥타르의 농지를 쓰고 있다. 전 세계 상업적 대두 수확량의 80%, 전 세계 곡물 수확량과 상업적 어획량의 약 3분의 1이 사료로 소비"된다고 한다(Millstone & Lang, 2013: 42). 지구에서 매년 도축되고 있는 대형 포유류와 가금류 수를 총 망라한 수가 580억 마리에 달한다는 점을 생각한다면 얼마나 많은 양의 곡물[食糧]이 가축들의 비육을 위한 사료(飼料)로 사용되고 있는지 그 규모에 대해서 충분히 짐작할 수 있는 부분이다(김재민, 2014: 31). 참고로 우리나라의 경우 가축사료로 사용되고 있는 곡물은 얼마나 되는 걸까? "우리나라에서는 전체 곡물의 41.3%를 가축들이 먹는데 그 75.3%가 수입 곡물이다. 2005년에 사료용 곡물 수입량이 818만 톤이었는데, 우리나라 쌀 소비량이 523만 톤이었음을 생각하면 얼마나 어마어마한 양인지 알 수 있다"(『이코노미 21』, [2006년 11월호]; 최훈, 2012: 233 재인용). 반려견을 기르는 데도 상당히 많은 먹을거리가 소모된다는 점에 대해서도 인식할 필요가 있다. "부디안스키는 … 미국에 사는 개 5,500만 마리가 먹어치우는 음식은 로스앤젤레스 전체 인구가 소비하는 양과 비슷"하다고 한다(최훈, 2019: 353). 왜 이슬람교와 유대교에서 돼지고기를 못 먹게 했는지에 대한 이유에 대해서 연구자들의 일부가 지적하고 있는 것 중의 하나가 돼지와 인간 간의 겹치는 '먹을거리[飮食競爭關係]'다. 왜 그러한 주장이 나왔는지 짐작할 만한 대목이다.

(b) 農産燃料(Agrifuel) 문제

인간의 식량으로 사용되어야 하는 곡물은 동물의 사료로 사용될 뿐만 아니라, 바이오연료라는 이름으로 포장된 농산연료의 원료(原料)로도 사용되고 있다. 그것도 국가의 보조금까지 받으면서 인간의 식량이 기계의 연료로 둔갑하고 있다는 것이다. 농산연료라는 말은 우리가 일반적으로 알고 있는 바이오연료(biofuel)를 대신해서 전 세계 농민 운동가들이 바이오연료가 지니는 문제점을 부각(浮刻)시키기 위해서 부정적인 의미로 사용하는 용어다. 바이오연료라는 단어 대신 농산연료라는 단어를 사용하게 된 이유는 바로 바이오연료의 원재료로 식용 또는 비식용의 농산물이 사용되고 있는 현실을 강조하기 위해서란다(Holt-Gimenez & Patel, 2011: 33 역주). 나아가서는 농산연료가 바이오연료라는 단어처럼 결코 친환경적(Green, Bio)인 연료가 아니라는 점을 드러내 보이기 위해서란다. 말 그대로 농산연료는 인간이 먹을 곡물을 에탄올과 같은 에너지 생산에 사용함으로써 곡물의 양을 부족하게 할 뿐만 아니라, 곡물의 가격을 상대적으로 상승하게 하여 가난한 소비자들에게서 곡물을 구입할 수 있는 기회를 박탈함으로써 결국에는 먹을거리의 재분배를 방해[歪曲]하는 역할을 하기 때문이다. 그렇다면 재분배의 왜곡이 가져오는 결과는 무엇일까? 세계적인 식량 분배의 왜곡으로 인해 먹을거리를 구입하지 못하는 수많은 이들을 굶주림[飢餓, hunger]과 아사(餓死, starvation)로 몰아간다는 것이다[어린아이와 여자가 취약계층이다]. 한마디로 말해 바이오연료라고 이름이 붙은 농산연료라는 것은 친환경과는 전혀 관계가 없고 단지 세계적인 배고픔만을 낳기 때문에 사용하는 것을 자제하라는 메시지를 전달하고 있는 것이다. 말 그대로 농산물[農産]로 만든 연료[燃料]라는 지적인 것이다.

농산연료의 확대를 가능케 하기 위한 입법에 영향을 행사한 로비가 있었다고 한다. 농산연료에 보조금과 세금감면 혜택을 줌으로써 농산연료의 확대가 장려되도록 했다는 것이다. 그 결과 식량가격이 폭등하는 결과를 가져온 것이다. "곡물 가공업체 아처 내니얼스 미들랜드(ADM), 세계 최대 종자개발 회사 몬산토(Monsanto), 듀폰(DuPont), 농기계제조업체 존 디어(John Deere)가 설립한 풍부한 식량과 에너지를 위한 연대(Alliance for Abundant Food and Energy)와 미국신재생에너지협회(Renewable Fuels Association)는 휘발유와 디젤에 생물연료를 섞는 비율, 보조금, 세금 감면 혜택에 관련된 입법에 영향을 미치는 로비를 벌였다. 그 결과 식량 가격은 더 큰 폭으로 널을 뛰게 되었다"(Mikhail, in Worldwatch Institute, 2012a: 388). 농산연료가 곡물가격 상승의 유일한 원인은 아니지만, 에탄올시장의 폭발적 성장으로 곡물가격의 상승에 영향을 끼친 결과를 가져온 것만은 사실이다. "2001년부터 2006년 사이에 미국의 에탄올 증류공장에서 사용된 옥수수는 1,800만 톤에서 5,500만 톤으로 세 배 늘었다. 2006년부터 2007년까지는 5,400톤에서 8,100만 톤으로 증가하여, 그 증가 폭이 연간 세계 곡물수요 증가량의 두 배가 넘었다. 2008년 무렵에는 미국 옥수수 수확량의 4분의 1이 에탄올생산으로 빠져나갔다"(Holt-Gimenez & Patel, 2011: 111; Milstone & Lang, 2013: 16 참조). 재차 언급하지만 농산연료로 인해서 인간이 먹을 곡물의 양이 상대적으로 크게 감소하게 된 것이다. 곡물 양의 감소는 곡물가격의 급등을 야기하고 그 결과로 식량의 배분에 있어서 큰 왜곡이 나타나게 된 것이다. 결과론적으로 세계적인 굶주림이 크게 증가한 것이다. 이러한 현실을 인지한 홀트-고메네즈와 페텔

(Holt-Gimenez & Patel)은 함께 쓴 책에서 '농산연료: 최악의 순간에 최악의 아이디어'라고 악평(惡評)을 하였던 것이다(Holt-Gimenez & Patel, 2011: 5장, 110-128). 2007년 1월 31일 멕시코에서 발생한 '토르티야 시위(Tortilla Riot)'도 농산연료 증가 때문에 발생한 현상이라고 지적되고 있다. 5페소였던 토르티야가 몇 주 만에 15페소 이상으로 급등하게 되자 10만 명이 넘는 노동자와 농민이 시위를 하였던 것인데 사실 토르티아 가격의 급등의 기저에는 바이오연료가 자리 잡고 있었던 것이다. 다시 말해 농산연료 증가 때문에 옥수수 가격이 급등하였고 그로 인해서 폭동이 발생하게 된 것이다. 이러한 이유로 당시 분노한 시위자들의 눈은 다른 곳이 아닌 미국으로 향하였던 것이다(Bommert, 2011: 279).

농산연료 때문에 식량의 위기, 즉 먹을거리의 불안정은 계속적으로 이어질 것 같다. 왜냐하면 전문가들이 지속적으로 농산연료의 확대를 예측하고 있기 때문이다. 전문가들의 예측에 따르면 2030년까지 5,800만 헥타르의 경제가 농산연료의 공급지로 변하게 될 것이라고 한다(Sommert, 2011: 339).[68] 제이 W. 리처즈(Jay W. Richards)는 에탄올(ethanol)의 중심에 있는 농산연료가 얼마나 비합리적인 제품인지를 보여주고 있다. "에탄올[농산연료, agrifuel]과 관련해서는 많은 문제가 있다. 생산하는 데 석유보다 더 많은 비용이 들고 화석연료를 사용해야 한다. 또 옥수수를 포함한 다른 농작물들의 가

---

68) "2000년대 초반 미국의 바이오연료 호황기에 정권을 잡은 조지 W. 부시 대통령은 2008년 백악관 기자회견에서 에탄올이 옥수수 가격 상승에 미치는 영향은 15%에 불과하다고 말했다. 세계은행은 에탄올이 옥수수 가격 상승에 미친 영향이 85%라고 보고했다"(Timmerman, 2016: 347).

격을 끌어올리며 제초제·살충제의 사용량 증가를 가져온다. 무엇보다 에탄올은 자유시장이 아니라 특별 이익집단의 로비활동과 정부 보호를 통해 경쟁한다"(Richards, 2015: 261, 7장 11번 각주).

(c) 土地收奪(Land Grabs) 문제(Holt-Gimenez & Patel, 2011: 152-153; 토 지수탈[land grabs], Worldwatch Institute, 2012b: 338; Clapp, 2013; Sassen, 2012, "제2장. 새로운 글로벌 시장, 땅" 103-144 등 참조)

영국 일간 텔레그래프는 2일[2013년 10월 2일] 국제구호단체 옥스팜의 '더 이상 달콤할 수 없다: 설탕이 어떻게 토지 수탈을 촉발하는가'라는 보고서를 인용하며 글로벌 설탕 거래가 토지분쟁을 촉발하고 있다고 지적했다. 보고서에 따르면 설탕 공급업체들은 2000년 이후 브라질과 캄보디아 등 사탕수수 재배가 용이한 지역에서 이탈리아 크기와 맞먹는 33만km²의 땅을 원주민 공동체로부터 사들였다. 설탕 공급업체들은 이 과정에서 원주민을 강제로 몰아내고 폭력을 행사하는 등의 불법을 저질렀다. 옥스팜은 "2000년 브라질 북동부 페르남부쿠 주민 200여 명이 설탕 공급업체로부터 제대로 된 보상도 받지 못한 채 강제 퇴거됐다"며 "지금까지 최소 약 800건의 토지계약에서 불법이 확인됐다"고 밝혔다.[69]

식량위기라는 현실과 전 세계적인 금융위기(2007년 여름 서브프라임 모기지의 붕괴를 계기로)라는 자본시장의 지구적 경험이 자본력

---

69) 이태무, "코카콜라·펩시, 사탕수수 재배 지역 원주민 토지 수탈 방관", <한국일보>, (2013. 10.02.); "2015년 『뉴욕타임스』는 투자자산이 주로 연기금으로 구성된 주요 투자기관인 교사 보험및연금협회·대학퇴직연금기금(Teachers Insurance and Annuity Association-College Retirement Equities Fund)이 브라질에서 토지를 횡령했다고 비난했다"(Romero, 2015; Keiffer, 2017, 174 재인용).

을 가지고 있는 기업과 정부들로 하여금 "땅 뺏기(land grabbing)"라고 지적되고 있는 "새로운(新) 식민지(新植民地, neocolonialism)" 지배형태를 급속도로 만들어냈다는 지적이다(World Bank, 2007: 6; Worldwatch Institute, 2012b: 346). 자본력이 풍부한 기업과 정부들이 상대적으로 가난한 나라(특히 아시아와 아프리카, 그리고 남아메리카 등) 등에서 농지를 있는 대로 대규모로 구매하기 시작하였던 것이다.70) 우리나라의 한 기업의 경우도 수단에 69만 헥타르의 밀 계약을 체결하였으며, 마다가스카르의 130만 헥타르에 옥수수와 오일팜 계약은 무산되었다고 한다.71) 기업과 정부의 토지 매입에 대해서 '땅 뺏기', '토지수탈(약탈)', '신식민주의'라는 표현을 사용하고 있는 것에서도 알 수 있는 것처럼 토착민들의 식량문제에 있어서 상당히 부정적인 영향을 미치는 것을 짐작할 수 있다. 자국에서 생산되는 식량이 해외로 빠져나가는 것뿐만 아니라, 이는 기업과 정부들이 필요한 작물[換金作物을 중심]만을 경작하기 때문에 토착민들의 먹을거리 문제의 해결에는 아무런 도움을 주지 못하는 경우가 허다하게 발생한다는 사실이다(Kreutzberger & Thurn, 2012: 217). 지역별로 외국 기업들을 통해서 얼마나 많은 토지들이 수탈되고 있는지에 대해서는 괄호 안의 자료를 참고하라(Worldwatch, 2015: 151; Land matrix, "Web of Transnational Deals"; http://landmatrix.org/en/get-the-idea/web-transnational-deals. 참조).

---

70) 그렇기 때문에 토지수탈은 두 가지 측면에서 볼 수 있다고 한다. "하나는 사우디아라비아처럼 자본은 풍부하지만 농지가 부족한 나라들의 자국 먹거리보장 전략이라는 것이다. 다른 하나는 토지수탈이 금융위기 시대에 위험도가 낮은 안전한 투자라는 점이다"(Holt-Gimenez & Patel, 2011: 152).

71) 김종철, "[삶의창] 우리 농토를 먼저 아끼고 보살피자", <한겨레>, (2009.08.21.) 참조.

(d) 農作物의 金融商品化[투기상품화]

식량, 먹을거리가 금융상품화가 되어 투기(投機)의 목적으로 이용되고 있다는 것이다[投機商品化]. 농작물이 금융상품화 되었다는 것은 자본의 논리로 식량이 움직일 가능성이 높아졌다는 것을 의미한다. 이는 먹을거리의 목적이 배고픔의 해소라는 본연의 목적과는 전혀 다른 방향으로 식량이 이용될 확률이 상대적으로 매우 높아졌음을 의미한다. 그것도 소수의 식량기업들을 중심으로 곡물가격이 좌지우지될 수 있게 되었다는 것이다. ADM(아처-대니얼스-미들랜드 Archer Daniels Midland Company)과 카길(Cargill) 두 회사가 전 세계 곡물무역의 4분의 3을 장악하고 있다는 현실과 더불어서 거대 화학기업 몬산토(Monsanto)가 옥수수 종자의 41%, 콩 생산의 25%를 통제하고 있다는 사실 등은 농작물이 소수의 집단에 의해서 투기의 수단으로 사용될 수 있는 확률이 얼마나 높은지 짐작할 수 있는 부분이기도 하다(Holt-Gimenez and Patel, 2011: 47).

가뭄, 농산연료 생산, 유가 상승의 조합이 식량가격을 끌어올리자, 가격 상승으로부터 이익을 얻기 위해 투기꾼들이 농산품시장으로 몰려들었다. 국제적인 투자자들은 (미국 서브프라임 모기지의 붕괴 이후) 안전한 베팅으로 간주된 쌀, 밀, 옥수수, 콩 선물시장에 돈을 쏟아부었다. 이로 인해 농산물 가격은 더욱 상승했고, 이는 다시 추가적인 선물투자를 끌어들였다. 이 과정에서 정부의 감독이나 통제는 거의 혹은 전혀 없었다. 1980년대 은행 규제완화와 2000년의 상품 및 선물 근대화 법률 이후 은행들은 농산물(agricultural commodity)시장과 같은 다른 금융수단에 "손을 뻗치기" 시작했다.

상품 거래인들도 금융시장을 넘나들기 시작했다. 카길(Cargill)과 아처 내디얼스 미들랜드(Archer Daniels Midland Company, ADM) 같은 전통적인 농기업들이 투자 부문을 확장하고, 골드만삭스 같은 전통적인 벤처자본주 기업들이 농산물을 수입하기까지 했다 (Holt-Gimenez and Patel, 2011: 42-43).

농작물의 금융상품화, 토지 매입[土地掠奪], 그리고 농산(바이오) 연료 투자가 초국적 농기업과 얼마만큼 서로 밀접하게 연계되어 있는지는 제니퍼 클랩(Jennifer Clapp)의 책에 나온 [그림: 금융상품화, 토지매입, 농산연료 투자의 연계](Clapp, 2013: 189 참조)에서도 이를 확인할 수 있다. "지난 10년 동안 농산물 원자재의 금융상품화와 대규모 외국인 토지 취득, 바이오연료 투자 간에 새로운 연계가 형성되었다"(Clapp, 2013: 188). 기업의 이익을 최우선시하는 초국적 기업을 통해 대규모 농지가 매입되고, 매입된 농지는 초국적 기업의 이익 극대화를 위해 경작된다. 거기서 생산되는 농작물은 배고픔과는 무관하게 금융상품화를 위한 투기(投機)의 목적으로 사용되게 된다. 또 초국적 기업의 이익을 축적하기 위한 목적으로 배고픔의 해결과는 거리가 먼 농산연료로 사용된다면, 그것은 배고픔의 해결, 즉 기아의 해결과는 너무나 거리가 먼 식량의 생산과 공급에 불과하게 될 것이다. 이는 전 세계적으로 발생하는 기아에 대한 해결과는 전적으로 거리가 먼 것이다. 그렇게 된다면 전 지구적인 기아는 해결할 수 없는 영원한 숙제가 되고 말 것이다.

Ⅲ. 나가면서

먹을거리 때문에 발생하는 사회문제를 논의의 편의를 위해 세 가지로 나누어 살펴보았다. 건강문제, 환경문제, 경제문제가 그것이다. (1) 건강문제의 경우, (a) 나쁜 음식에 노출된 소비자의 경우, 암, 비만, 당뇨, 심혈관 질환 등에 노출될 수밖에 없고, (b) 공장식 농장의 노동자와 지역주민의 경우, 호흡기질환이나 폐질환, 뇌손상 등이 발생할 위험이 높고, (c) 공장식 농장의 사육 동물들은, 열악한 환경으로 인해 중도 폐사율이 높고, 각종 질병에 시달릴 수밖에 없다고 한다. (2) 환경문제로는 (a) 물(담수) 고갈문제, (b) 지구온난화(온실가스 증가), (c) 단일경작(monoculture)으로 인한 종의 다양성의 훼손 가능성이 높게 된다. (3) 경제문제의 경우, (a) 공장식 축산과 (b) 농산연료(agrifuel), (c) 토지수탈(land grab), 그리고 (d) 농작물의 금융상품화로 인해 식량 재분배의 왜곡이 일어나 빈곤이 사라지지 않고 있는 것이다.

두 번째 확장된 식탁 담화

먹을거리 안전성을 위협하는 기반과 장본인은 누구인가

I. 들어가면서

1. 프리뭄 논 노체레(Primum Non Nocere)

> 식품을 부정불량하게 제조하는 것은 사악한 거래다. 무게를 속여
> 팔거나 부정직하게 직물을 파는 짓보다도 나쁘다. 직물의 길이를
> 속여 팔면 기껏해야 옷이 맞지 않은 정도겠지만, 부정불량식품을
> 판다는 것은 사람들을 죽일 수도 있다는 것과 마찬가지 아닌
> 가?(Goodwin, 1999: 14; Wilson, 2014: 238 재인용).

히포크라테스 선서(Hippocratic Oath)에 "프리뭄 논 노체레
(Primum Non Nocere, First do not harm, "해로운 일은 일단
하지 말라")"라는 구절이 나온다고 한다. "해로운 것은 하지 말
라"는 이 명령은 의학윤리에서만 필요한 것이 아니라 인간의 일
상사에서 필요한 윤리적 명령에 해당할 것이다. 특히 오늘날의
먹을거리의 안전성과 관련해서는 더욱더 필요한 윤리적 규정인
지도 모른다. 왜냐하면 안전하지 못한 먹을거리를 생산하고 판

매한다는 것은 그 먹을거리를 식용하는 사람의 건강과 생명의 안전문제에 직결되어 있는 중요한 문제이기 때문이다. 그래서 이미 오래전인 1885년에 엘라 H. 네빌(Ella Hoes Neville)은 부정식품을 판매하는 행위가 사람을 죽일 수도 있기 때문에 부정식품을 제조하는 것은 사악한 거래라고 지적하였던 것이다.

2. 研究問題와 그 範圍

1) 연구문제

본고에서는 다음과 같은 문제에 대해서 살펴보고자 한다. **"먹을거리 안전성을 해치는 장본인은 누구인가?"**다.

연구문제 1: **[問題發生의 基盤]**
먹을거리 안전성을 위협하는 문제가 발생하도록 한 기반은 무엇인가?

연구문제 2: **[威脅하는 行爲者]**
먹을거리 안전성을 위협하는 장본인들은 누구인가?

연구문제 3: **[對抗代案 찾기]**
위협하는 이들에 대항하기 위해 할 수 있는 것들은 무엇인가?

2) 연구범위

이를 위해 다음의 내용을 다루기로 한다. 오늘날 발생하고 있는 먹을거리 안전성과 관련해서 이러한 문제가 발생하게 된 토대기반 (土臺基盤)에 대해서 기술하고자 한다. 먼저 신자유주의(新自由主義)[72]와 함께 세계화(世界化)를 통해서 구축된 글로벌푸드 시스템 (Global Food System) 등에 대해서 기술하고자 한다. 그리고 먹을거리 안전성을 위협하는 문제를 만들어내는 이들이 구체적으로 누구인지 행위자를 찾아서 정리하고자 한다. 개인적으로 오늘날 먹을거리의 안전성을 위협하는 장본인(張本人, 行爲者)을 다음과 같이 지목해보았다. 제1의 장본인으로 글로벌푸드 시스템(글로벌푸드 경제, global food system, global food economy)을 기반으로 한 초국적 거대 식품기업들을, 제2장본인으로는 이러한 식품체제를 작위이든 부작위이든 상관없이 유지하도록 직·간접적으로 힘을 실어주고 있는 연구자(과학자나 식품영양학자)와 광고회사, 그리고 법률가집단들을 지목해보았다. 그리고 마지막으로는 정부와 시민단체의 무능력과 더불어 감시체계의 소홀 등에 대해서 지목해 기술하고자 한다. 물론 먹을거리와 관련해서 소비자인 개인들의 음식문맹도 직·간접적으로 먹을거리의 안전성을 해(害)하는 데 한 몫 거들고 있는 것 또한 사실이기 때문에 마지막 부분에서는 개인들의 음식문맹[食·盲]에 대해서 기술해보았다.

---

72) 이에 대한 쉬운 이해를 위해서는 이명준(2015: 88-102, "Chapter 2. '2. 신자유주의'") 참조.

3. 연구한계

먹을거리의 문제는 범위 자체가 매우 광범위하다. 금융과 함께 오늘날 세계화(특히 부정적 측면)를 가장 잘 보여주는 것이 바로 먹을거리 안전성의 문제라 할 수 있다. 먹을거리의 안전성은 리처드 H. 로빈스(Richard H. Robbins)의 지적처럼 자본주의 경제를 이해하지 않고는 이해할 수 없다는 점에서 먹을거리에 대한 본 연구의 논의는 좁은 지식 안에서 아주 좁은 영역에서의 매우 협소하고 얕은 논의에 불과하다는 점에서 한계를 지닌다고 말할 수밖에 없다 (Robbins, 2014: 130 참조).[73] 무엇보다도 본 내용은 우리나라보다는 미국을 중심으로 기술하고 있다는 점이다. 자료도 비교적 시간이 지난 과거의 번역서들을 중심으로 말이다.

Ⅱ. 먹을거리 安全을 威脅하는 基盤과 그 張本人들

1. 먹을거리 안전성을 위협하는 基盤(김종덕, 2009; Clapp. 2013; Holt-Gimenez and Patel, 2011; Kneen, 2005; Lang, Barling, and Caraher, 2012; Lang and Heasman, 2007; Nestle, 2011; Patel, 2011; Patel, 2008; Robin, 2009; Robin, 2014; Wagenhofer and Annas, 2010; 김홍주 외 공역, 2015; Campbell and Campbell, 2010: 299-427. "Part Ⅳ. 누구를 위한 건강인가?" 참조)

---

73) "이 책[Global Problems and the Cultural of capitalism. 5th edn. 2011]의 중요한 전제는 자본주의 경제를 이해하지 않고는 오늘날 세계와 그 안에서 일어나는 문제, 즉 인구증가나 기아, 빈곤, 환경파괴, 보건, 전쟁, 종교적 격변 등을 이해할 수 없다는 것에서 출발한다"(Robbins, 2014: 130).

1) 글로벌푸드 시스템(세계 먹을거리체계) 基盤構築

에릭 홀트-기메네즈와 라즈 파텔(Eric Holt-Gimenez and Raj Patel)이 같이 쓴 책인 『먹거리 반란(Food Rebellions: Crisis and the hunger for justice)』의 '옮긴이 서문'에서 장경호는 글로벌푸드 시스템, 즉 세계먹을거리체계에 대해서 '다국적 농식품복합체가 지배하는 식량의 생산-유통-소비 시스템'이라고 지적한다.

> 세계먹거리체계(Global Food system)[74]이란 곡물메이저(grain major)를 중심으로 결합된 다국적 농식품복합체(agrifood complex)가 지배하는 식량의 생산-유통-소비 시스템을 말한다. '종자에서 슈퍼마켓까지'라는 슬로건에서 알 수 있듯이, 이들은 자본을 갖고 세계 식량의 생산-유통-소비 시스템을 지배하고 있다. 이들에 의해 유전자조작 종자, 대규모 화학농업 및 공장식 축산, 장거리 운송 및 장기간 보관을 위한 수확 후 처리(post-harvest) 등의 세계적으로 확산되고 있다(장경호, in Holt-Gimenez and Patel, 2011: 11, 장경호, "옮긴이 서문: 식량주권, 새로운 패러다임", 8-15 참조).

매우 적은 수(數)의 거대 식품기업[超國家企業]들에 의해서 전 세계의 식품(식량)이 거의 통제되는 시스템이 구축되어 있다는 것이다. '생산-유통-소비'의 전반에 걸쳐서 말이다. 그것도 한 나라가 아닌 전 세계적으로 먹을거리에 대한 통제가 가능한 시스템이 소수의 몇 개 안 되는 초국가기업들에 의해서 구축된 것이다. 도안 부이(Doan Bui)가 지적한 것처럼 "종자에서 비료, 창고 저장에서 가공, 최종 유통에 이르기까지 (…) 이들 독점적 위치의 기업들은 보스의 대규모 농장주나 펀잡의 영세농 등 지구상의 수백만 농민들을 마음대로

---

74) 팀 랭과 마이클 헤즈먼에 따르면, "향후 세계 식품 소매업계에서는 현재 업체와 세계적 업체가 존재할 뿐, 그 중간은 많지 않을 것이다"(Lang and Heasman 2007; Clapp, 2013: 147 재인용).

주무른다. 요컨대 이 기업들은 세계의 먹을거리를 저들 마음대로 제어할 수 있다"(Bui, 2009: 13; Ziegler, 2012: 151 재인용).

구체적으로 얼마나 적은 수의 거대 식품기업들에 의해 세계식량(먹을거리)공급이 좌지우지되는지는 저술된 지 시간이 어느 정도 경과한 지글러(Jean Ziegler)의 책을 통해서 확인할 수 있는 부분이다.[75] "종자시장의 3분의 1을 고작 10개의 기업(아벤티스, 몬산토, 파이노니어, 신젠타 등)이 장악하고 있으며(1년 매출 총액은 230억 달러에 이른다), 살충제 시장의 경우 시장점유율 8%에 이른다고(매출액이 280억 달러에 달한다) 한다. 6개 기업(바이엘, 신젠타, 바스프, 카길, 뒤퐁, 몬산토)이 비료 부분에서 77%의 시장 점유율을 가지고 있다. 한편 카길을 포함한 다른 10개의 기업이 세계 30위권에 드는 소매업자들의 판매량의 57%를 장악하고 있으며 이는 세계 100위 식음료 부분 생산업자들의 매출 총액 37%에 해당한다고 한다. 심지어는 농가공업 및 농산품 판매와 관련한 일부 부문에서 심할 경우 농업생산품의 80% 이상이 몇몇 독과점 기업에 의해 장악되고 있다"(Ziegler, 2012: 149-150). 단순히 적은 수의 기업들에 의해 세계적으로 먹을거리가 제어될 수 있다는 말은 그 정도로 먹을거리가 이들 소수의 기업들의 손에 의해서 놀아나는 것은 단지 시간문제라는 것이다. 물론 소수의 거대 기업에 의해서 시장이 좌우된다는 현상에 대해서 그렇게 문제 삼지 않아도 된다고 생각하는

---

75) "2009년 미국의 일반적인 슈퍼마켓은 4만 8,000개라는 거의 믿을 수 없는 품목을 매장 선반에 진열했다. 그렇지만 상대적으로 점점 더 적은 숫자의 기업이 이러한 제품들을 제공하고 있다. 슈퍼마켓의 모든 통로들은 대개가 「코카콜라」와 「펩시」라는 단 두 개의 기업에 제공하는 청량음료가 점령하고 있다"(Magdoff and Foster, 2012: 69).

사람이 있을 수 있다. 이러한 독과점의 형태는 우리 주변에서도 흔히 볼 수 있는 형태이기 때문이다. 그러나 그보다도 문제시되는 점은 바로 세계 먹을거리 시스템을 좌지우지하는 이들 초국가적 거대 기업들의 마인드가 바로 '오직 돈만을 추구(only money, 極端的市場論理)'라는 점이 지적되고 있기 때문이다. 주앙 P. 스테딜는 농가 공업계의 문어발 기업체들에 대해서 "그들은 식품을 생산하는 것이 아니라 돈을 벌기 위해 상품을 생산하는 것을 목표로 한다"고 매우 부정적으로 말하였던 것이다(Ziegler, 2012: 151 재인용).

2) 世界化, 自由貿易의 확대

그렇다면 이처럼 오직 돈만을 추구하는 소수의 초국가적 식품기업들이 세계먹을거리체계를 구축하고 유지할 수 있도록 만든 것은 무엇이었을까? 무엇이 오늘날의 글로벌푸드시스템을 강화시키는 주된 역할을 하고 있는 것일까?[76] 소수의 초국적 식품기업들이 세계 먹을거리체계를 형성하고 유지할 수 있도록 세계무역기구(WTO, World Trade Organization), 국제통화기금(IMF, International Monetary Fund) 그리고 세계은행(World Bank) 등이 주도한 세계화와 자유무역 등이 이들 세계 먹을거리체계를 형성하고 유지하는 데 일조(一助)한 것이다. "상품화된 먹거리가 전 지구적 자유무역을 통해 생산되고 유통됨으로써 글로벌 차원에서의 먹거리 정치가 심화되고 있다.

---

76) 또한 이들[Global Food system]은 우루과이라운드/세계무역기구와 같은 다자간 협정이나 자유무역협정과 같은 양자 간 협정을 통해 개별 국가로 하여금 농산물의 수입개방을 확대하도록 만들면서 개별 국가 고유의 식량 생산-유통-소비 시스템을 세계 먹거리체계의 하부구조로 편입시켜 왔다. 그 과정에서 많은 가족 단위 소농들이 농사를 포기하도록 강요받았는데, 2000년대 이후 만성적인 식량 생산 부족 상태가 된 것은 전 세계적으로 많은 소농이 몰락한 탓이 크다(장경호, in Holt-Gimenez & Patel, 2011: 11).

세계화된 농식품체계에서 농식품 수출 국가의 초국적 기업은 농식품의 생산과 유통을 독점하고 자유무역을 강요한다. 이들은 자본독점과 불평등한 권력관계를 기반으로 지배와 이익을 재생산하기 위해 국제관계와 제도를 정치적으로 이용한다. WTO, IMF, 세계은행과 같은 신자유주의 국제기구와 제도들은 시장개방과 자유무역을 통해 강대국의 값싼 농식품을 약소국들에 강요하는 국제적인 먹거리 권력 장치들이다"(이해진, 2015: 157).

세계화는 제임스 폴커(James Fulcher)의 설명처럼 1970년대부터 국제적으로 경쟁이 치열해지면서 줄어든 이윤을 회복하기 위해 기업들이 산업화된 나라가 아닌 곳에서 저렴한 노동력을 찾아 이동함으로써 형성되기 시작하였다(Kempf, 2012: 52). 그런데 이 세계화의 특징 중의 하나가 정부의 역할을 최대한 제한하는 역할을 한다는 점이다.(일부에서는 신자유주의가 정부 역할을 축소하는 것이 아니라 정부로 하여금 신자유주의적 환경을 적극적으로 만들도록 하였다는 점을 지적하는 이들도 있다는 내용을 어디서 읽은 기억이 있다. 구체적으로 脚註를 달 수는 없어서 아쉽지만 말이다). 세계화로 인해서 경제(經濟) 부분에서는 많은 자유들이 존재하였지만, 이와는 상대적으로 정치와 정책, 즉 정부의 역할은 상대적으로 제한되었다. 그래서 토머스 L. 프리드만(Thomas L. Friedman)은 "황금 구속복(黃金 拘束服, the golden straitjacket)"이라는 개념으로 이 '세계화' 현상을 설명하였던 것이다.

"당신의 나라가 … 현대의 글로벌 경제에서 자유 시장의 규칙을 인지하고 그에 따라 살겠다고 결정한다면, 소위 '황금 구속복'을 입기로 한 것이다. (...) 당신의 나라가 황금 구속복을 입으면 두 가지 변화가 발생할 것이다. 우선 경제가 성장하고 정치는 입지가 줄어든다. 경제적인 면에서 황금 구속복은 주로 성장을 촉진하고 평균 소득을 증가시킨다. 더 많은 교역, 해외투자, 사유화와 세계 경쟁이라는 압력하에서 효율적인 자원 사용 등을 통해서 말이다. 정치적인 면에서는 정치 및 경제 정책의 선택의 폭이 상대적으로 얼마 되지 않은 변수들로 한정되어 버린다"(Friedman, 1999: 86-87; Speth, 2008: 92-93 재인용).

자유무역주의와 세계화 과정을 통해 초국가기업들에 대한 정부의 규제는 자연스럽게 약화되어 갔다. 반대로 이들 기업의 해외투자와 해외진출이 매우 쉬워졌을 뿐만 아니라, 국경을 넘어 초국가기업들의 자유로운 경제활동이 가능한 거대한 시장(市場)이 마련된 것이다. WTO, IMF 그리고 세계은행 등은 정도의 차이는 있지만 초국적기업들의 자유로운 경제 환경을 만드는 세계화를 강화하는 데 기꺼이 봉사했던 것이다. 이 국제기구들이 지글러의 지적처럼 손수 거대 다국적기업의 이익을 위한 행위를 한 것이다. "오늘날 지배 계층과 남반부 주민들 사이의 경제적 역학 관계를 결정하는 것은 바로 세계무역기구, 국제통화기금, 세계은행이다. 그런데 농업정책 면에서 이 국제기구들은 유감스럽게도 거대 다국적기업의 이익을 위해 기꺼이 봉사한다"(Ziegler, 2012: 156). 그러한 이유로 지글러는 이들 세계무역기구, 국제통화기금 그리고 세계은행 등이 "묵시록의 기사"와 같은 역할을 기아(飢餓)의 영역에서 감당했다고 지적하였던 것이다(Ziegler, 2012: 167). 힐러리 프렌치(Hilary French)는 IMF와 세계은행이 이를 위해서 구체적으로 어떻게 행동했는지 기록하고 있다. 경제위기 당시 위기에 빠진 나라에 현금 수혈을 해준 대가로 민영화(民營化)와 무역자유화(貿易自由化) 정책을 실행하도록 적극적으로 유도하였던 것이다. 조금은 길지만 이에 대해 지적한 내용을 인용해보기로 한다. "1990년대 후반의 경제위기 때에 세계은행은 눈에 띄지는 않았지만 IMF와의 긴밀한 협력 속에서 위기에 빠진 나라들에 자금을 전해주는 데서 일정한 역할을 했다. 지난 수년간에 걸쳐, 세계은행은 '구조조정'을 위한 현금 수혈(cash infusions)에 사용된 자금의 비율과 융자 총액 모두를 크게 증가시켰다. 2년 전 190억 달러에 불과했던 융자액이 1999년에는 290억 달러에 이르렀다. 이 자금의 절반 이상이 구조조정을 위한 것이었는데, 1997년에는 단지 27%만이 이 목적으로 쓰였다. 위기 시 긴급 구제지원뿐만 아니라 전통적인 구조조정금융에 있어서도, 자금을 지원받은 나라들은 경제적 안정과 신용을 회복하기 위해 지속적이고 특별한 정책 변화의 목표를 이행하는 데 동의해야 한다. 민영화, 물가 및 환율의 안정, 무역자유화 등이 일반적으로 제시되는 정책들이다. 그러나 세계은행과 국제통화기금은 이들 정책이 융자 대상국의 생태적 건강과 사회구조에 미치는 영향에 대해 충분한 주의를 기울이지 않았다. 대부분의 구조조정금융의 초점은 상환에 필요한 외환을 확보하기 위한 수출 증가에 맞춰져 있다. 그러나 수출에 대한 압박은 이런 나라들로 하여금 산림과 어족자원 등 자연자산을 현금화하도록 유도하게 되고, 결국 미래의 경제적 토대를 침식하는 결과를 초래하게 된다. 또한 흔히 강력한 수출 지향적 농업이 장려되는데, 이 과정에서 때로 소농과 토착주민이 희생되기도 한다"(French, 2001: 138-139).

세계무역기구, 국제통화기금 그리고 세계은행 등에 의해 강화된 세계화로 인해 더욱 자유롭게 된 국제무역의 증가는 전 지구적 문제들을 각 영역에서 증가시켰다. 이에 대해 홀트-기메네스와 파텔은 "빈민에 대한 자유로운 속박"이라고 지적한다(Holt-Gimenez and Patel, 2011: 85-98). 현실에 있어서 자유무역은 자유라는 명칭과는 전혀 어울리지 않는 강요(强要)를 요구하였던 것이다. 자유라는 단어로 포장된 자유무역은 현실에서 약자에게 유리한 방향으로 전개된 것이 아니라 강자들에게 유리하게 전적으로 강자의 편에서 이행되었던 것이다.[77] 그것도 거부할 수 없는 상황 속에서 말이다. "자유무역은 풍요로부터 민주주의까지 모든 것을 제공하는 것으로 신임을 얻고 있다. 그러나 실제로 오늘날 '자유'무역이라고 불리는 것은 자유롭다기보다는 강요된 것이며, 아직까지 굶주림을 줄이거나 민주적인 관행을 보장하는 것과 아무런 정(+)의 상관관계를 보여주지 못했다. 반대로 자유무역의 이념과 담론은 무역에서 약자보다 강자에게 유리한 국제기구, 지역협정, 일련의 법칙들을 확립하는 데 쓰여왔다"(Holt-Gimenez and Patel, 2011: 85). 먹을거리 안전을 위협하는 기반에 글로벌푸드 시스템(세계먹거리체계)과 세계은행, IMF, WTO 등의 국제기구들과 더불어 신자유주의,[78] 세계화, 자유

---

[77] "그러면 자유무역은 누구에게 해가 되는가? 첫째, 대기업과 경쟁할 수 없는 소농과 중소기업들이 그들이다. … 자유무역으로 상처를 받는 것은 노동자들도 마찬가지다. 그들은 수많은 자유무역협정 조항들 때문에 2장에서 지적한 것처럼, 노동조합을 인정받지 못하고 여러 가지 이유로 저임금을 받아들여야 하는 다른 나라의 노동자들과 어쩔 수 없이 경쟁해야 한다. 끝으로 자유무역 때문에 발생한 또 다른 범주의 피해자는 규제받지 않은 제품들과 환경재해에 노출된 일반 국민이다"(Robbins, 2014: 264-265).

[78] 신자유주의에 대한 베네딕트 마니에(Benedicte Manier)의 지적이다. "국가 간의 경쟁을 강요하는 신자유주의의 유일한 목표는 모든 집단적 보호벽을 무너뜨리는 것이다. 신자유주의는 모든 것을 상품화가 가능하다고 전제하고, 함께 사는 사회를 만들어가는 공공 서비스나 학교 등 일련의 제도 같은 공공복지의 기반에 균열을 가한다. 그 결과 시민들은 세계화가 경제적인 후퇴(소셜덤핑, 공공복지 민영화, 고용 불안, 실업 등)를 가져올 뿐 아니라, 삶의 질 역시 후퇴시킨다는 것(공공 서비스 및 사회보장제도, 식품의 질 저하 등), 그리고 생태계 및 자원에 영향을 미친다는 것(자원 고갈, 오염, 생물 다양성 감소 등)까지 경험하게 되었다"(Manier, 2014: 361-362).

무역이 있다는 것을 인지한 제니퍼 클랩(Jennifer Clapp)은 자신의 책, 『식량의 제국: 세계식량경제를 움직이는 거대한 음모 그리고 그 대안(Food)』에서 세계식량경제가 확산된 배경으로 다음과 같은 네 가지 요인이 작용했다고 지적하였던 것이다.

(1) 국가가 주도한 산업형 농업과 국제시장의 확산,
(2) 불공정한 농산물 무역의 자유화,
(3) 초국적기업의 등장,
(4) 먹을거리와 농업의 금융상품화가 그것이다(Clapp, 2013: 33-39 참조).

2. 먹을거리 안전을 위협하는 行爲者

그렇다면 IMF, 세계은행 그리고 WTO가 중심이 되어서 활성화 [擴張·强化]시킨 세계화와 자유무역주의가 전 지구적 먹을거리와의 관계에서 실질적으로 가져다준 결과는 무엇인가? 지글러와 초스도프스키(M. Chossudovsky)의 말에 따르자면, 먹을거리에 관해서 세계화는 양면성을 가지는데 그 양면성이란 한 면에서는 과잉생산, 남벌(濫伐)과 곡물 덤핑, 낭비와 식량 폐기와 같은 현상이 나타나는가 하면 또 다른 한 면에서는 기아, 결핍, 죽음이라는 현상이 세계 곳곳에 나타나고 있다고 한다(Kreutzberger and Thurn, 2012: 194 참조).79) 그러면 세계화로 인한 전 지구적 먹을거리 안전성을 위협하

---

79) 한국사회도 이러한 현상이 나타난다. "경제적 풍요로 먹거리가 넘쳐나지만 심각한 영양불량이 동시에 존재한다. 영양과잉과 결핍이 공존하는 영양양극화 현상이 심각하다. 현재 노인과 어린이 같은 영양착취 계층 및 저소득 계층에서 주로 나타나는 영양 결핍률은 20%에 이르고, 영양과잉으로 인한 비만 또한 30%에 달하는데, 주로 저소득층에서 발병률이 더 높다[국민건강영양조사, 2014]. 여기에 외모를 중시하는 사회적 분위기가 만들어낸 다이어트로 영양결핍

는 행위자 그룹으로 지적할 수 있는 이들에는 누가 있을까? 앞에서 이미 언급하였듯이 본고에서는 먹을거리 안전성을 훼손하는 장본인으로 다음 그룹들을 지목(指目)하고자 한다. 먼저 주도적(主導的)인 역할을 하고 있는 초국적 농산품복합체(초국적 거대 식품기업, agribusiness), 그리고 먹을거리 안전성을 위협하는 것에 대해 방조 역할(傍助的役割)을 하고 있는 전문가집단으로서 먹을거리와 관련(關聯)된 연구원(과학자집단), 광고회사(매스미디어집단), 그리고 변호사(법률가집단) 등을, 그리고 먹을거리 안전성을 현실적으로 막지 못하고 있는 무능력한 정부(政府)를 더 나아가서는 소극적인 의미에서 먹을거리 안전성에 대해서 음식문맹(飮食文盲, 食·盲)에서 벗어나지 못하고 있는 우리 각 개인(各個人) 등이 먹을거리 안전성을 위협하는 마지막 직·간접적인 장본인으로 지적하고자 한다.

1) 초국적 농식품복합체(거대식품산업)의 主導的 役割(특히 카길 [Cargill]은 Kneen, 2005 참조; 몬산토[Monsanto]는 Marie-Monique Robin, 2009 참조)

(1) '종자에서 슈퍼마켓까지': 世界食糧의 生産-流通-消費 掌握

먼저 초국적 농식품복합체[超國的巨大食品産業]는 세계 먹을거리 체계와 세계 먹을거리 경제를 장악하고 있다는 점이다. 그들의 슬로건에서 볼 수 있는 것처럼 '종자에서 슈퍼마켓까지', 그들의 손이 미치지 않는 곳이 없게 된 것이다. 클랩(Jennifer Clapp)은 이들 초국적 농식품복합체가 어떻게 세계 식량의 생산에서부터 유통, 그리고 소비에 이르기까지 전 영역을 장악함으로써 세계 먹거리 경제(Global

이 만성화되고, 거식증과 같은 식이장애 문제도 심각한 실정이다"(정혜경, 2015: 127).

Food Economy)를 구축하게 되었는지를 세 부분으로 나누어서 설명해주고 있는 것을 볼 수 있다. "초국적 농산품 기업들이 지배하는 세계식량경제(Global food economy)는 크게 세 가지 부문으로 나뉜다. 첫째, 중심에는 농식품 무역 및 가공회사가 있다. 이 기업들은 1세기 넘게 세계 식품 교역을 주도했다. 두 번째는 종자나 농약을 판매하는 농업 투입재 부문으로, 1990년대 이후 주요 기업들 간에 인수 합병이 활발해지면서 높은 수준의 집중화가 이루어졌다. 세 번째는 식품 소매기업으로, 1990년대 이후 규모와 영향력 면에서 엄청나게 성장해 소수의 거대 식품점 체인들이 소비자들의 식품 구매에서 예전보다 훨씬 큰 비중을 차지하게 되었다"(Clapp, 2013: 124; "그림: 세계 식량경제 내 초국적기업의 세 가지 주요 유형" 참조).

(2) 저거노트(Juggernaut), 초국적 농식품복합체

현실 속에서 세계 식량을 통제하고 있는 초국적 농식품복합체는 인도의 '라타야트라(Rathayātrā: 수레의 행렬)' 축제에서 힌두교의 신 크리슈나의 화신 중 하나인 자간타나(Jagannatha)를 실은 거대한 수레인 저거노트와 같이 무시무시한 힘을 발휘한다. 주앙 페드로 스테딜(Joao Pedro Stedile)은 먹을거리에 대한 농가공업계의 시장논리에 대해 다음과 같이 지적한다. "그들은 식품을 생산하는 것이 아니라 돈을 벌기 위해 상품을 생산하는 것을 목표로 한다"(Ziegler, 2012: 151 재인용). 이들 초국적 농식품복합체들이 파괴적인 행위를 할 수 있는 것은 레이첼 카슨이 지적했던 것처럼 바로 "돈만 벌 수 있다면 남에게 피해를 입혀도 문제 되지 않는, 산업이 지배하는 시대"가 되었음을 보여주는 하나의 방증(傍證)이기도 하다(Rachel Carson, in Foster, 2007: 78 재인용).

　사실 먹을거리의 논쟁에 있어서 유형 중의 하나가 바로 채식주의
자와 육식주의자와의 식습관에 대한 논쟁이다. 그런데 사실 채식주
의자와 육식주의자들의 논쟁의 기저(基底)에 바로 이 초국적 농식품
복합체라는 기업들이 있다는 것을 이들은 인지하지 못한 상태에서
서로의 식습관에 대해서 적대적인 태도를 취하고 있는 것을 볼 수
있는데, 그것은 논점을 벗어난 껍데기뿐인 논쟁에 불과하다는 것을
먼저 인지할 필요가 있다. 왜냐하면 먹을거리의 논쟁에 있어서 안전
성을 훼손하는 가장 주도적 역할을 하는 이는 채식주의자도 아니고
그렇다고 육식주의자도 아닌, 먹을거리에 대해서 저거노트와 같이
막강한 파괴적인 힘을 발휘하고 있는 바로 세계적인 이 농식품복합
체들의 주도에 의해서 발생되는 경우가 거의 대부분이기 때문이다.

　먼저 육식주의자들에 대한 채식주의자들의 비판을 잘 생각해보자.
채식주의자들의 대표적인 비판은 공장식 사육에 있다. 동물의 권리
를 보호하지 않는 바로 공장식 사육(工場式農場: factory farming)
특히 집중가축사육시설(CAFO, Concentrated animal feeding
operation)로 인해 동물들이 움직일 수 없는 비좁은 곳에서 성장
하게 되었고, 그로 인해 발생하는 문제들을 위해서 더욱더 동물들
을 혹사하고 있다는 지적이다. 닭의 경우 부리를 자르고, 돼지의 경
우 꼬리를 자르고 거기에 열악한 환경으로 인해 발생하는 가축 질
병[斃死率]을 막기 위해서 과다량의 항생제를 사용하고 있다는 얘
기다. 동물의 혹사로만 끝나지 않고 그로 인한 문제들이 인근 지역

민과 인근 지역으로 확대되고 있다는 지적이다. 항생제 남용과 똥 (배설물)과 같은 부산물의 증가로 인해 지역사회의 강과 환경에 악영향을 미치는 환경문제가 발생하게 되었다. 특히 동물들의 배설물과 방귀 등으로 인한 이산화탄소와 메탄가스의 증가로 인해서 기후 온난화와 같은 지구생태 변화에도 악영향을 끼친다는 것이다. 또 많은 가축사육과 빠른 속도의 비육을 위해 먹이로 많은 곡물을 사용하고, 그로 인해 전 지구적으로 식량문제[貧困問題]가 발생하게 되어 지구촌의 많은 지역에서 기아로 인한 사망자 수가 증가하게 되었다는 것이다. 또 집중가축사육시설에서 일하는 노동자들은 열악한 작업환경[80]에 노출되었고 그러한 환경의 열악함으로 인해 많은 산재(産業災害)가 발생하게 된다는 지적이었다. 열악한 환경은 노동자들만의 문제가 아니라, 인근 지역민의 건강과도 밀접하게 관계(악취와 각종 질병에 노출)되어 있고, 이러한 지역문제를 해결하기 위해서 지방정부와 중앙정부는 문제를 발생시키는 기업들에 이러한 문제를 시정[解決]할 것을 강하게 권고하거나, 이러한 문제들을 해결하기 위한 비용을 이들 가해기업에 직접적으로 청구하는 것 [積極的求償權行事]이 아니라 시민[國民]들이 내는 세금을 사용해서 그러한 문제를 해결하려고 하는 데 문제가 있다는 지적이다.

채식주의자에 대한 육식주의자들의 비판도 또한 잘 생각해보자. 공장식 농장도 같은 가치관에 의해서 운영되고 있지 않는가? 채식주의자들이 먹는 채소에 살포된 살충제와 제초제는 어떻게 할 것인

---

80) "수십 년 동안 플로리다에서 일하는 토마토 농장의 이주노동자들은 35도의 폭염 속에서 제대로 쉬지도 못하는 끔찍하고 열악한 노동조건에 시달렸다. 중간관리자는 여성 노동자들을 성추행하면서 안정된 일자리를 대가로 잠자리를 요구하기도 했다"(Kotler, 2015: 107).

가? 먹을거리의 안전성을 도외시하고 다만 채소 그 자체만 먹으면 모든 문제가 그냥 자연스럽게 다 해결되는 것인가? 어린아이들의 말대로 그러면 모든 것이 장땡인가? GMO가 들어간 식품은 또 어떤가? 식품에다가 유해한 화학성분들을 첨가하는 경우는 어떤가? 큰 문제가 아닐 수 없지 않은가(Okasha, 2017: 36 참조). 그렇다면 공장식 사육 못지 않게 많은 문제를 지니고 있는 공장식 농업은 누구에 의해서 주도되고 있는가? 누가 GMO투성이의 농작물을 공급하는가. 누가 밭에 있는 채소에 그렇게 많은 살충제와 제초제를 살포하는가. 누가 유통되고 있는 식품에 방부제를 입히고 각종 화학첨가제를 괜찮다는 듯이 먹을거리에 입히는가. 다시 말해 누가 안전성을 해치는 산업적 요리[81]와 식품을 제공하고 유통시키고 있는가. 그리고 누가 그러한 사회문제를 야기하는 그러한 시스템을 유지하도록 하게 하는가를 인지하는 것만이 바로 먹을거리 안전성과 관련된 문제의 진정한 해결을 위해서 선행적으로 인지해야 하는 중요한 것들이다. 여기서 알 수 있는 것은 진정으로 비판해야 할 상대방은 자신들과 다른 것을 먹는 이들이[다른 식습관을 가진 이들] 아니라, 채식이든 육식이든 떠나서 먹는 음식을 가지고 장난을 치는 이들인 것이다. 바로 저거노트(Juggernaut)처럼 돈에 눈이 먼 기업과 개인이 비난의 대상자인 것이다[食品資本主義](Keith, 2013: 315). 초국적 농식품기업이 먹을거리 안전성을 위험하고 있다는 것을 잘 보여주

---

81) "산업적 요리는 우리 건강과 참살이에 상당한 손실을 끼쳤다. 기업은 우리와는 매우 다른 방식으로 요리한다(그래서 우리는 보통 기업 차원의 요리를 요리 대신 '식품가공'이라 한다). 기업은 설탕과 지방, 소금을 사람들이 요리할 때보다 훨씬 많이 사용하는 경향이 있다. 또 집에서는 거의 쓰지 않는 새로운 화학재료를 사용해 식품보존기간을 늘리고 실제보다 훨씬 신선해 보이도록 한다. 그래서 가정식 요리가 줄면서 비만이 증가하고 식단과 연관된 만성질병이 증가세를 보이는데 사실 놀라운 일도 아니다"(Pollan, 2014: 17).

는 것들 중의 하나가 바로 그들이 생산하고 있는 식품과 영양의 관계다. 그들이 생산하고 있는 식품을 보면 초국적 농식품기업들이 비만뿐만 아니라, 지구적 영양결핍의 주범이라는 것을 알 수 있다. 물론 초국적 농식품기업이 기아의 주범(主犯)이라는 것을 그들이 생산하는 식품과 영양과의 관계로 설명하기에는 많은 무리가 존재할 수 있지만 그 이외에도 초국적 농식품기업들이 자신들의 이익의 극대화를 내기 위한 식품투기(食品投機)와 더불어 농산연료(agrifuel)의 생산량의 증가 등을 통해서 볼 때 이들이 세계적인 기아의 중요한 원인의 큰 부분을 차지한다는 점에 대해서 이의를 제기하기란 어려워 보인다.

먼저 세계 먹거리체계의 대표적인 식품인 패스트푸드의 경우를 한번 생각해보자. 패스트푸드[82](fast food, Junk food)로 대표되는 전 지구적 식품이 되어버린 저가(低價)의 버거(burger) 생산을 위해 각지에서 어떤 일이 벌어지고 있는가? 앞서도 기술했듯이 낮은 가격의 버거 공급을 위해서 열악한 공장식 사육방식을 통해서 가축들을 비육(肥肉)하고 있는 경우, 많은 곡물(특히 옥수수)을 사료로 사용한다는 점에서 기아와 밀접한 관계를 지니고 있는 것 또한 부인할 수 없다. 스테판 크로이츠버거와 바켄틴 투룬(Stefan Kreutzberger and Vakentin Thurn)이 함께 쓴, 『왜 음식물의 절반이 버려지는데 누군가는 굶어 죽는가(Die Essensvernichter: Warum die Hälffe aller Lebensmittel im Müll landet und wer dafür verabtwortlich

---

82) "정크푸드나 프랑스 말인 'la malbouffe americaine[쓰레기 미국 음식]' 같은 용어는 패스트푸드의 기본적인 비루함을 포착한 것으로, 그것의 존재를 인정하면서도 이에 대한 유감을 표현하고 있다"(Lang, Barling, and Caraher, 2012: 346 재인용).

ist.)』에 나온 자료에 의하면, 전 세계 농경지는 전 세계 면적의 3분의 1로 약 49,000,000km²에 해당하며 그중 곡물 재배지는 14.3%, 즉 7,000,000km²에 해당한다고 한다. 그곳에서 매년 수확하는 곡물은 22억 7,000만 톤이 된다.

전 세계 농경지
전 세계 면적의 3분의 1: 49,000,000km2
가축용 초목지 66.6%
그 밖의 용지 19.1%
곡물 재배지 14.3%: 7,000,000km²

⇩

매년 수확하는 곡물 22억 7,000만 톤

⇨

용도
사람들의 식량 47%
가축 사료 34%
종자/손실 13%
바이오 연료 6%

자료: **Kreutzberger and Thurn, 2012: 167** 그림 설명의 글 내용을 재구성함

그림: 전 세계 농경지와 그 용도

그런데 매년 수확하는 곡물의 34%를 가축사료로 사용한다고 한다. 곡물을 고기로 변화하는 과정에서 수량(數量) 면에서 많은 양적인 손실을 가져온다는 지적이다.

곡물 8kg=고기 1kg
곡물 8kg은 대략 서른 명을 배부르게 한다.
고기 1kg은 대략 다섯 명을 배부르게 한다.
쇠고기 200g은 한 명을 배부르게 한다.
1인분을 생산하기 위해, 곡물 1.6kg이 필요하다.
동일한 양으로 여섯 명의 배를 부르게 한다(Kreutzberger and Thurn, 2012: 92 그림 설명의 글을 참고하여 정리함).

전 세계적으로 인간이 먹어야 할 곡물의 양의 감소는 돈이 없어 구입할 수 없는 후진국 국민들의 배고픔과 자연스럽게 연결되어 있다. 농산연료(agrifuel), 즉 바이오연료(biofuel)라고 부르는 경우를 생각해보자. 농민운동가들은 바이오연료라는 단어보다는 농산연료라는 단어가 현실상을 잘 반영해주고 있다고 해서 농산연료라는 단어를 더 선호한다고 앞서 지적했듯이(Ziegler, 2012: 243 참조) 농산연료의 생산을 위해서 곡물의 6%를 사용한다고 한다. 구체적으로 농산연료로 사용되는 곡물이 전 세계적으로 1억 3,600만 톤이라고 한다. 크로이츠버거와 투룬이 지적한 것에 의하면, "곡물 3.3kg=바이오연료 1L"로 전환된다고 한다. 그렇기 때문에 "바이오 디젤 1리터 생산에 옥수수밭 재배 면적 9.3제곱미터가 필요하다"는 것이다. 그런데 문제는 이렇게 해서 생산된 바이오연료의 경우 재래식 연료와 비교해서 낮은 연소가(燃燒價)를 지니기 때문에 동일한 연소 효율을 올리려면 더 많은 연료를 소비해야만 한다는 것이다. 또 "바이오연료 1L=물 3,500L", 즉 바이오연료 1리터 생산에 3,500리터까지 물이 필요하다고 한다. 이는 엄청난 양의 수자원의 낭비로 이어지게 된다. 특히 농산연료로 사용할 원료를 재배하는 건조한 지역의 경우 물 부족을 더욱 심화시키게 된다. 그런가 하면 열대우림 지역에 농장을 세우려고 숲을 태움으로 '숲의 죽음'을 가져오게 된다. 바이오연료에 사용되는 곡물이 기아와 어떤 관련이 있는지 살펴보면 다음과 같다. 에탄올 100리터를 생산하기 위해 필요한 옥수수로 한 사람이 1년 동안 생활할 수 있다는 수치만 언뜻 보아도 농산연료와 세계의 배고픔과 긴밀하게 연관되어 있는지 알 수 있기 때문이다.

> 곡물 3.3kg=바이오연료 1L
> 바이오디젤 1리터 생산에 옥수수밭 재배 면적 9.3제곱미터가 필요하다.
> 곡물 330kg=바이오연료 100L=한 사람이 1년 동안 배부르다.
> 에탄올 100L를 만드는 데 필요한 옥수수의 양으로 한 사람이 1년 동안 배불리 먹을 수 있다(Kreutzberger & Thurn, 2012: 211 그림 설명 글을 참조하여 정리함).

이처럼 연소가(價)도 떨어지고, 또 물의 낭비도 심하고, 그런가 하면 숲의 파괴와 같은 환경파괴를 가져오는 농산연료의 생산을 위해 많은 양의 곡물을 사용함으로써 세계적인 기아에 악영향을 끼치고 있는 것이다. 국제 엠네스티(Amnesty International)는 농산연료로 벌어지는 이러한 현 사태에 대해서 "농산연료=가득 찬 연료탱크와 텅 빈 배 속"이라고 요약하였던 것이다(Ziegler, 2012: 252).

이들 거대 기업들에 의해서 이루어지고 있는 농산물 투기와 관련해서 생각해보자(Holt-Gimenez & Patel, 2011: 42-43 참조). 기후 온난화가 극심해지면서 가뭄과 같은 기후변화가 심해진다. 인구의 증가와 농산연료의 생산량 증가, 가뭄과 같은 심각한 기후변화 등으로 인해서 세계적으로 곡물의 수확량은 감소하게 되고 곡물수급의 불안정이 심화하게 되면 가격상승으로부터 이익을 얻기 위해 투기관들이 농산품시장으로 몰려들게 되어 있다. 특히 미국 서브프라임 모기지의 붕괴 이후 국제적인 투자자들은 안전한 베팅으로 간주된 쌀, 밀, 옥수수, 콩 선물시장에 돈을 쏟아부었다. 이로 인해 농산물 가격은 더욱더 상승했고, 이는 다시 추가적인 선물투자(先物投資)를 끌어들였다. 그 결과 곡물의 부족현상은 주식시장에서의 투기의 형태로 나타나게 되었는데 이는 결과적으로 곡물 가격상승으로 이어지는 데 영향을 끼치게 된 것이다. 그로 인해 빈민국의 국민들이 배를 곯았다. 특히 어린아이들과 여자들이…(Kreutzberger and Thurn, 2012: 197 그림 설명의 글을 참조).

穀物不足 ⇨ 株式投機 ⇨ 價格上昇 ⇨ 飢餓增大: 지글러(Ziegler)는 곡물 투기로 인해 발생하는 극단적인 결과가 무엇인지 알았기에 매우 강력하고도 직설적인 어투로 "기본식량으로 투기를 하는 사람은 아이들을 죽이고 있다"고 말하였던 것이다(Ziegler, 2009: 11; Kreutzberger and Thurn, 2012: 203 재인용). 이 외에도 세계 먹을거리체제를 장악하고 있는 초국적 농식품기업들이 먹을거리 안전성을 해치는 행위를 했는지 간접적으로 알 수 있는 방법은 영국소비자협동조합이 공표한 식품산업의 먹을거리 범죄의 항목을 살펴보면 이들 초국적 농식품기업들이 갈취(blackmail), 오염(contamination), 고의적 상해(GBH), 파괴(vandalism), 식인과 동종섭취(cannibalism), 약탈(pillage), 사기(fraud) 등의 여러 방법을 사용하여 먹을거리의 안전에 장난을 치고 있다는 것을 확인할 수 있다(김종덕, 2012: 338. "표: 영국소비자협동조합이 공표한 식품산업의 먹을거리 범죄" 참고하라).

2) 專門家集團의 傍助: 연구원과 광고회사 그리고 변호사

초국적 농식품기업이 먹을거리 안전성을 해치는 행위를 할 때에, 이들 기업이 직접적으로 나서서 하는 경우도 있지만 간접적으로 방조세력을 앞세워서 먹을거리 안전성을 침해하는 일들을 행하고 있다는 점이다. 방조세력을 앞세워서 잘못된 정보를 제공하고, 방조세력을 앞세워서 건강에 안 좋은 음식에 중독되게 하고, 방조세력을 앞세워서 저항하지 못하도록 한다. 이러한 이유로 먹을거리의 안전성을 위협[毀損]하는 두 번째 장본인[행위자 그룹]으로 이들 초국적 농식품기업의 방조세력들에 대해 다루고자 한다. 먹을거리의 안전성을 해치는 방조세력으로 지목하고자 하는 구체적인 이들로는 전문가 집단으로 포획과 이해관계로 얽혀 있는 과학자들을 포함한 연구원(의사, 영양학자, 대학연구소 등), 광고회사(언론매체) 그리고 변호사(법률고문) 등에 대해서 거론하고자 한다. 이들 전문가집단들이 해왔던 일들(事例)을 살펴보면 이들이 먹을거리 안전성을 훼손하기 위해 앞의 제1의 장본인인 초국적 농식품기업과 매우 밀접하게 관련되어 있다는 것을 확인할 수 있기 때문이다.

(1) 研究者集團(의사, 영양학자 그리고 식품관련 연구소)

i) 입으로는 科學的 中立, 현실은 金錢 앞에 大屈伏[捕獲](Krimsky, 2010: 29-55 참조): 초국적 농식품기업들은 막강한 자본력(錢)을 바탕으로 그들에게 우호적인 세력을 양성한다. 그들의 치부(恥部)를 가릴 수 있도록 도와줄 수 있는 일종의 '방패막이'와 '홍보용 메가폰'[弘報用擴聲器]으로 양성한다. 초국적 농식품기업들은 자신들의 거수기(擧手機)의 일종으로 사용하기 위해 이들에게 막대한 자본을

투입한다. 자본 앞에 굴복한 이들은 과학자의 자존심인 과학의 중립성 따위에는 별로 관심을 두지 않는다. 과학자로서의 양심과 자존심은 바로 보조금, 연구비 등 다양한 형태의 돈(金錢的利益)이라는 현실 앞에 꺾이고 만다. 그래서 어떤 면에서 불량식품의 역사는 초국적 농식품기업과 바로 이들과의 스캔들[野合]의 역사라고 할 수 있을 것이다(Keith, 2013: 320 참조).[83]

ii) 歪曲된 研究結果物: 돈에 굴복한 이 연구자들은 과학의 중립성이 무너지고 왜곡된 연구결과물을 생산하기 시작한다. 자신들의 돈줄인 기업들에 유리한 연구결과물을 세상에 아무런 거리낌 없이 유포하기 시작한 것이다. 돈 앞에 장사가 없듯이 시간 앞에 장사가 없다고 시간이 경과함으로써 이들의 그러한 야합 행위들은 하나씩 드러나기 시작한다.

(a) 1981年 리처드 돌(Richard Doll) 事件: 1981년 리처드 돌(Richard Doll)은 암(癌)에 대한 논문을 발표했었다. 문제는 그 후로 이 문제의 논문이 많은 연구자들에 의해 널리 인용되는 빌미를 제공하게 되었다는 것이다. 1981년 논문에서 리처드 돌은 암의 발생과 진행에 있어 환경은 극히 제한적인 요인으로 작용한다고 주장했었다(Doll and Peto, 1981: 1191-1308; Robin, 2009: 111 재인

---

83) "손꼽히는 두 의학 전문학술지인 『뉴잉글랜드 의학저널(New England Journal of Medicine)』과 『미국의학협회저널(Journal of the American Medical Association)』은 영양에 관한 '주목받는' 연구결과를 발표하는 매체로서, 이 두 잡지의 광고 게재 상황을 보면 이 두 잡지 모두 학문적 기능과 수익 사업 기능이 섞여 있으며, '경제적 측면에서 제약회사에 크게 의존'하고 있음을 알 수 있다. 두 잡지사는 제약회사로부터 매년 약 2천만 달러의 광고비를 각각 받고 있다. 이러한 후원은 방화벽 한쪽의 편집부 사람들에게 상당한 부담을 안겨준다"(Nestle, 2011: 187).

용). 그러나 사람들의 존경을 한 몸에 받았던 리처드 돌에 대한 명성과 인기는 2006년에 『가디언』의 폭로로 인해 물거품처럼 없어지게 되는데, 『가디언』지에 의해서 무려 20년 동안 리처드 돌이 몬산토를 위해 비밀리에 일해 왔었다는 사실이 밝혀졌기 때문이었다[84] (*The Guardian.* [December 8, 2006]; Robin, 2009: 111)[참고로, 돌 Richard Doll 사건은 먹을거리와 관계가 없이 보인다. 그럼에도 여기게 추가한 것은 담배를 기호식품이라고 일반적으로 말하기 때문이며, 먹을거리와 관계에서 생각해볼 것은 담배라는 환금작물의 생산의 증가가 식량의 감소에 어느 정도 기여하고 있다는 생각과 더불어 무엇보다도 이 사건이 과학의 객관적 중립성을 크게 해치는 행위이기 때문이기도 하다].

(b) 液狀果糖(HFCS high-fructose corn syrup) 事件: 제2차 세계 대전 종전 후부터 소비와 가격이 끊임없이 오르고 있는 설탕을 대체하기 위한 연구가 계속되었다. 이러한 연구는 1950년대 중반, 클린턴콘프로세싱 컴퍼니(CCPC: Clinton Corn Processing Company) 화학연구원들은 옥수수 전분을 가수분배 해서 포도당 시럽을 얻어내는 방법을 발견하게 되었던 것이다. 그 결과 탄생한 것이 액상과당(HFCS)이다. 액상과당은 설탕을 대신해서 음료수 등에 많이 사용된다. 미국에서 제일 많은 열량 공급원이면서도 '가장 많이 소비되는 식품'이 바로 탄산음료인데 바로 탄산음료에 설탕 대신 들어

---

84) Richard Doll and Richard Peto. "The causes of cancer: quantitative estimates of avoidable risks of cancer in the United States today." Journal of the National Cancer Institute. 66(6). (June 1981). 1191-1308.; 가디언지의 돌과 몬산토와의 비밀스러운 관계는 "Renowned cancer scientists was paid by chemical firm for 20 years." The Guardian. (December 8, 2006) 참조.

가는 것이 바로 액상과당이라고 한다(Reymond, 2008: 176-181 참조). 액상과당(HFCS)에 대한 전미소아치과학회(AAPD: American Academy of Pediatric Dentistry)의 연구결과에 의하면 "탄산음료가 어린이들의 치아 건강에 미치는 영향을 정확하게 밝혀낸 과학적 증거는 없다"고 발표했다. 당(糖) 성분이 이빨에 영향을 안 미친다는 것이 가당키나 한가? 그것도 어린이들의 치아 건강에서. 전미소아치과학회 의사들은 그렇다면 왜 이런 연구결과를 내놓았을까? 이에 대해 윌리엄 레이몽(William Reymond)은 다음과 같이 묻고 답한다. 관계 기업으로부터 기부금을 수령했기 때문에 그런 현상이 벌어지게 된 것이다.

> 왜 이런 유보적인 태도를 보이는 걸까? 게다가 2003년 이전까지는 줄곧 미국치과협회의 입장을 지지하다가 태도를 바꾼 이유는 뭘까? 바로 그해에 미국소아치과학회가 코카콜라로부터 기부금 100만 달러를 받았기 때문이다(New York Times. [March 4, 2003]; Reymond, 2008: 186).85)

(c) rBGH(소성장호르몬) 관련 『사이언스(Science)』 造作事件: 『사이언스』에 rBGH(recombinant Bovine Growth Hormone, 소성장호르몬)를 투여 받은 소에게서 나온 우유가 '인체에 안전하다'86)는 글을 실었다고 한다. 당시 이 논문을 감수한 사람은 코넬 대학의 데일 바우먼 박사였는데, 문제가 되는 것은 바우먼 박사는 몬산토의 의뢰로 소에 대한 rBGH 실험을 실시한 사람이었다고

---

85) AAPD만 이런 입장을 취하는 것은 아니다. 미국 영양학자들의 가장 영향력 있는 단체인 미국 영양협회(American Dietetic Association)도 탄산음료계와 맥도날드의 이익단체인 미국청량음료 협회(National Soft Drink Association)의 후원을 받는다(Reymond, 2008: 340, 160번 주).

86) Judith C. Juskevich and C. Greg Guyer, "Bovine growth hormone: Human food safety evaluation", Science. 249(4971). (August 24, 1990). 875-884.

한다. 연구와 이해관계가 얽혀 있는 사람을 『사이언스(Science)』가 바로 논문의 감수자로 받아들였기 때문에 몬산토에 유리한 연구결과가 발생하게 된 것이라고 한다(Robin, 2009: 166-167).

(2) 廣告會社

i) 큰 고객, 거대 식품기업: 광고계에 있어서 식품업계의 비중이 매우 높다고 한다. 오늘같이 광고가 치열한 환경 속에서 광고기업들은 자신들의 돈줄을 쥐고 있는 큰손인 광고주의 요구를 묵살하기가 어려운 구조가 된 것이다. 당장 큰 손해(損害)를 보게 되었는데, 어떻게 광고주들의 요구를 받아들이지 않을 수 있단 말인가. 돈 앞에 모든 것이 무너지고 마는 것이다. 광고주의 의도에 따라 모든 것이 그저 건강에 좋은 것으로 둔갑하여 광고매체를 통해 멀리 퍼져 나가게 된다. 광고는 강한 중독성을 소비자들에게 주어 지금 당장 따라서 해보라고 귀에 대고 속삭인다.

식품업계에서는 매년 330억 달러에 달하는 돈을 광고에 사용한다. 그들이 가장 저렴한 생산비로 가장 높은 가격을 받을 수 있는 품목(영락없는 불량식품)을, 당으로 가득 차 있지만 지방이 없다는 이유로 "심장에 좋은 음식"으로 광고할 수 있음에 주목하자. 설탕과 식물성 경화유를 어린이를 포함한 미국 시민에게 밀어붙이는 데 펩시코 한 곳에서 쓰는 광고비만 10억 달러가 넘는다(Keith, 2013: 315; 316, 320 참조; Reymond, 2008: 98 참조).

ii) 눈치만 보고 있는 광고업계: 다음은 광고계 또한 광고주의 돈 앞에서 얼마나 눈치를 보고 있는가를 보여주고 있는 대표적 사례라고 할 수 있겠다. 문제를 일으킨 소 성장호르몬제인 '포실락 (Posilac)'에 대해서 거대 식품기업인 몬산토와 폭스TV가 어떻게 다루었는지, 길지만 인용해보기로 하겠다. 돈 앞에 장사가 없다는 말을 다시금 확인할 수 있는 부분이기 때문이다. "1990년대 말에 스티브 윌슨(Steve Wilson)과 제인 에이커(Jane Akre)는 미국 폭스TV의 <인베스티케이터(The Investigators)>라는 탐사 보도 시리즈물의 리포터로 일하고 있었다. 그들은 소 성장호르몬제인 '포실락 (Posilac)'이라는 제품을 알게 되었는데, 그것은 미국 세인트루이스에 본사를 둔 몬산토에서 만든 것이었다. 포실락은 대대적인 홍보와 함께 낙농업 시장에 나왔는데, 몬산토는 '역사상 가장 많은 시험을 거친 제품'이라는 광고 문구를 쓰기도 했다. 또 다른 광고에서는 한 농부가 이웃 농부를 설득하면서, '당신도 그걸 쓰면 예상소득을 높일 수 있을 것이네'라는 말을 하기도 했다. 광고를 본 농민들은 포실락을 구입해 사용했는데 심각한 문제가 생겼다. 소 젖꼭지에 염증이 생겼고 그것이 곪아서 우유를 감염시킨 것이다. 결국 두 배로 오염된 우유-병균이 침투하고 유전자를 조작한 소 성장호르몬이 섞인 우유-가 미국의 농장에서 출하되었다. 이런 문제를 일으킨 포실락이 어떻게 주무관청인 미국식품의약국(FDA)의 승인을 받을 수 있었던 것일까? 에이커는 포실락에 관해 취재하던 중 몬산토가 단지 30마리의 쥐를 가지고 실험했다는 사실을 찾아냈다. 그녀의 추론에 따르면 실험보고서는 변조된 것이거나, 그 보고서를 FDA가 읽지 않은 것이다. 이후 캐나다 보건국은 사건을 더 정확하게 파고들면서 몬산토가 건강을 해치는 약품을 시장에 내놓았으며, 의도적으로 실험보고서를 변조했다고 비판했다. 방송 일주일 전, 즉 윌슨과 에이커가

소 성장호르몬에 관한 이야기를 마무리 지어놓은 상황에서, 몬산토는 폭스TV에 프로그램 방영을 연기해달라고 요청했다. 그리고 불과 며칠 지나지 않아서 몬산토는 폭스TV가 속한 루퍼트 머독(Rupert Murdoch) 소유의 22개 TV방송국들에 그 일의 귀추가 어떻게 될지 알려주겠다고 위협했다. 그 속에 담긴 뜻은, 말하자면 라운드업(Roundup), 아스파탐(Aspartame), 뉴트라스위트(Nutrasweet) 같은 제품들의 광고를 중단하겠다는 것이었다. 그때부터 폭스TV는 윌슨과 에이커의 입을 막으려고 시도했다. 폭스TV는 몬산토의 비리를 비밀로 해주면 많은 돈을 주겠다고 제안했고, 윌슨은 그것을 받아들이는 척하면서 이 사실을 폭로하려고 했다. 폭스TV는 윌슨과 에이커에게 방송 대본 작업에만 몰두하라고 지시했다. 그렇게 수개월이 지나갔다. 그동안 윌슨과 에이커는 방송 대본에서 논란의 소지가 있는 내용을 빼라고 명령한 폭스TV의 임원진들에게 맞서 버텼다. 결국 두 사람은 해고당하고 말았다"(Wagenhofer & Annas, 2010: 78-80). 놀랍지 않은가? 광고주의 돈의 힘이 얼마나 대단한가를 볼 수 있는 사례다. 세상이 너무 무섭다.

(3) 법률가와 法律會社

i) 正義(justice), 이미 돈 앞에 법을 밥 말아 먹고: 법률가 또한 돈 앞에서 정의를 밥 말아 먹고 말았다. 법(法)이 아닌 밥(飯)을 위한 직업으로 전락되었다는 지적이다. 일찍이 정의의 신, 디케(正義女神, Dike, Δικη)는 자신의 눈을 가렸던 안대(眼帶)를 스스로 벗었고, 공평이라는 이름의 추를 자신들의 이익을 위해 임의적으로 아무렇지 않게 움직이는 형국이 되어버린 것이다. 법이라는 도구를

사용하여 먹을거리 안전성에 대한 이의를 제기하는 이들의 입을 막고 있는 것이다. 김종덕 교수의 지적처럼 "농기업과 식품 산업은 그들의 영업방침이나 제품에 대해 문제 삼는 소비자나 소비자 단체에 대해서는 매수, 공중 참여에 대응한 전략적 법률 소송(SLAPP), 명예훼손법, 먹을거리방지법 등을 이용하여 침묵을 강요한다. … 고소한 사건은 먹을거리를 비판했을 때 직면할 수 있는 위험을 일반 사람들에게 인식시키는 데 성공했다. 또 먹을거리 문제에 대해 사람들이나 시민단체가 침묵하도록 하는 데 일조"하는 역할을 하도록 법을 밥 주무르듯 한다(김종덕, 2009: 92-93). 이들 초국적기업은 자신들의 거대한 이익을 위해 고액의 연봉을 미끼로 대형 로펌과 승률 높은 변호사들을 자신들의 하수인으로 고용한다. 변호사와 로펌은 자신의 주머니를 채워주는 돈 많은 고객의 의중을 깨닫고 고객이 뜻이 이 땅에서도 이루어지도록 최선을 다한다.

ii) 이미 밥(money, rice)이 되어버린 법(justice, law): 몬산토가 파이오니어하이브레드와 담합하여 종자 가격을 지나치게 높게 책정했다는 이유로 1999년 농민들이 연대한 최초의 집단소송이 세인트루이스 법정[87]에 몬산토를 피고로 세웠었다고 한다. 이 최초의 집단소송에 많은 기대감을 가지게 된 것이다. 그러나 그 결과는 매우 허무하게 끝났다고 한다. 몬산토가 보유한 특허를 위반했다는 이유

---

87) 2005년도에 발행된 『시카고트리뷴』에 의하면 세인트루이스 법원에서 재판이 진행되는 것은 몬산토에 무시할 수 없는 '홈그라운드의 이점'을 제공했다. 벌써 100년 이상 자신의 '영지'에 터를 잡고 있는 몬산토는 특별한 이유가 없는 한 동일한 법률사무소에 일을 의뢰하는데, 그중 하나가 허쉬앤드에펜버거(Hush & Eppenberger)이다(St. Louis Journal. [December 21, 2001]). 그런데 흥미롭게도 특허법 위반에 대해 강경일변도로 유명한 시펠 판사가 법조인으로 첫발을 내디딘 곳이 바로 허쉬앤드에펜버그 법률사무소였다(Robin, 2009: 337-338).

로 이미 농민들에게 혹독한 판결을 내린 바 있었던 판사 로드니 시펠이 2003년 농민들의 집단소송을 기각했기 때문이다(Robin, 2009: 519; *New York Times*. [October 17, 2003]. Robin, 2009: 10장 참조). 오프라 윈프리(Oprah Winfrey)와 그의 쇼에 참여한 채식주의자인 라이먼(Howard Lyman)도 "식품비방금지법(Veggie-Libel)"을 위반했다는 이유로 피소당한 사건이 있었다(Lyman, 2004 참조). 당시 쇼에 출현해서 윈프리와 라이먼이 나눈 대화 내용이 문제가 되었기 때문에 피소를 당했다는 것이다. 출현한 쇼에서 소에게 소를 먹이고 있다는 내용을 발설했다는 이유로 인해 피소를 당하게 된 것이다. 다음은 당시 "오프라 윈프리 쇼"의 대화의 내용이다. 그렇게도 문제가 되는 내용이 있는지 한번 확인해보라.

1996년 4월, 오프라 윈프리는 미국인도주의협회(Human Society of the United States)의 '채식주의 운동가'인 하워드 라이먼(Howard Lyman)을 초청하여 당시 영국에서 유행하고 있던 광우병이 미국인에게 어떤 함축적 의미를 갖는지에 대해 대담을 나누었다. 다음은 그들 대화중의 중요한 부분이다.

라이먼: (…) 우리는 영국인들이 갔던 그 길을 똑같이 따라가고 있습니다. (…) 미국에서 일 년에 수십만 마리의 소가 저녁에는 멀쩡했다가도, 다음 날 아침이면 죽어 나갑니다. 이런 소의 대부분은 분쇄되어 다른 소들의 사료로 제공됩니다. 만약 죽은 소들 중 한 마리라도 광우병에 걸렸었다면 그것이 수천 마리의 소들을 감염시킬 가능성이 있습니다.
윈프리: (…) 그 소들이 분쇄되어 다른 소들의 먹이가 되는지 당신은 어떻게 확실히 알고 있지요?
라이먼: 내가 봤으니까요. 이것은 농무부의 통계입니다. 이것은 우리가 만들어낸 것이 아닙니다.
윈프리: (…) 햄버거를 그만 먹어야겠군요. 이제 그만.
방청객: 와!(Nestle, 2011: 255).[88]

(4) 정부의 無能力

i) 먹을거리 안전에서 손 놓기[떼기]: 과거 시간의 경과를 통해 볼 때 먹을거리의 안전성에 있어서의 정부의 역할이 매우 중요했다는 것을 비 윌슨(Bee Wilson)의 책에서 다음의 구절을 보면 짐작할 수 있다.

> 그런데 이처럼 역사적 조건이 비슷했던 프랑스에서 런던의 경우만큼 식품이 위조되지 않았던 이유는 무엇일까? 그 차이점은 프랑스에서는 불량식품으로부터 시민, 즉 소비자를 보호하는 길드의 역할을 정부가 계속했다는 사실에서 찾을 수 있다(Wilson, 2014: 170).

영국보다 프랑스에서 식품의 위조가 적었던 이유는 바로 정부가 소비자를 보호하는 길드의 역할을 지속적으로 해왔기 때문이라는 지적이다. 현대는 과거와는 반대로 먹을거리 안전성을 해치는 역할을 정부가 빈번하게 행하고 있다는 지적들이 있다. 미국 농무성의 경우 고기를 분류할 때에 기름이 많은 부위에 Prime이라는 단어를 붙이고 적은 부위에 대해서는 Regular라는 단어를 붙이도록 했다고 한다. 이는 몸에도 안 좋은 지방을 소비하도록 유도하고 있다는 것이다(Barrett, 2011: 127). 또 푸드스탬프(Food stamp)의 경우 수익의 6분의 1이 크래프트(Kraft) 사의 수익으로 돌아간다고 한다(Cargill, 2020: 93). 이러한 이유로 인해서 먹을거리 안전성을 해치는 역할을 하는 행위자의 하나로 무능한 정부를 지목하려고 한다. 물론 이 경우 정부 앞에다 '올바르지 못한', '무능력한', '국민의 뜻

---

88) T Goetz, "After the Oprah Crash" Village Voice. (April 29, 1997), 39-41.

을 무시[拒逆]하는'과 같은 다양한 수식어가 붙어야 하겠지만 말이다. 그러면 왜 정부는 국민의 먹을거리 안전성에 대해서 애써 외면하는 것일까? 무슨 이유로 정부의 기능과는 전혀 어울리지 않는 이율배반적인 행태로 먹을거리 안전성을 확보하지 못하는 것일까? 많은 요인이 있겠지만, 앞에서 본 세계화의 과정을 겪으면서 신자유주의로 재편되는 과정에서의 정부의 역할[機能]의 축소도 한 몫을 담당했을 것이다.

> 실제로 개발도상국에서 토착식품의 '훌륭한' 요소를 지키고 서구화된 식품과 음료가 유입되지 못하도록 맞서 싸우려는 정책결정자는 별로 없었다. 즉 무역 자유화를 어기지 않기 위해서일 것이다. 솔직히 말하자면 무역과 경제정책이 건강문제를 이긴 셈이다. 미국 스타일의 패스트푸드, 즉 식품문화의 '버거화'는 현대화로 환영받았다. 우리는 이제 패스트푸드의 생산, 마케팅, 가격, 영양 가치 그리고 건강에 미치는 영향을 폭로해야 한다(Lang & Heasman, 2007: 78).

또한 정권의 재집권(再執權, 政權再創出)을 원하고 있기 때문일 것이다. 재집권을 위해서는 정치자금이 필요하다(美國의 경우). 그리고 국민들에게 보일 수 있는 '눈에 보이는' 높은 경제성장 지표[數値]가 필요하기 때문이다. 우리나라와는 조금은 거리가 있는 미국의 정치 환경을 생각해보자. 초국가적 농식품산업계는 정치인들에게 자신의 뜻을 관철시키기 위해서 막대한 선거자금을 지원한다. "유전자 조작 산업체들은 행정부 전직 관료 등을 로비스트로 채용하고 막대한 규모의 정치자금을 동원하여 정치인들에게 영향력을 행사하고 있으며, 대통령 후보에게까지 선거자금을 지원한다"(김종덕, 2009: 39).[89] 이 경우 네슬 교수에 의하면 개인적 기부금인

hard money보다는 정당에 하는 기부금으로 금액의 제한이 없고, 정경유착의 원인으로 지적되는 soft money가 더 문제일 수 있다고 지적한다(Nestle, 2011). 흔히들 "공짜 점심이 없다"("There is no free lunch")는 말처럼 정치자금은 약발을 보이게 되는 것이다. 또 정권의 재창출은 성장이라는 경제수치(經濟數値)와 매우 밀접한 관계를 지닌다. 재집권을 하기 위해서는 국민들에게 어필할 수 있는 눈에 보이는 경제성장의 수치를 보여야만 하는데[成長數値化], 먹을거리 사업의 경우 그것이 국민들의 실생활에 긍정적인 영향을 미치든 부정적인 영향을 미치든 간에 상관없이 생산과 소비라는 순환을 통해서 경제성장[GNP]의 수치를 높이는 역할을 하기 때문에 정부는 먹을거리 안전성에 대해서 무관심할 가능성이 높다는 것이다. 어떻게 되었든 간에 수치는 지속적으로 증가할 것이고 수치의 증가는 정권을 (再)창출하는 데 긍정적으로 작용할 수 있기 때문이다. 물론 어떻게 보면 역설적으로 먹을거리의 안전성의 확보보다는 불안전으로 발생하는 많은 사회문제로 인해서 경제성장이라는 수치가 더욱더 높게 나타나는 경우가 많다는 점이다. 예로 들어, 먹을거리 안전성을 위협하는 비만과 당뇨로 인한 의료비의 급증과 같은 사회적 비용의 증가는 곧바로 GNP의 증가로 이어지고, 이는 외형적으로 소비 수치를 증가하게 함으로써 경제가 성장하고 있는 것처럼 보이

---

89) 로비의 힘이 얼마나 엄청난지는 다음을 참조하라. "미국에서는 'GM 씨앗'을 거부하는 움직임을 깨뜨리기 위한 로비에 엄청난 돈을 쓴다. 미국의 많은 주에 결성된 반대운동 단체는 'GM 성분'을 정확히 표기하는 의무를 입법화하도록 밀어붙였다. 모든 식품의 70%가 'GM성분'을 포함하고 있다. 설문조사 결과 국민의 90% 이상이 표기 의무화를 찬성했다. 그러나 2013년 11월 5일 투표에서 워싱턴주의 유권자 54.8%는 표기에 반대했다. 분명 투표 직전까지만 하더라도 찬성자가 명확히 과반수였다. 표기 반대 측은 몬산토를 비롯한 기업들로부터 표기 반대운동을 위해 미화 2,200만 달러라는 기록적인 돈을 얻어냈다"(Bommert, 2015: 159 재인용).; 네슬레는 2012년 캘리포니아에서 소비자들에게 더 나은 정보를 제공하기 위한 법률 제정을 막기 위해 100만 달러 이상을 로빈 단체에 지급했다(Werner-Lobo, 2015: 309).

게 할 수도 있기 때문이다.[90]

ii) 그들만의 報恩方式: 초국적 농식품업계로부터 정치자금을 기부
받아 재집권에 성공한 정치인들은 그들만의 방식으로 보은하려 든
다. 정치인들의 보은은 장기적으로 이들의 시장지배력을 더욱 강화
시키는 역할을 하게 된다. "봤지, 우리는 이처럼 의리 있는 놈들이
야. 보은(報恩)을 아는 놈이라고. 정치자금 다음 선거 때도 또 부탁
해"(政治人).[91] "그래 잘 봤어! 다음을 또 기약(期約)하려면 우리의
뜻을 잘 살펴줘야 돼. 꼭 입으로 말 안 해도 우리의 의중(意中)을 잘
알지. 너희가 하는 것 지켜봐서. 더 많은 콩고물이 준비되어 있다는
것을 잊어서는 절대로 안 돼. 알았지? 다음에 또 보자"(企業家).

> 먹거리체계의 정치적 측면을 잘 알고 있는 업계는 소농과 지역사
> 회에 도움이 될 만한 것이라면 어떤 변화라도 막아내기 위해 부단
> 히 애쓰고 있다. 선거자금(그리고 그보다 덜 윤리적인 다른 수단
> 들) 이외에도, 대기업들은 내부 네트워크를 유지하기 위해 세 방
> 향으로, '회전문(중역회의실-의회위원회-로비회사)'을 작동시켜 규
> 제완화, 보조금, 세금우대, 구제금융 등(대기업들의 이익을 보장하

---

90) 에릭 데이비슨(Eric A. Davidson)이 말했듯 문제는 "'GNP는 먹을 수 없다'는 것이다. 다시 말
해 GNP를 계산할 때 포함되는 것이 국민생활에 반드시 긍정적으로 기여하는 것을 나타낼 필
요는 없다. 결혼비용도 GNP에 포함되지만 이혼소송을 위한 변호사비용이나 이혼으로 주택을
분할하는 것도 GNP 계산에 들어간다. 식품비가 GNP에 들어가는 반면에 다이어트 약값이나
비만치료를 위한 프로그램과 의료비도 GNP에 합산된다. 무기를 생산하는 비용도, 무기 때문
에 발생한 피해를 복구하는 비용도 GNP에 들어간다. 숲에서 나무를 베어 목재를 생산하는 것
은 그에 따른 관경파괴는 전혀 고려하지 않은 채 온전히 경제성장으로 간주된다"(Robbins,
2014: 727).

91) 이는 미국의 평균선거비용의 인상과도 관계가 매우 밀접하다고 볼 수 있을 것이며, 현실적으
로 선거 모금액이 당락(當落)을 결정하는 경우가 많기 때문이기도 할 것이다. 하원선거에서 당
선되는 데 드는 평균비용은 2010년에 140만 달러, 상원의 경우에는 970만 달러였다
(Maheshvaranada, 2015: 442).; 돈과 선거의 관련성을 연구하는 비정당기구인 "응답하는 정치
를 위한 센터"의 래리 매킨슨 회장은 이렇게 말했다. "미국의 민주주의를 생각할 때 나를 슬프
게 하는 것은 연방선거관리위원회에서 선거 모금액을 확인해보면, 선거일 전에 이미 선거 결
과를 알 수 있다는 점이다"(Maheshvaranada, 2015: 442 재인용).

고 시장지배력을 강화하는 데 필요한 모든 것)에 우호적인 정치적 입지를 구축한다(Holt-Gimenez & Patel, 2011: 237).

(a) 各種 優待政策 出現: 정치자금을 받은 정부[정치인]는 규제완화, 보조금, 세금우대, 금융지원 등의 각종 우대정책으로 초국적 거대 식품업체에 우호적인 화답을 하게 된다.[92]

(aa) 補助金: 보조금을 지원함으로써 자국과 빈국(貧國)의 소농과 지역농들을 죽게 한다.[93] 앞에서 기아의 원인으로 살펴보았던 농산연료의 증가도 바로 정부의 보조금이 있음으로 가능했다는 점을 지적한다. "식량농업기구의 계산에 따르면 미국 정부는 에탄올 1리터당 평균 미화 28%를 지원하고, 수출용 바이오디젤의 경우에는 55센트까지 지원한다. 여기에 더해 정유 콘체른에는 판매한 에탄올 1리터당 13.5센트의 세금을 면제해준다. … 2006년에 유럽공동체는 바이오디젤 1리터당 50센트, 에탄올은 74센트 등 약 37억 유로를 보조금으로 지급했다"(Bommert, 2011: 281-282). "2011년 60억 달러의 공적자금 지원을 받은 미국 기업들은 국내 옥수수 생산량의 38.3%를 연료 생산에 투입했다. 2008년의 30.7%에 비해 현저하게 늘어난 양이다. 그런데 공교롭게도 2008년 이후 세계시장에서 옥수수 가격은 48%나 급등했다"[94](Ziegler, 2012: 249). 정부의 보조금

---

92) 영국의 경우 1996년에 인간광우병(vCJD)이 발병한 사례가 10건 확인되었다. 고등법원 판사인 필립 공(Lord Phillips)이 이끈 공식조사는 다음과 같이 간략하게 언급했다. "지난 10년 동안 정부는 국민에게, 광우병이 인간에게 전염될 수 있다는 증거가 없고 광우병이 인간에게 위험이 될 가능성은 거의 없으므로 쇠고기를 먹는 것이 안전하다고 이야기했다"(Lang, Barling, and Caraher, 2012: 87).; "일례로 1980년대 초 영국에서 처음으로 발병한 광우병의 직접적 발생원인은 '대처노믹스'하에서 연료비용을 줄이고자 동물성 사료원료의 살균과정을 하나 바꾼 것이었다"(송인주, 2015: 121).

93) "호랑이(정부보조금) 등에 타고 토끼(특혜 사업)를 싹쓸이하다"(Kneen, 2005: 90).

이 기아와 기후변화에 긍정적 역할을 한 것이 아니라, 전 지구적으로 배고픔과 환경에 막대한 부(負, 否定的)의 영향을 끼친 것이다.

(bb) 金融支援: 국부펀드(國富펀드, Sovereign Wealth Funds, SWFs)의 경우도 마찬가지다. 국민의 이익과 반해서 사용되지 말아야 한다. 그런데 실질적으로 부의 증대만을 추구하다 보니까[只今 高收益率], 국부펀드를 통한 금융지원이 바로 국민의 이익과 전혀 무관하게 행해지고 있다는 점이다. 다음은 미국 정부에 의해서 주도되는 국부펀드의 잘못된 투자가 곡물과 농산물 등의 가격을 변동시키는 투기자금으로 유용되고 있다는 것이다. 물론 개인들이 자본시장에 투자하는 금융자산도 소비자의 의도와 다르게 투기자금으로 유용되는 경우도 있기는 마찬가지다. "캐나다 농업 및 농식품부의 대표인 짐 볼(Jim Bole)은 Canadian Press와의 인터뷰에서 '농업 및 농식품부와 몬산토 사이에 체결된 계약은 그 내용을 외부에 공개할 수 없다'고 말했다. 아울러 그는 라운드업레디 밀을 개발하기 위하여 농업 및 농식품부와 몬산토가 각각 50만 캐나다 달러와 130만 달러를 출자했다고 밝혔다"(Robin, 2009: 583, 11-38번 주; Canadian Press, [January 9, 2004] 참조).

> 국부펀드는 2008년 1월 서브프라임 모기지(subprime mortgage) 위기 때부터 시작된 손실 때문에 현금이 필요해진 시티그룹(Citigroup), 모건스탠리(Morgan Stanley), 메릴린치(Merrill Lynch) 같은 월스트리트의 내로라하는 금융기업에 투자하면서 세계적으로 알려졌다. 2008년 금융위기로 막대한 피해는 금융산업의 변화를 가속화

---

94) "2008년 미국 다국적기업들이 1억 3,800만 톤의 옥수수를 연료로 태웠다. 이는 세계 옥수수 소비량의 15%에 해당된다"(Ziegler, 2012: 354, "버락 오바마 대통령의 집착" 1번 주).

했다. … 2008년 중반, 미국의 정치인과 의회 조사관들은 국부펀드와 여타 투기자들의 통제 불능한 행위가 유가를 큰 폭으로 변동시켰으며, 여러 국가의 정부가 운영하는 거대한 투자자금이 석유를 비롯해서 옥수수, 면화 같은 미국 내 중요 상품거래에서 가장 큰 투기자금이라고 공식 발표했다(Kotler, 2015: 197; "Sovereign Funds Become Big Speculators." Washington Post. [August 12, 2008] 참조).[95]

(cc) 規制緩和, 脫規制: 정치자금은 다양한 로비채널 등을 통해 거대 기업들의 이익을 대변하는 분위기가 조성되도록 유도된다.[96] 로비의 대상에는 예외라는 것이 없었다. 진보네 보수네를 가리지 않는다는 것이다. 일반적으로, 진보는 좀 덜하겠지, 현 상태를 변화시키려고 하는데, 말 그대로 진보니까? 보수는 좀 덜하겠지. 왜 보수는 그래도 더 윤리적이니까?라고 생각할 수 있지만 돈의 힘 앞에서 모두 무너지고 만다는 것이 현실이다. "로비의 영향으로 미국 대통령, 부통령, 정부 관료가 외국 정부에 유전자 조작 농산물의 허용과 구매를 직접 요청한 바 있다. 클린턴 대통령, 고어 부통령은 아일랜드 수상과 프랑스 대통령에게 직접 유전자 조작 농산물 구매를 요청했다. 클린턴 행정부의 무역 대표부 장관 바르세브스키(Barshevsky), 국무장관 올브라이트(Alburight), 농무장관 글릭맨

---

95) "도이체방크는 수년 전부터 식량가격의 상승을 놓고 투기하는 것으로 비판받았다. 이 행위는 개발도상국에 기근을 퍼뜨릴 수 있기 때문에 비도덕적이라고 한다. 그러나 도이체방크는 유해한 효과를 낸다는 결정적인 증거가 없다는 입장을 표명했다. 2013년 세계발전운동(World Development Movement)의 한 연구에 의하면 이 은행은 2010년부터 2012년까지 소위 '굶주림을 두고 하는 도박'으로 5억 유로를 벌어들였다"(Werner-Lobo, 2015: 263).

96) "미국은 기후, 열대 목재생산국은 산림, 주요 수산업국은 수산자원을 보호하려는 효과적인 국제조치를 방해했다. 이 모든 경우를 비롯해 여러 경우에서 각국 정부는 국민의 환경 이익이 아니라, 기업의 이익을 훨씬 덜 잘 대변했다. 정치 분석가인 데이비드 레비(David Levy)와 피터 뉴웰(Peter Newell)의 연구 내용을 보면 꼭 들어맞는다. '유럽과 미국 정부가 협상하는 태도를 보면, 핵심 사안과 관련 있는 산업의 입김에 좌우되는 경향이 있다. 그러므로 재계가 반대하면 국제적 환경협약은 절대 만들어질 수 없다'"(Speth, 2008: 114 재인용).

(Glickman), 상무장관 델리에(Deleye) 등이 유럽 각국에 유전자 조작 식품판매를 위해 힘썼다"(김종덕, 2009: 40). 유전자 변형 품종을 만들기 위해서 정부의 세금을 투자하게끔 유도했다는 것이다. 정부가 나서서, 그것도 일반인들의 눈에는 상대적으로 진보적이라고 생각했던 클린턴 민주당 정부가, 그것도 대통령부터 발 벗고 나서서 말이다.

농산물의 투기를 조장한 것도 바로 투기를 가능하도록 법률규제를 완화시키는 정치인들의 역할이 한 몫 한 경우다. "가뭄, 농산연료 생산, 유가상승의 조합이 식량가격을 끌어올리자, 가격상승으로부터 이익을 얻기 위해 투기꾼들이 농산품시장으로 몰려들었다. 국제적인 투자자들은 (미국 서브프라임 모기지의 붕괴 이후) 안전한 베팅으로 간주된 쌀, 밀, 옥수수, 콩 선물시장에 돈을 쏟아부었다. 이로 인해 농산물 가격은 더욱 상승했고, 이는 다시 추가적인 선물 투자를 끌어들였다. 이 과정에서 정부의 감독이나 통제는 거의 혹은 전혀 없었다. 1980년대 은행 규제완화와 2000년의 상품 및 선물 근대화 법률 이후 은행들은 농산물(agricultural commodity)시장과 같은 다른 금융수단에 '손을 뻗치기' 시작했다. 상품 거래인들도 금융시장을 넘나들기 시작했다"(Holt-Gimenez & Patel, 2011: 43).

박상표는 미국 정부의 경우 식품의 안전성 검사에 대해 매우 소극적[回避的]인 모습을 보이고 있음을 지적한다. 식중독을 일으키는 병원성 대장균 검사에 대해서 회피하고 있다는 것이다. 그것도 정부가 그러한 사실을 알고 있었음에도 불구하고 예방 조치와 같은 일들을 하지 않고 있다는 지적이다. "식중독을 일으키는 병원성 대장균은 O-157 말고도 많이 있다. 그중 최근 문제가 되고 있는 것이 위험한 독소를 생성하는 6가지 균주다. 빅6라고 불리는 이 6가지 혈청형은 O-26, O-45, O-103, O-111, O-121, O-145이다. 2010년 5월 10일자 『뉴욕타임스』는 '대장균과 싸움에서 일부 균주가 무시되고 있다'는 제목의 기사에서 '연방 정부와 쇠고기 생산업체들은 오래전부터 이 대장균들의 위험성을 알고 있었지만, 규제 담당자들은 직접적인 조치는 거의 취하지 않은 채 문제의 심각성을 저울질하고 있었을 뿐이었다'고 비판했다"(박상표, 2012: 140). 참고로 우리나라의 경우도 얼마나 규제에 있어서 느슨한지는 글로벌푸드의 통관(通關) 때의 합격비율과 다른 나라의 합격률과의 비교를 통해서 알 수 있다고 한다. 다른 나라에 비해 매우 높은 수치의 통관합격률을 보이고 있기 때문이다. 문제가 있어서 리콜을 한다고 하더라도 완벽하게 이루어지는 경우도 드물다. "글로벌 푸드는 통관을 거쳐 유통된다. 이 과정에서도 식품안전이 문제가 될 수 있다. 우리나라에는 통관과 검역 인원이 부족하기 때문에 대부분 서류심사만으로 통관을 결정한다. 우리나라 수입 식품의 통관 합격률은 일본의 27배, 영국의 34배, 미국의 53배다[김성훈, 1999: 51]. 주요 농수산물 수입국이면서도 수입식품 부적합 판정률이 주요 농산물 수출국의 10%에도 미치지 않는 것이다. 미국의 요구로 선통관 후검사 시스템을 적용하고 있는데, 이 제도 또한 식품 안전에 불리하게 작용한다. 우리나라는 또 글로벌푸드인 수입농산물을 다루는 부서가 여러 부처에 걸쳐 있기 때문에, 식품 안전성을 점검하는 데 문제가 생긴다[김종덕, 2001: 193-219]. 수입 농산물의 통관 과정이 문제가 되어 시장에 식품 안전성이 문제가 되는 식품이 여러 번 유통이 된 적이 있었다. 알려지면 리콜을 하지만, 이미 소비가 된 것은 어쩔 수 없고, 리콜이 완벽하게 되기도 어렵다"(김종덕, 2009: 117).

(b) 回轉門人事(revolving door): 회전문 인사는 오늘날 평범한 사례가 되었다고 지적한다. 과거 유머작가 로저스가 한 말이 현실이 되었다고 평가하기까지 한다. "20세기 초 유머작가 윌 로저스가 즐겨 말하던 것처럼, '우리는 돈으로 살 수 있는 가장 좋은 의회를 가지고 있다.' 이 말은 결코 지금보다 더 진실일 때는 없을 것이다"(Magdoff and Foster, 2012: 127). "사람들이 정부에 있다가 기업(혹은 로비단체)으로 나가고, 그러다가 다시 정부로 되돌아오는 식의 '회전문'에 대해서 논의는 많았지만, 어떤 조치도 거의 이루어지지 않았다. 2010년, 워싱턴의 석유 및 가스 로비스트들 4명 중 3명이 연방정부에서 공식적으로 일한 적이 있다"(Magdoff and Foster, 2012: 127; Dan Eggen and Kimberly Kindy, "Three of Every Four Oil and Gas Lobbyists Worked for Federal Government", *Washington Post.* [July 22, 2010] 참조). 다음은 자주 언급되고 있는 회전문 인사사례다.[97] 린다 피셔가 그런 경우다. "린다 피셔는 EPA에서 10년 동안 성실히 근무한 뒤 1995년 몬산토로 일터를 옮겼다. 그녀는 몬산토에 근무하는 동안, 정계 인물들에 대한 로비 업무를 맡고 있는 워싱턴 사무소를 총지휘했다. 그리고 2001년 5월, 다시 EPA[미국 환경보호국 Environmental Protection Agency]로 돌아와서 이인자의 자리에

---

97) 참고로, 미국투자은행 골드만삭스 출신 인물들이 정계요직을 두루 차지한 현상을 Government Sachs라고 한다(김광기, 2016: 154).

올랐다. 미국에서 '회전문(Revolving Door)'이라고 불리는 정경유착의 실태를 그대로 드러낸 명백한 예였다"(Robin, 2009: 127). 초국적 농식품기업에서 근무한 사람이 정부의 막강한 자리로 온다면, 그가 누구의 이익을 대변할 확률이 높겠는가? 자신을 그 자리에 앉힌 기업의 이익을 대변할 것이다. 앞으로 기대되는 더 높은 지위와 더 많은 금전적인 이익을 위해서 말이다. 참고로 정치인들이 초국적 농식품기업들의 보은에 힘쓰지 않고, 국민들의 편에서 진정으로 정부의 역할을 하는 경우에는 앞의 결과와는 반대로의 큰 변화의 역사가 일어나는 경우도 있었음을 기억했으면 한다.

2000년 남아프리카 가톨릭 주교 회의는 아프리카에 GM 식품을 공급하지 말라고 촉구했다. 남아프리카에서는 로비 활동이 먹혀들지 않았고, 식량 위기가 기회였음에도 종교계는 뜻을 굽히지 않았다. 2002년 9월 말 콜린 파월(Colin Powell) 前 미 국무장관은 바티칸의 외무장관인 장루이(Jena-Louis) 대주교에게 중재를 요청했다. 파월 장관은 바티칸이 잠비아 정부를 설득해 미국이 공급하는 GM 식품을 수용하길 바랐다. 그런 상황이라면 국무부 산하 국제개발처(USAID) 관계자는 "거지에게 선택권이 없다"라고 말했던 것이다. 잠비아는 미국 언론의 질타에도 독자적인 과학 실험을 거치지 않은 GM 식품이 자국의 식량마저 오염시킬 것을 우려한 나머지 끝끝내 GM 옥수수를 받아들이지 않기로 했다. 대신 잠비아는 미국의 도움 없이 자국에서 생산한 식량으로 국난을 극복했다(Patel, 2008: 219).

3) 消費者[各 國民]의 無知와 無關心

마지막으로 먹을거리 안전성을 위협하는 장본인으로 지적할 수 있는 그룹은 소비자인 우리 자신들이다. 먹을거리를 소비하는 소비자의 무지와 무관심이 먹을거리 안전성을 위협하기도 하고 또 그러

한 환경을 만든다는 점이다. 음식에 대한 무지를 음식문맹이라고
한다. 이와는 반대로 먹을거리에 대한 지식을 생산과 더불어서 의
사 결정을 공유하는 사람들을 음식시민(飲食市民, food citizenship,
ecological citizenship)이라고 한다(김종덕, 2012: 202 참조).

> 먹거리 시민권(food citizenship)이다. 이 말은 시민으로서 먹거리
> 에 대한 권리와 의무를 가진다는 뜻이다. 시민은 상품과 서비스를
> 소비하는 것을 넘어선 역량을 가지고 있으며, 단순한 시장 이상의
> 무언가인 사회에서 능동적으로 움직인다(Lang, Barling, and
> Caraher, 2012: 426).

(1) 飲食文盲(食·盲)

오늘날 먹을거리와 삶이 분리된 음식체제에서 생활하는 우리는 음
식에 대한 정보에 대해서 많이 알지 못하고 있다. 마이클 폴란
(Michael Pollan) 지적한 것처럼 과거 조상들이 '잡식 딜레마(The
Omnivore's Dilemmas, 2008)' 속에서 생활했던 것과 같이 오늘날의
우리도 과거 조상과 진배없이 상황 속에 살아가고 있는 것이다. 앞에
무엇이라고 붙이기는 어렵지만 확실하게 음식과 관련해서 '선택의 딜
레마' 속에 살아가고 있는 것은 사실이다. 음식에 대한 정보가 불확
실하기 때문에 선택에 있어서 항상 딜레마에 빠지게 되는 경우가 많
다는 것이다. 한마디로 앞에서 지적한 대로 음식문맹으로 살아가는
경우가 많아지고 있는 것이다. 지금 밀('현대의 밀')은 현대인에게 다
양한 질병을 일으키는 원인으로 역할을 한다고 한다. "현대의 밀은
불과 40년 전의 조상과 비교해도 그다지 가깝지도 않다. 나는 곡물
섭취의 증가, 더 정확히 말하면, '현대의 밀'이라는 유전적으로 변형
된 곡물 섭취의 증가가 활동량이 적던 1950년대의 날씬한 사람들과

철인 3종 경기 선수마저도 과체중인 21세기 사람들의 차이를 가져왔다고 믿는다. … 인간에게 나타나는 밀의 기이한 작용에는 식욕 자극, 뇌 활성 엑소르핀(신체 내부에서 생기는 엔도르핀과 유사한 물질)에 대한 노출, 극단적 허기와 포만의 주기를 촉발하는 과도한 혈당 상승, 질병과 노화의 바탕을 이루는 당화 현상, 연골을 약화시키고 뼈에 손상을 입히는 염증 및 pH에 미치는 영향, 왜곡된 면역 반응 활성화 등이 있다. 밀 섭취가 유발하는 질환도 셀리악병(밀 글루텐 노출이 초래하는 파괴적인 내장 질환)부터 신경 장애, 당뇨병, 심장병, 관절염, 갖가지 발진, 정신분열증 환자의 무기력한 망상에 이르기까지 광범위하다"(Davis, 2012: 8-9; Wangen, 2012: 20-21 참조).[98] 오늘날 밀과 과거의 밀만 다른 것이 아니라, 우리가 먹는 과일도 대부분 과거의 것과 다르다고 한다. 당도 면에서는 좋아졌지만, 영양소 면에서는 대부분 감소하였다는 것이다. 필요한 영양소를 대부분 달콤함[糖度]과 식감과 바꾼 것이다. 먹을거리에서도 콜럼버스의 교환(Columbian Exchange)과 같은 것이 행해졌던 것이다. 소비자들이 모르는 사이에 말이다. "2002년 7월 6일 토론토의 일간지 『글로브 앤 메일(Globe and Mail)』은 식품에 대한 일련의 기사들을 싣기 시작했는데, 여기에는 안드레 피카드(Andre Picard) 기자의 다음 기사도 포함되어 있다. '오늘날 캐나다의 슈퍼마켓에서 판매되는 과일과 채소의 영양물질은 50년 전보다 훨씬 더 적다. 우리가 가장 즐겨 먹는 몇 가지 식품에서 필수 비타민과 무기질이 아주 급격하게 줄어들었다. 캐나다에서 가장

---

98) "물론 체내에 글루텐을 처리하는 효소가 없어서 소장에서 발생하는 유전성 알레르기 질환인 셀리악병(celiac disease)을 앓는 환자라면 반드시 글루텐을 피해야 하지만, 이런 질환을 가진 사람은 전체 인구의 1%에 불과하고 나머지 99%의 사람들은 다르다. 만약 우리가 글루텐이 없는 대체 재료를 첨가물로 해서 마구 먹다가는 식생활이 예전보다 더 나빠질 것이라는 게 전문가들의 의견이다"(Wilser, 2016: 10).

많이 소비되는 식품인 감자를 예로 들어보자. 감자는 평균적으로 시력을 유지하는 데 중요한 비타민 A를 100% 잃었고, 건강한 혈액을 유지하는 데 핵심적인 철과 비타민 C를 75% 잃었으며, 건강한 뼈와 치아를 만드는 데 필수적인 칼슘을 28% 잃었다. 또한 리보플래빈 50%, 티아민 18%도 사라졌다. 측정한 7가지 핵심 영양 물질 중에서 니아신 수치만 증가했다. … [Globe and Mail CTV 연구에서] 분석 대상이었던 25가지 과일과 채소도 비슷한 상황이다"(Pawlick, 2009: 29; Andre Picard, "Today's Fruits, Vegetables Lack Yesterday's Nutrition", *The Globe and Mail*. [July 6, 2002]. A1. 참조).

소비자들이 접하는 가공식품의 포장지는 "좋아 보이는 성분 하나만 강조한다"는 사실을 알고 있는가(Moss, 2014: 416). 포장지에 표기할 때 '방부제'라는 표현 대신에 우회적으로 그 성분인 안식향산나트륨, 아질산나트륨 등을 표시함으로써 소비자들이 문제의 심각성을 인지하지 못하도록 함으로써 그것에 대해서 문제를 제기하지 못하도록 하고 있다는 사실을 아는가(김종덕, 2009: 94). '육즙강화' 육류로 만든 제품(case-ready meat)이라고 팔리는 경우에도 '육즙강화'라는 단어가 이윤만을 추구하려는 장사꾼 이미지를 감추려는 수사적인 표현에 불과하다는 사실을 알고 있는가.99) 왜냐하면 신선도가 낮은 고기를 그것도 무게를 늘려서 판매하기 위한 꼼수이기 때문이다. "더 맛있는 고기를 제공한다는 명목으로 포장하기 전에 고기를 소금과

---

99) "요즘에는 '공정무역' '유기농' '방사' '할랄' '동물복지' 같은 소비자들의 가치에 부합한다는 것을 보증하는 표시가 수없이 많다. 물론 많은 회사가 이런 표현을 정직하게 사용하겠지만, 사실상 이런 표현에 부합하는 상품인지 확인할 길은 없다. 게다가 국가마다 표현의 정의가 일치하지는 않으므로 어떤 국가의 '공정무역'이 다른 국가에서는 전혀 다른 의미가 되기도 한다"(Keiffer, 2017: 155).

인산염을 섞은 물에 담가서 인위적으로 무게를 늘리는 것이다. 이렇게 처리하면 무게가 평균 12% 늘어난다. 소비자들은 이런 사실을 까맣게 모른 채 소금물을 10쯤 머금은 고기를 사는 것이다. 육류업계에서는 소비자들이 좋아하니 소금물 처리를 한다고 변명한다"(Reymond, 2008: 255). 앞서 액상과당(HFCS)에 대해서 '천연제품'이라고 주장하는 이들이 있었다는 사실을 기억하는가(Reymond, 2008: 203). 그리고 자당[사탕수수설탕, sucrose]과 액상과당은 전혀 다른 분자구조를 지닐 뿐만 아니라, 몸속에서도 전혀 다른 물질대사가 이루어지고 있는데도 말이다. 액상과당이 가지고 있는 부정적인 사실에 대해서 함구한 채로. 조지 브레이 박사는 "'사탕수수설탕(자당 sucrose)은 HFCS와 분자구조가 다르다'고 여러 번 되풀이해서 썼다. 이는 곧 우리 몸에서 두 가지 감미료의 '소화·흡수를 비롯한 물질대사'가 다른 방식으로 진행되는 것이 당연하다는 의미다"(Reymond, 2008: 201 재인용. 여기서 놓쳐서는 안 될 것은 설탕의 경우도 지나칠 경우 몸에 안 좋기는 마찬가지라는 점이다). 패스트푸드에서도 비슷한 그런 주장이 존재하기도 한다. 어떤 유익한 성분이 추가되었다는 것만을 강조하여 몸에 유익하다고 광고하는 경우가 그렇다. 패스트푸드 자체가 몸에 해로운데, 거기에 유익한 다른 성분 하나를 추가했다고 해서 몸에 유해한 것이 무해한 것으로 바뀌지도 않을 텐데도 소비자의 눈을 속이기 위해서 그런 광고를 하고 있는 것이다. "패스트푸드 체인 던킨도너츠(Dunkin' Donuts)는 소비자에게 좀 더 이로운 음식을 제공하겠다는 식품업계 주요업체의 움직임에 동참하여, 자사의 도넛·크루아상·머핀·쿠키에 트랜스지방 함량을 '제로화'하겠다고 발표했다. 그런데 여기서 중요한 단어는

'좀 더'이다. '트랜스지방 함량 제로'인 페이스트리에도 여전히 건강에 해로운 지방, 당분, 흰 밀가루가 섞여 있다. 영양학자들은 슈퍼마켓에서 판매하는 수만 가지 식품에 들어간 재료를 분석해보고, '건강에 좋은 식품'이라고 홍보되는 수많은 식품이 실제로는 그렇지 않다는 사실을 발견했다"고 한다(Goleman, 2010: 51; Andrew Martin, "Store Chain's Test Concludes That Nutritions Sells", *New York Times*. [September 6, 2007]. C3. 참조).

(2) 無關心

i) 飮食浪費: 우리가 먹을거리와 관련해서 무관심하고 있는 것 중의 하나가 많은 양의 식품을 낭비하고 있다는 사실이다. 식품에 대한 낭비는 세계적인 기아와도 긴밀하게 관련되어 있다는 사실에 대해서 잘 인지하지 못하고 있다. 슬로푸드 인터내셔널 회장인 카를로 페트리니(Carlo Petrini)는 크로이츠버거와 투른이 함께 저술한 책 『왜 음식물의 절반이 버려지는데 누군가는 굶어 죽는가』의 "서문"에서 많은 음식이 버려지고 있는 사실과 왜 그러한 현상이 일어나고 있는지 다음과 같이 지적한다. "적어도 전 세계의 식품 가운데 3분의 1은 이미 수확과정에서, 가공과 유통과정에서 쓰레기통으로 들어간다. 소비자인 우리의 책임도 크다. 우리는 남은 음식을 너무 많이 버리고, 세일 식품도 너무 많이 구입한다. 왜냐하면 지나치게 게으르거나 낭비하는 습관에 푹 젖어 있는 소비주의의 희생자들이기 때문이다" (Petrini, in Kreutzberger and Thurn, 2012: 5-6, Carlo Petrini, "서문" 5-7 참조). 너무 많은 음식물들이 낭비되고 있다. 유럽은 매년 300만 톤의 빵을 쓰레기통에 버린다. 이는 에스

파냐 국민 전체가 먹을 수 있는 양이다(Kreutzberger and Thurn, 2012: 17 그림 설명 글).

유엔 식량농업기구에 따르면 전 세계에서 모든 식품의 3분의 1이 쓰레기통으로 들어간다. 선진국의 경우에는 심지어 식품의 절반이 쓰레기통으로 들어간다(Kreutzberger and Thurn, 2012: 44 그림 설명의 글에서).

ii) 잘못된 곳에 投資: 무지로 인해 우리가 가지고 있는 돈이 때로는 먹을거리의 안전성을 위협하는 곳에 투자되기도 한다는 점이다. 식량 투기와 농산연료 같은 곳에 직·간접적으로 말이다. 마리-모니크 로뱅(Marie-Monique Robin)이 세계적인 농식품기업체인 몬산토에 투자되고 있는 자금 중에 상상외로 미국교원공제회·대학퇴직연금기금(TIAA-CREF)[100])이 관계되어 있음을 지적하였듯이 말이다.

2006년 7월 뉴욕 맨해튼의 중심가에 있는 미국 교원공제회·대학퇴직연금기금(TIAA-CREF, Teachers Insurance and Annuity Association College Retirement Equities Fund) 본부에서 벌어진 일이다. 90년 전 설립된 이 저명한 기금은 미국의 가장 큰 기관 투자가 중 하나로 자산이 4,370억 달러에 이른다. ... 1990년 TIAA-CREF는 "책임 있는 투자"를 위한 부서를 개설했고, 여기에는 약 43만 명이 가입하고 있다. 내가 TIAA-CREF의 책임자에게 면담을 요청한 것은 이 유서 깊은 기금이 몬산토의 주식 1.5%를 보유하며 20대 주주 명단[101])에 들어 있다는 사실을 알고는 호기심을 느꼈기 때문이다(Robin, 2009: 503-504).[102])

---

100) 이와 관련해서 오늘날 화석연료에 관련해서 불고 있는 바람이 있는데 바로 투자 회수 캠페인 (Divestment campaign)이다(Klein, 2016: 494-501 참조).

101) 당시 몬산토의 주요 주주는 피텔리티투자금융(9.1), AXA보험(6.1), 도이치은행(3.6), 프라임캡

앞에서 이미 언급한 적 있는 정부보조금에 대해서도 더 신경을 써야 할 것이다. 왜냐하면 정부의 무분별한 보은과 자신들의 앞을 보장받기 위한 방법 등으로 많은 세금들이 농업보조금으로 사용되는데 그 경우에 뒤틀린 보조금이라는 말에서도 확인할 수 있는 것처럼 때로는 빈농과 소농의 목을[生計] 조이는 부정적인 역할도 하기 때문이다. "정부는 시장의 실패를 바로잡으려 하지도 않고 보조금을 지급하는 관행으로 상황을 더욱 악화시키고 있는 것이다. 『뒤틀린 보조금(Perverse Subsidies)』에서 노만 마이어스(Norman Myers)와 제니퍼 켄트(Jennifer Kent)는 각국 정부들이 지급하고 있는, 환경에 피해를 주는 보조금의 액수가 연간 8,500억 달러에 달한다는 수치를 제시했다. 두 사람은 이러한 보조금이 환경에 미치는 영향은 '광범위하고 심대하다'는 결론을 내렸다[Myers and Jennifer Kent, 2001: 4]. '농업 보조금은 경작지를 과도하게 사용하도록 하여 토양 침식과 표토의 압밀 작용, 합성비료와 제초제의 오염작용, 토양의 탈질소 작용 그리고 온실가스 배출까지 유발한다. 화석연료에 대한 보조금은 산성비, 도시 스모그, 지구온난화와 같은 공해를

메니지먼트(3.6), 스테이트스트리트주식회사(3), 바클레이스은행(3), 모건스탠리(2.9), 골드만삭스(2.7), 뱅가드(2.5), 로드에버트(2.4), 아메리카센추리투자금융(2.4), 제너럴일렉트릭(2.3) 등이다(단위 %).

102) "국부펀드(SWFs, Sovereign Wealth Fund) … 2008년 금융위기 동안, 미국과 유럽의 금융기관 중 일부는 중국 정부와 몇몇 아랍 국가의 국부펀드 투자를 받아 파산을 모면했다. 이는 '미국 외 국가들의 부상'을 여실히 보여줄 뿐 아니라, 이들 중 새로운 시대에 변화의 파도를 만들어 갈 핵심 그룹을 알려주는 사건이었다. 국부펀드는 2008년 1월 서브프라임 모기지(subprime mortgage) 위기 때부터 시작된 손실 때문에 현금이 필요해진 시티그룹(Citigroup), 모건스탠리(Morgan Stanley), 메릴린치(Merrill Lynch) 같은 월스트리트의 내로라하는 금융기업에 투자하면서 세계적으로 알려졌다. 2008년 금융위기로 막대한 피해는 금융산업의 변화를 가속화했다. … 2008년 중반, 미국의 정치인과 의회 조사관들은 국부펀드와 여타 투기자들의 통제 불능한 행위가 유가를 큰 폭으로 변동시켰으며, 여러 국가의 정부가 운영하는 거대한 투자자금이 석유를 비롯해서 옥수수, 면화 같은 미국 내 중요 상품 거래에서 가장 큰 투기자금이라고 공식 발표했다(Kotler, 2015: 196-197).

가중시킨다. 한편 핵에너지에 대한 보조금은 반감기가 엄청난 유독성 폐기물을 낳고 있다. 도로 교통에 대한 보조금은 도로의 부담을 가중시킨다. 한쪽에서 도로를 건설해 부담을 완화시키면, 다른 한쪽에서는 새로운 보조금이 지급되어 자동차의 사용을 촉진한다. 여러 종류의 심각한 공해를 유발하는 것은 말할 것도 없다. 수자원 보조금은 물의 낭비를 유발해서 수자원 고갈을 촉진한다. 수산자원에 대한 보조금은 그렇지 않아도 고갈된 수산자원을 더욱 남획하게 만든다. 삼림자원에 대한 보조금은 과도한 벌목, 신성비와 농지변경 등으로 수많은 삼림이 사라지는 순간에도 과잉개발을 하게 한다'"103) (Speth, 2008: 91-92 재인용; Myers and Kent, 2001: 88 참조).

Ⅲ. 나가는 말

1. 要約

오늘날 먹을거리의 안전성을 위협하는 기반은 바로 초국적 농식품기업들과 IMF, WTO 그리고 세계은행 등을 중심으로 한 세계화와 자유무역주의를 통해 구축된 세계먹거리체계(또는 세계식품 경제, global food system, global food economy)가 자리하고 있다. 구체적으로 먹을거리의 안전성을 위협하는 장본인(張本人)으로 다음과 같은 그룹들을 지목하였다. 먼저 제1의 장본인은 막대한 자본

---

103) 보조금문제가 얼마나 심각한지 보여주는 실례로 2007년 5월에 전 세계 125개국의 해양과 학자들이 WTO에 어업 부문의 정부보조금을 대폭 삭감하라고 촉구했다(Speth, 2008: 338, 2장 16번 주).

력을 가지고 있는 세계먹거리체계를 통제하고 있는 초국적 거대식품기업이다. 두 번째로는 이러한 식품체제를 작위이든 반작위이든 상관없이 유지하도록 직간접적으로 힘을 실어주고 있는 연구자(과학자나 식품영양학자, 대학연구소)와 광고회사, 그리고 법률대행인들을 들 수 있겠다. 그리고 마지막으로는 정부 무능력과 더불어 감시체계의 소홀 등을 들 수 있겠다. 물론 먹을거리와 관련된 개인들의 음식문맹도 직·간접적으로 한 몫 거들고 있는 것 또한 사실임을 기억하면서 음식문맹에서 벗어나 음식시민으로서 살아가야 할 것이다.

2. 代案

1) 먼저는 지역먹을거리 체계(Local Food System)와 공정 무역 (Fair Trade)[104] 적극 활용하기: 먹을거리 안전성을 훼손하는 이들 초국적 농식품기업을 유지하도록 하는 기반이 바로 세계식품체계라는 점을 기억한다면, 그에 대한 대항마 격(對抗馬格)인 지역식품체계(local food system[economy])로의 전환이 가급적 필요하다는 점이다. 상대적으로 지역먹을거리체계는 값싼 안전한 먹을거리를 확보하게 할 뿐만 아니라, 지역경제를 활성화하는 데 기여를 할 수 있기 때문이다(Wagenhofer & Annas, 2010: 189; Halweil, 2006: 82-83 참조).[105] 그리고 지역에서 생산되지 않는 식품에 대해서는

---

104) 여기서 대안으로 소개하고 있는 공정무역은 최선이 될 수 없다. 왜냐하면 천규석 선생이 말한 것처럼 "최선의 윤리적 소비는 자급자족소비"가 더 높은 가치를 가지고 있기 때문이다(최규선, 2010: 98 이하 참조).

105) "산업계 및 정부와 협력하는 비영리 계획연구재단인 영국의 『전국소매계획포럼』은 대형 슈퍼체인 하나가 276개의 정규직 일자리의 순손실을 발생시키는 것으로 추산했다. 대형 슈퍼체인이 즉각 창출한 일자리들은 반경 15km 안에 있는 먹거리 상점들의 고용을 점진적으로 감

힘과 자본의 논리가 지배되는 자유무역에 크게 기대고 서 있는 초국적 농식품기업에 의해 이루어지는 무역보다는 공정무역을 통한 먹을거리의 구입이 있어야 할 것이다.

2) 政治的 行動實踐, 그리고 사회적 비용을 기업에 부과하도록 하기: 먹을거리 안전성을 훼손하는 장본인인 초국적 농식품기업과 이를 방조하는 세력(연구원, 과학자, 식품영양학자, 대학연구소, 광고회사 그리고 법률대리인)과 정부(정치인)의 굳건한 이해관계를 무너뜨리기 위한 방법으로 생각할 수 있는 것은 현실적으로 그리 쉽지만은 않다. 그렇지만 해링턴(Jonathan Harrington)이 자신의 저서인 『기후 다이어트(The Climate Diet: How you can cut carbon, cut cost, and save the Planet)』에서 언급했던 "투표와 정치적 행동주의"(Harrington, 2011: 210-212)를 생각해볼 수 있을 것이다. 유권자의 투표권과 정치적 행동을 이용하여 정치인들과 초국적 거대 식농산품기업들과의 잘못된 연결고리, 즉 그들만의 보은의 방식인, 정부보조금 등에 대한 감시를 강화해야만 할 것이다. 물론 이때 시민들 간의 연대(連帶)는 필수적 요소라는 것은 말하지 않더라도 알 수 있을 것이다. 그리고 파텔(Raj Patel) 등이 지적하고 있는 것처럼 "기업들이 사회적 비용(경제의 외부효과, externalities)에 대한 책임을 [積極的으로] 지도록 해야 한다"(Patel, 2011: 85-86. "3장. 기업의 인격" 참조; Kotler, 2015: 151). 먹을거리의 안전성을 훼손함으로써 발생한 사회적 비용, 즉 비만과 당뇨 같은 질병에 대한 사회적 비용

소시키면서 상쇄된다. 그리고 대부분의 새로운 일자리는 보수가 적고 일이 고된 비정규직이다"(Halweil, 2006: 98-99).

을 다양한 방식을 통해서 제공자들이 부담할 수 있게끔 그 방법에 대해서 고민해야 할 것이다. "누군가 쓰레기를 만들었다면, 스스로 치워야 한다는 점에는 모두가 동의한다. 가격이 정말로 환경적, 사회적 비용을 반영한다면, 가격은 물건의 상대적 풍부성과 희소성에 대한 올바른 정보를 줄 수 있을 것이다"(Patel, 2011: 92).

3) 미디어리터러시(Media literacy)와 식량리터러시(Food literacy) 등 적극적인 리터러시 교육 필요: 먹을거리 불안전에는 미디어나 광고 등이 크게 한 몫을 한다는 것을 확인하였던 것처럼 잘못된 먹을거리에 대한 지식이나 광고 등이 우리 주위에 넓게 펴져 있다. 이러한 환경에서는 잘못된 것들을 분별할 수 있는 힘이 무엇보다 필요하다. "식품에 대한 기업의 이익, 미디어의 무책임한 정보 방출, 소비자의 객관적이고 합리적인 정보 인식 자세 이 세 박자의 조율이 현재 우리에게 필요한 것일지도 모[른다]"(박지현·서득현·배관지, 2013: 243). 음식문맹을 벗어버리고, 이제는 음식시민으로 스스로 나아갈 수 있도록 해야 할 것이다. 그러기 위해서는 광고와 식량 정보에 대한 리터러시가 필요하고, 그에 대한 교육 미디어 리터러시와 교육과 식량(정보)에 관한 리터러시를 교육해야 할 것이다. "마케팅을 비판적으로 해석하는 데 도움을 줄 미디어 리터러시(Media literacy)를 가르치는 교육이 필요하다"(Worldwatch Institute, 2010: 47; Worldwatch Institute, 2012: 430 참조).

부 록

개, 담배 그리고 개고기
작은 이해와 배려

Ⅰ. 들어가기

1. 어여쁜 내 딸, 아내 그리고 나

개를 보면 항상 얼음땡이 되어버리는 나의 예쁜 딸, 지금도 딸의
무릎에는 어렸을 때 목줄을 하지 않고 방치한 동네 주민의 큰 개를
피하다가 생긴 상처가 남아 있다. 당시 롤러블레이드를 타고 놀이
터에서 놀고 있었는데 개 주인이 목줄을 풀어놓은 큰 개가 나타나
자 그 개를 피하려고 하다가 크게 넘어져서 생긴 상처다. 그래서인
지 몰라도 큰 개든 애완용 개든 '개'라고 생긴 것만 보면 예쁜 내
딸은 그 즉시 '얼음땡'이 되고 만다. 한번은 아파트 엘리베이터를
탔었는데, 그곳에 개를 앉고 있는 위층 유치원생이 먼저 타고 있었
다. 개를 앉고 있는 유치원생과는 전혀 대조적으로 엘리베이터 안
에서 아빠인 내가 있음에도 불구하고 구석진 곳에서 얼음땡이 되었

다. 그것도 질린 얼굴을 하면서 말이다. 공원에서도 개들이 자신에게 다가오면 기겁(氣怯)을 한다. 평소 딸의 성격은 거의 남자아이의 수준인데, 왜 개만 보면 예쁜 나의 딸은 그렇게 작아지는지. 아빠인 나는 딸 정도로 개를 무서워하지는 않는다. 간혹 가다 길에서 돌아다니는 덩치 큰 개를 보면 약간은 움찔하지만, 아마 대부분 성인 남자들도 그런 상황에서는 나 정도의 느낌은 가질 수 있을 것이라는 생각으로 자위하곤 한다. 나는 개보다는 담배 연기 때문에 매우 힘들다.106) 호흡기가 안 좋아서인지는 몰라도, 약간의 담배 냄새도 맡기 힘들다. 그래서 길거리에서 누군가 앞서서 담배를 피우며 길을 가면 나는 숨을 참고 그 앞사람을 빨리 추월해서 가든지 아니면, 좀 쉬었다가 앞사람과 상당한 거리를 두고 간다[가야만 한다]. 한번은 좁다란 골목길 같은 곳에서 젊은 여자가 담배를 물고 내 앞에 가길래 앞서 가야겠다고 생각한 나머지 바쁘게 걸었는데, 앞서 있는 여자가 그냥 달리는 것 아니던가? 그때에 당황스럽고 가슴이 아파 혼났다. (여름철에) 최근에 아파트 유리창 문을 열고 자다가 옆집에서 피우는 담배 연기 때문에 잠에서 깨어난 적이 있었다. 담배 연기 때문에 그러는데 어쩌란 말인가. 상대적으로 나의 아내는 매우 용감하다. 아내는 아직까지는 겁나게 건강하다. 그래서 개를 무서워하는 딸을 좀 이해하기 힘든 것 같다. 물론 입으로는 다 이해한다고 말하지만. 아내는 담배 연기에 민감하게 반응하는 나에 대해서도 좀처럼 이해하기 어려울 것이다. 아내는 진짜로 피곤하다

---

106) 윌리엄 맥어스킬(William MacAskill)의 책에 다음과 같은 내용이 있었다. "장기적으로 수명을 단축시킬 수 있는 행위의 위험성도 마이크로모트[Micromort, 공중보건 전문가들이 위험성 평가에 쓰는 단위로 표시할 수 있다. … 담배 1개비를 피우는 행위는 폐암으로 사망할 가능성을 높이므로 0.7마이크로모트다. 담배 1개비당 수명은 5분 줄어드니 담배 1개비를 태우는 데 소요되는 시간과 단축되는 수명은 비슷한 셈이다"(MacAskill, 2017: 123).

면 어떻게 담배 연기 냄새 그까짓 것 때문에 단잠에서 깰 수 있겠는가 하는 식의 반응을 자주 보이곤 한다. 아내의 말도 어느 정도는 맞는 말이다. 진짜로 육신이 피곤하다면 일어나려고도 하지 않았을 것이다. 아니 일어나지도 못하고 단잠을 잤을지도 모른다. 그렇지만 담배 연기 때문에 잠에서 깬 것도 사실이고 담배 연기가 나를 심하게 힘들게 하는 것도 사실인데 어떻게 하란 말인가. 아내에게 딸의 행동과 나의 행동은 어쩔 때는 사삭스럽게 보일지도 모른다. 그렇지만 딸에게는 길거리에서 마주치는 개가, 나에게는 배려 없는 흡연으로 인한 담배 연기가 딸과 나의 삶을 하루하루 매우 힘들게 하는 것들임은 변하지 않는 사실이다. 물론 담배 연기에 대해서 매우 민감하게 반응하는 나를 딸아이는 이해하지 못할 수도 있을 것이다.107) 왜냐하면 사실 처음에 나도 딸아이가 개에 대해서 그러한 행동을 하는 것에 대해서 이해하기가 어려웠기 때문이다. 그러나 딸아이의 그러한 행동을 자주 보았기 때문에 지금은 두말할 것 없이 딸아이의 그러한 행동이 이해된다. 길에서 큰 유기견(遺棄犬)을 만나게 되면 당황스러운 것을 떠나 제발 내 딸하고 조우하지 않기를 간절히 바랄 뿐이다.

이 글은 오늘날 우리 주변에서 개와 담배와 관련해서 회자되고 있는 문제들에 대해서 임의적으로 선택하여 논구하는 데 그 목적이 있다. 일상생활에서 무슨 일이 발생하면 스스로 성찰하기보다는 상대방(논리의 반대편에 서 있는 사람)들을 향해서 사생결단이나 한

---

107) 최근에 읽은 책에서 나처럼 담배에 대해 매우 민감한 위대한 철학자가 있다는 것을 알았다. 바로 칼 포퍼(Karl Popper)였다(Lewens, 2016: 27 참조).

사람처럼 일체의 포격을 가하는 모습을 자주 볼 수 있는데[單純한 他者化(othering)를 넘어선 惡魔化(demonizing the other)하는 경우], 사실 그런 행동을 하기 전에 한번 우리 자신들의 모습을 생각한다면 또 우리 자신이 볼 수 없는 것들을 볼 수만 있다면 스스로 범할 수 있는 실수를 상대적으로 줄일 수 있는 좋은 기회를 마련할 수도 있다는 생각 때문이다.

2. 觀點 밝히기

글쓰기에 앞서서 개와 담배 그리고 개고기에 대한 개인적인 입장을 밝혀야만 할 것 같다. '개를 키우[먹]는 것'과 '담배를 피우는 것'은 일반적으로 사람들 개개인의 선호["개(고기)-담배"⇨개인 선호문제]의 문제라고 생각한다.108) 반려견을 키우는 사람들이 봤을 때 야만인이라고 할지 몰라도 개인적인 입장은 아직까지는 그렇다.

개를 기르고 싶으면 기르면 되는 것이고, 개를 밖에서 키우고 싶으면 밖에서 키우는 것이고, 집 안에서 키우고 싶으면 집 안에서 키우면 된다. 다만 '개 키우는 것에 대한' 정해진 사회적 규율을 준수하면서 말이다. 특히 아파트와 같은 다중주거시설의 경우엔 더 엄격한 준수가 요구될 것이다. 담배도 마찬가지다. 개인이 피우고

---

108) 괴첼(Antoine F. Goetschel)의 지적이다. "당연히 개 애호가는 개고기를 거부하고 고양이 애호가는 고양이 비곗살을 거부할 것이다. 그러나 두 사람 다 비너슈니첼(Wienerschnitzel, 오스트리아식 고기튀김-역주)은 별 거부감 없이 받아들일 수 있다. 이처럼 우리가 가지는 동물에 대한 태도는 전통적인 관념에 의해 형성된 경우가 많다. 문화적으로 이미 오래전에 형성된 것이다. 이러한 것을 보여주는 하나의 표식으로서 많은 문화권에서 굳이 말하지 않아도 통용되는 코드가 있는데 식품으로 사용될 수 있는 동물이 있고, 보호해야 할 동물이 별도로 있다는 것이다. 이러한 코드를 비교해보면 인간의 음식에 대한 취향도 유동적이며 문화권마다 서로 다르다는 사실을 알 수 있다"(Goetschel, 2016: 35).

싶으면 피우면 되고 피우기 싫으면 안 피우면 된다. 이것도 마찬가지로 다른 사람에게 피해를 주지 않는 범위[公衆保健的禮節]에서 말이다. 그렇다고 해서 미성년자가 피우고 싶으면 피울 수 있다는 것은 절대 아니다. 담배 연기가 싫은 본 연구자로서는 나이를 불문하고 절대 금연하는 것을 추천한다.

'개고기를 먹는 것'[109]과 '담배를 피우는 것["개고기 식용-끽연(喫煙, 담배 피우기)" ⇨ 선호식품의 선택문제]'은 먹는 것에 관한 것이다. 담배를 일반적으로 말하기를 '기호식품(嗜好食品)'이라고 말하는데 여기서 기호(嗜好)라는 단어보다는 선호(選好)라는 말이 개인적으로 더 사용하고 싶다(거의 비슷한 뜻인 것 같다. 단지 개인적으로 단어의 어감과 용례를 좀 생각하자면, 언어실력이 딸려서 그런지도 모른다). 왜냐하면 일반적으로 담배가 기호식품이라고 알려져 있는 것과는 달리 담배를 피우는 것[吸煙]은 현실적으로 기호의 문제와는 매우 거리가 먼 중독(니코틴 中毒)의 문제이기 때문이다.[110] 나중에도 언급하게 될 것이지만, 중독이 진행되면 흡연은 자

---

109) "최근의 비교 문화 연구를 보면, 개를 애완동물로 길렀던 전통 문화들 중에서도 절반은 개를 서슴없이 죽였다. 보통은 먹기 위해서였다. 개를 학대한 문화도 절반이 넘었다. 아프리카 은부티 족은 '사냥개를 귀히 여기기는 해도 개가 태어난 날부터 죽는 날까지 무자비하게 걷어차면서 길렀다'"(Pinker, 2017: 775).

110) 개리 S. 크로스와 로버트 N. 프록터(Gary S. Cross and Robert N. Procter)는 다음과 같은 지적을 한다. "담배업계는 '담배를 판매한다'는 것의 의미가 19세기에는 담뱃잎을 파는 것이었고, 20세기 초에는 종이담배를 파는 것이었으며, 1950년대에는 '흡연'을 파는 것이었고, 1970년대 이후로는 '니코틴'을 파는 것이 됐다고 이야기한다. R. J. 레이놀즈 사의 연구부장은 1972년 담배업계를 이렇게 묘사했다. '어느 면에서는 담배업계는 전문화되고 고도로 의례화되고 양식이 규정된 제약업계의 일부라고 볼 수 있다. 담배 제품은 다양한 생리적 효과를 내는 강력한 약물인 니코틴을 실어 나르기 때문이다'"(Cross and Procter, 2016: 129).; 니코틴의 중독을 강화시키는 데에는 담배 속에 들어 있는 설탕 때문이라고 한다. 설탕이 담배 연기를 염기성에서 산성으로 변화시킴으로써 자극을 감소시켜 폐 속 깊이까지 빨아들이게 함으로써 니코틴 중독을 강화한다는 얘기다. "…설탕은 원래 염기성인 담배 연기를 중화해 흡입성을 극대화하고 훨씬 많은 니코틴을 폐 속으로 밀어 넣었다. 또한 담배에 함유된 설탕은 담배가

기가 하기 싫다고 해서 쉽게 포기[禁煙]할 수 있는 문제가 아니기 때문이다. 일반인들에게 담배는 기호식품일지 모르나 금연은 기호와는 별개의 것으로 중독과 매우 밀접하게 관련되어 있기 때문이다 (김관욱, 2010: 206; 강준만, 2011: 225 참조).[111] 만약 흡연이 기호의 문제라면 그 어느 누가 담배를 끊는 데 성공하지 못해서 그렇게 쩔쩔 매겠는가? "흡연은 질병, 치료는 금연입니다"라는 글귀가 붙여져 있지 않은가! 그래서 담배를 기호식품이 아닌 어감을 살려서 선호식품(選好[趣向]食品)이라는 단어를 사용할 것이다. 또한 개고기를 가리켜서 일반적으로 기호식품이라고 말하지 않기 때문이다. 다만 개고기의 식용의 문제[112]·[113]도 개인의 선택[選好·趣向]에 관한 것으로 누군가는 먹고 또 누군가는 먹지 않을 뿐이다. 그 이유가 무엇이 되었든지 간에 상관없이 개인의 취향에 따라서 먹고, 안 먹고 하는 것이다[물론 '담배가 뭐 식품이어야' 하며 이의를 제기할 줄 모른다. 당연한 이의 제기다. 이율배반적으로 들릴지 몰라도 개인적으로 그렇게 생각한다. 그러나 KT & G에서 인삼과 함

타들어가면서 '캐러멜화'된다(전문 용어로 '열분배'라고 한다). 연기가 캐러멜화되면 단맛과 기분 좋은 냄새가 나기 때문에 특히 여성 흡연자와 청소년을 끌어들이는 효과가 있었다. 설탕연구재단 보고서는 이렇게 썼다. '이런 [캐러멜화] 과정은 제과 및 제빵 산업과 마찬가지로 담배의 풍미와 흡연의 즐거움을 더해준다'"(Taubes, 2019: 89).

111) 지크문트 프로이트(Sigmund Freud)의 경우를 생각해라. "욕망의 억압에 대한 현대적 이론을 구축한 [지크문트] 프로이트는 담배에 대한 욕구를 억누르지 못해, 6년 동안 구강암으로 끔찍하게 고통 받으면서도 계속 연기를 뿜어내다가 결국 목숨을 잃고 말았다"(Akst, 2013: 18).

112) "또한 힘이나 문화 강대국 역시 자신들보다 약한 문화를 말살하기 위해서도 아닌 적어도 경시하기 위해서도 금기식품을 이용하였다. 아마도 우리나라 개고기 섭취가 사라지는 것도 개인의 식생활 성향이라기보다는 문화강대국에 의해 은연중 강요된 현상이 아닐까 싶다"(김정희, 2017: 61).

113) "'개통령' 강형욱 '개식용? 아이고…부디 안그러시길", <CBS 김현정의 뉴스쇼>, (2019.07.11.)에서 나온 대화를 참조하라. 김현정> …왜 개만 이러하느냐라는 이야기를 가장 많이들 하세요. 왜 개만.; 강형욱> 너무 죄송하게도 저한테는 논리가 없어요. 제가 좋아하기 때문이에요.; 김현정> 그러면 드시는 분들에 대해서는?; 강형욱> 저는 뭐라고 하거나 항의하지는 않아요. 단지 제가 강아지가 얼마나 멋진 친구들이고 이 친구들하고 얼마나 행복하게 살 수 있는지….

께 담배를 전매품으로 판다. 그것도 건강을 위해 먹는 인삼과 함께. 담배를 피우는 것을 끽연(喫煙)이라고 한다. 끽(喫)은 '먹다'는 의미도 내포되어 있다. 훈련소에서 초코파이와 담배를 바꾼 나의 과거 동기는 먹는 초코파이보다 피우는 담배가 더 귀중한 음식이었을 것이다. 담배가 무슨 식품이냐? 이 논의를 논외로 하고 다만 본고의 논의를 편리를 위해서 일반적으로 사용하는 명칭을 그대로 쓰려고 한다].

표: 개, 담배 그리고 개고기에 대한 관점

개(伴侶犬)	담배	개고기(食肉用)
選好	選好	選好
×	食品	食品
×	選好食品	選好食品

본 연구자는 지금은 개를 키우지 않는다. 그렇지만 개고기는 먹는다. 합법적[衛生的]으로 요리된 개고기에 대해서는 하나의 음식으로 본다. 시중 식당에서 판매되고 있는 개고기 음식은 합법적인 것이라고 생각하기 때문에 아무런 거리낌 없이 먹는다. 그렇다고 해서 사시사철 개고기를 먹지는 않는다. 자주 즐기지도 않는다. 만약 누군가가 키운 반려견을 먹으라고 한다면 먹지 않을 것이다. 식용으로 키운 개라고 판매되기 때문에 믿고 먹을 뿐이다. 본 연구자는 담배를 피우지 않는다. 흡연하는 사람들에게 다만 개인적으로 바랄 것이 있다면 "제발 사람들이 있는 곳에서 담배를 피우는 것을 좀 자제하

면 안 될까(~요)?”다. 이것이 개인적인 작은 바람이다. 특히 호흡기가 약한 사람들[健康]과 어린이들[健康과 敎育], 그리고 임산부[健康], 나이 드신 어르신들[健康과 禮儀凡節]이 보는 앞에서는 더욱더… “흡연을 자제해주셨으면 합니다. 최소한 이들을 당신의 가족이라고 생각하시면서….” 흡연 예의를 지켜주셨으면 하는 바람이다.

대학재학 시절 방학 중에 막노동(일명 노가다)이라는 것을 해봤다. 다른 사람에 비해서 약간 좀 더 많이 그리고 더 강도 있게. 그래서인지 몰라도 사람들이 담배 피우는 거나 술을 먹는 것에 대해 개인적으로 그렇게 불편하지 않다. 지금도 내 자신이 대학 시절의 건강 몸 상태라고 한다면, 흡연자들의 담배 연기에 대해서도 이렇게 민감한 반응을 보이지 않았을 것이다. 특히 노동 중에 휴식을 위해서 흡연을 한다거나, 그 밖의 다른 사람들에게만 피해를 주지 않고 하는 흡연이라면 더욱더 그럴 것이다. 왜냐하면 당시 막노동을 하면서 나보다 더 적은 체구의 나이 드신 분들이 그러한 막노동을 지속적으로 할 수 있는 힘은 어디서 나오는가에 대해 생각을 내 나름대로 해봤었다. 개인적으로 약간은 술기운과 담배기운도 어느 정도 그들의 삶에서 작용하였던 것이 아닌가 하는 생각이 많이 들었기 때문이다. 지금도 그 당시를 생각하면 그러한 생각은 쉽게 바뀌지 않을 것 같다. 앞에서도 밝힌 바 있지만, 그렇다고 해서 흡연과 음주를 조장(助長)하는 것은 결코 아니다. 절대로 오해는 하지 마시기 바란다. 물론 누구나 아는 것처럼 막노동에서는 일의 요령도 매우 필요한 것 또한 사실이다. 노가다 판에서는 힘이 있다고 다 되는 것이 아니기 때문이다. 개인적으로 요령도 없고, 힘도 없었다.

3. 研究問題와 研究範圍

연구문제는 다음과 같다. **"개와 담배, 그리고 개고기와 관련된 여러 문제에 대한 논구"**다. 이를 위해 다음과 같이 연구문제를 구체적으로 설정해보았다.

연구문제 1: [基底의 價値]
　　　　문제의 기저에 있는 이데올로기는 무엇인가?
연구문제 2: [膾炙된 問題]
　　　　구체적으로 논구할 문제들에는 어떤 것들이 있는가?

본 연구에서는 다음과 같은 것을 다루고자 한다. 개와 담배 그리고 개고기에 관련된 문제에 대해서 말이다. 먼저 이러한 문제들의 기저(基底)에 있는 이데올로기[價値觀·世界觀]가 무엇인가에 대해서 기술하고자 한다. 그리고 구체적으로 개와 관련해서, 담배와 관련해서, 그리고 개고기에 관련해서 오늘 인구에 회자(膾炙)되고 있는 여러 문제들을 임의적으로 선택해서 제한적으로 논구하고자 한다. 물론 여기서 다루고자 하는 것들은 모두 개인적인 편의에 의한 선별[選擇]에 불과하다는 것을 다시 밝힌다.

基底에 있는 이데올로기

進化論과 拜金主義 ⟼   ⇩

論究할 諸 問題		
개[伴侶犬]	담배[卷煙]	개고기[狗肉]
*不良 犬飼料 *任意的 品種改良 *伴侶犬 사랑 *食糧不足	*吸煙廣告 *吸煙禮節	*개고기 食品化 (陽性化) *개 屠畜 等

그림: 개, 담배 그리고 개고기 관련 문제

4. 論究 前에

用語의 選擇, 伴侶犬 vs. 愛玩犬: 반려견이냐 애완견이냐는 용어 사용의 문제다. 동물 권리를 주장하는 사람들은 반려견이라는 단어를 사용하기를 더 바란다. 그들에게 있어서 개는 단순한 애완(愛玩), 즉 장난감(玩具)이 아니기 때문이다(권지형·김보경, 2010: 196).[114] 그들에게 개는 가족의 일원과 같은 소중한 존재이기 때문에 반려견이라는 단어를 더 선호하는 것이다. 반대로 반려견이라는 단어에 대해서 못마땅하게 생각하는 사람은 반려(伴侶)라는 단어의 의미를 아는 사람들이 어떻게 개를 유기(遺棄)할 수 있느냐 하면서

[114] "애완용동물과 반려동물의 차이는 무엇일까? 책임감이다. 동물을 사람이 사랑을 주는 객체가 아니라 생명이라는 존재 자체로 인정하면 거기에는 생명에 대한 책임이 따라온다. 그래서 '사랑하여 가까이 두고 다루거나 보며 즐기는 것'이라는 애완(愛玩)이라는 단어를 멀리해야 한다. 생명은 사랑하고 즐기다가 버릴 수 있는 '장난감(玩)'이 아니기 때문이다"(권지형·김보경, 2010: 196).

되묻는다. 자기가 좋으면 기르고 반대로 자기가 싫증났다고 버리고, 개가 병이 들었다고, 개인적으로 경제 사정이 좋지 않다고 버리는 개[犬]가 어떻게 반려동물이 될 수 있냐고 일침을 가하기도 한다. 확실한 것은 개를 사랑하는 사람들은 어떤 환경에서도 자신의 개를 유기하지 않을 것이라는 점이다. 본고에서는 그때그때 상황에 따라서 애완견과 반려견이라는 단어를 섞어서 사용하고자 한다. 긍정적인 상황에서는 반려견으로 상대적으로 부정적인 상황에서는 애완견으로 쓰고자 한다(Herzog, 2011: 121-122 참조).

Ⅱ. 基底에 있는 이데올로기와 論究할 諸 문제

1. 基底에 있는 이데올로기

여러 문제들의 구체적인 논구에 앞서서 먼저 회자되고 있는 화제들의 기저에 무엇이 자리 잡고 있느냐를 살펴보는 것이 중요하다. 보이지 않는 기저에 깔린 이데올로기[115]가 표면적으로 드러나는 문제들에 직·간접적으로 영향을 미치는 것은 십중팔구 뻔하고 뻔한

---

115) 독일의 나치 때에는 개의 사육에 있어서도 아리안 순수주의가 개입되어 있는 것을 볼 수 있다고 한다. 대표적 사례로 보수적 민족주의 사상의 대표적인 인물인 기병대 대위 하르트무트 폰 스테파니츠가 그에 해당된다고 한다. 그는 독일 셰퍼트 협회를 1899년에 창설자다. 에리히 치멘(Erich Zimen)은 이에 대해 다음과 같이 기술하고 있다. "제1차 세계대전 때의 독일군 고위 장성들-루덴도르프와 힌덴부르크과 제2차 세계대전 때의 히틀러와 히믈러가 셰퍼드를 데리고 다닌 배경에 그와 같은 이데올로기적 상부 구조가 있었다는 사실은 놀라운 일이 아니다. 스테파니츠와 그의 추종자들은 독일의 개 사육 운동을 통해서 '뛰어난 투지력을 지닌 독일 혈통의 개'를 제공했을 뿐만 아니라, 두 차례에 걸쳐 대재앙을 초래한 민족주의 사상의 정신적 선구자였다"(Brackert und van Kleffens, 2002: 284 재인용).; "개고기에 대한 시각은 불청정함과 관련된 사회적 관념과 연관되어 있다. 개는 일반적으로 가장 낮은 카스트인 짠달라(candala, 불가촉)와 연결되는데, 불교 상가를 개고기, 그리고 짠달라와 연결시키는 것은 불교 상가를 유지하는 데 사회적으로 심각한 문제를 야기할 수 있었을 것이다"(공만식, 2018: 328).

일이기 때문이다. 그리고 기저에 있는 이데올로기에 대한 이해는 무엇보다 앞으로 논구하게 될 제 문제들에 대한 이해에도 영향을 미치기 때문이다. 만약 기저에 있는 이데올로기에 대한 정체를 확인하게 된다면, 논구할 제 문제에 대해서 서로 간의 이해와 배려의 가능성이 상대적으로 높아질 것이기 때문이다. 개인적인 견해로는 그렇게 생각한다.

1) 진화론적 사고: 개

오늘날 개와 관련된 문제의 기저에는 진화론적 사고가 차지하고 있다. 진화론은 인간의 가치를 상대적으로 낮출 수도 있다. 2005년 9월 1일 과학은 인간과 침팬지가 유전체 영역에서 98-99%를 공유한다는 사실을 알아낸 것이다(Ayala, 2004: 175). 그로써 진화론자들이 비판하였던 인간중심주의적 사고와는 다르게 인간이라는 존재는 유인원 더 나아가서는 다른 동물과 비교했을 때에 그리 특별한 존재가 아니라는 주장에 대해서 문[門]을 확실하게 열어놓는 계기를 제공해주었다. 진화론의 대표적 주자였던 찰스 다윈(Charles Darwin)은 그 이전부터 이러한 논리를 지니고 있었다고 한다. 인간과 다른 동물은 진화의 단계에서 단지 사소한 차이가 존재하는 것뿐이라고 생각해왔던 것이다.

> 인간 역시 침팬지와 같은 원시 동물이 진화한 결과라는 주장을 조심스럽게 내건 후기 저술『인간의 기원』에서, 그는 "인간과 다른 동물은 근본적으로 종이 다른 것이 아니라 진화론적 발전 단계에서 사소한 차이가 있을 뿐이다"라고 주장했다. 또한 그의 저술『인간의 기원』에서는, "인간과 동물은 진화라는 하나의 고리로 연결

되어 있으며, 지구에서 차지하는 인간의 위치 역시 특별한 것은 없다"는 입장이 명백히 드러난다(남유철, 2005: 31).116) · 117)

(1) 價値上向的 解釋: 개 팔자 상팔자

진화론자인 찰스 다윈의 이러한 논리(論理)는 극단적 도식으로 "인간(人間, human)=침팬지(類人猿, 꼬리 없는 ape로, 꼬리 달린 monkey가 아니다)"[Human animal=non-Human animal] 더 나아가서 "인간(human)=침팬지(類人猿, ape)=개(犬, dog)"라는 환원이 가능하게 된 것이다. 그러한 이유 때문에 클린턴 R. 샌더스(Clinton R. Sanders)와 같은 다음의 주장도 가능하게 되었다. "개와 사람은 안팎으로부터 단일한 사회적 행위자로 정의된다. 이러한 의미에서 개는 말 그대로 주인의 확장된 자아다"(Sanders, 2000: 137; Fudge, 2007: 204 재인용).

개라는 존재는 과거 어느 부족이나 민족에게 있어서 고유한 음식이었고, 단백질의 공급원이었지만, 이제는 더 이상 음식이 아닌 [의미 있는] 존재가 된 것이다. 그래서 오늘날에는 개를 먹는 행위는 극단적인 주장을 하는 이들에게서는 식인행위(食人行爲)로 간주되기까지도 한다. 이러한 주장들은 채식주의의 열풍과 함께 연합해서

---

116) "동물에 대한 윤리를 다룬 문헌에서는 동물들이 보다 나은 대우를 받게 하려는 의도로 '가장자리 상황(marginal case)' 논증이 등장하기도 한다. 가장자리 인간이란 지적으로 제 기능을 하지 못하는 아동이나 성인을 말한다(인간 범주에서 능력상 가장자리에 있다고 해서, '가장자리 인간'이라고 부르며, 이들에 의존한 논증을 가장자리 상황 논증이라 한다-역주). 유전적으로는 사람이지만, 이들의 특성들은 동물과 유사한 경우가 많다. 이들의 생각과 감정, 전반적인 능력은 다른 종의 동물들과 비슷하다. 가령 침팬지의 능력과 비슷한 능력을 지닌 가장자리 인간이 있을 수 있다"(Kazez, 2011: 172).

117) "『동물은 무슨 생각을 할까』를 쓴 하버드 대학 영장류 동물학자 마크 하우저는 인간과 침팬지의 인지능력 차이는 영장류와 벌레의 인지능력 차이보다 크다고 말했다"(Herzog, 2011: 317 재인용).

거센 돌풍을 동반하게 되었다. 개를 인간의 지위 가까이에 올려놓음으로써 애완견(愛玩犬)이라는 명칭을 거부하고, 반려견(伴侶犬)이라는 명칭으로 부르도록 강제하기도 한다. 반려견이든, 애완견이든 이러한 명칭이 지닌 의미도 잘 모르는 이들에게까지도 법률적 힘을 이용하여 강제하도록 힘쓴다(Herzog, 2011: 121-122 참조). 반려견이라는 단어의 사용은 동물 권리에 대해서 무엇인가 아는 지식인[文化人・知識人]으로 인식되도록 한다. "반려동물이라는 단어를 쓰는 것을 보니 조금 동물 권리에 대해서 아는 사람인 것 같다"는 긍정적인 평가를 사회로부터 받도록 한다.

"개 팔자 상팔자"라는 말에서 들을 수 있는 것처럼 소수에 그쳤던 과거와는 다르게 대중적인 "호화 애완견" 시대를 도래하게 만들었다(물론 여기에는 신자유주의 논리[資本論理]가 동맹군으로 함께 참전하여 한몫 거들었기 때문에 가능했을 것이지만 말이다[아이러니한 것은 반려견 사업은 개의 商品化(市場化)의 또 하나의 경향이라는 것이다]. 반려견 사업이 얼마나 큰 규모의 사업인가? 닭고기 전문생산업체인 하림도 개사료 사업에 진출한다고 한다).118) 수입이 적은 인간이 먹기 힘든 가격의 음식과 옷과 장신구 등을 반려견들이 하게 되었고, 그것도 부족해서 호화스러운 여가를 즐기기까지 한다. 한마디로 개 팔자가 상팔자가 된 것이다. 인간에게 아빠찬스가 있는 것처럼 반려견에도 견주찬스가 존재하게 된 것이다. 과거와 다르게 일반화되었다[犬主찬스의 普遍化]. 이러한 호화 애완견

---

118) 개만 상팔자가 아니다. 고양이도 상팔자인 경우도 있다. 권재현, "패션디자이너 라거펠트 2,200억 유산 상속자는 8세 반려묘 '슈페트?'" <동아일보>, (2019.03.02.).

을 생각할 때 "반려견 주인[개를 인간처럼 돌보는 인간]=반려견[인간보다 더 대접 잘 받는 개] >가난한 인간[개보다 못한 인간]"이라는 계층구조가 존재하는 것처럼 느껴지게 된다. 특히 기아로 죽어가는 세계 각처의 사람들을 보면 더욱더 그러한 느낌이 강하게 드는 것도 사실이다.

심지어 소수에서는 개를 성적 대상(性的對象)으로 간주하기도 한다. 동물매춘,119) 즉 주필리아(Zoophilia)이라는 단어에서 알 수 있듯이 개를 인간의 성적 상대와 같은 위치에 두게 된다. 물론 여기서 동물을 성적 대상으로 볼 때 주체적 존재[性的相對者, 性行爲伴侶者]가 아닌 객체적 존재(性的客體, 性的手段, 揷入客體)로 간주할 경우에는 "가치 하향적 해석(價値下向的解釋)"의 형태로 볼 수도 있을 것이다.120) 그렇지만 성(性)을 고귀한 가치로 생각하고 성관계가 인격적 결합이라는 관점에서 볼 때에는 이는 개를 인간의 지위에까지 높이는 결과(價値上向的解釋)로 이해할 수 있게 될 것이다.

---

119) "덴마크는 합법적인 동물매춘(인간과 동물 사이의 성관계)으로 유명한 나라 중 하나다. 비교적 저렴한 매춘 비용(약 9-20만 원)으로 동물매춘 관광객들을 끌어모아 동물섹스관광이 호황을 누리기도 했다. 덴마크 윤리위원회는 동물의 특정 부위 외과 진료의 17%가 인간과 동물의 성관계를 통해 발생한 것으로 의심된다고 보고한 적이 있다. 이런 덴마크의 동물매춘을 반대하는 각국의 동물보호단체들은 덴마크 주 정부에 지속적으로 항의해왔고, 지난 4월 덴마크 정부는 동물매춘금지법안을 통과시켰다. 그리하여 7월 1일부터 동물과 성관계를 맺는 사람들은 처벌받게 되고, 재범 시 2년 미만의 징역에 처하게 된다. 하지만 아직 헝가리, 핀란드, 루마니아는 동물매춘이 합법이라고 한다"("'매드맥스'·홍준표 '집사람 비자금'·동물매춘 합법?·유승준 '13년만의 고…", <머니워크>, (2015.05.16.)).; "2011년 덴마크 윤리의원회의 보고서는 동물의 특정 부위 외과 치료의 17%가 인간과 동물의 성관계를 통해 발생된 것으로 의심된다고 보고했다"(이태희, 2016: 210).; 참고로 [노르웨이] 2006년부터 소에게도 매트리스를 깔아주어야 하는 법이 시행되었다고 한다(Van den Boom, 2015: 58).

120) 이혜진, "강아지에 음란행위 강력 처벌 촉구…靑청원 20만 돌파", <파이낸셜뉴스>, (2019.06.17.) 참조; "아내가 아끼는 반려견 성폭행한 엽기男", <헤럴드경제>, (2015.06.19.).

(2) 價値下向的 解釋: 개 같은[보다 못한] 犬生

앞에서 본 것처럼 진화론은 서로 다른 방향으로도 얼마든지 작동할 수 있다. 진화론은 반려견의 가치를 강화시키는 방향으로 끄집어 올림으로써 개와 인간을 대등한 존재로 이해하려고 노력하지만 그와는 정반대로도 얼마든지 다른 방향으로 작동하게 할 수 있다. 그것은 마치 역사에서 영지주의(Gnosticism)가 가진 특징과 비슷하게 나타난다는 것을 확인할 수 있다. 영지주의를 가장 간단하게 설명하면 이들의 주장은 "영(靈)은 선(善)하고, 육(肉)은 악(惡)하다"는 것이다. 그렇기 때문에 영지주의는 이론적으로는 선한 영은 가까이하고 악한 육을 멀리해야만 한다. 영과 육은 극과 극이어서 절대로 같이할 수 없다는 것이었다. 그렇다면 영지주의는 역사적 현장에서는 어떻게 나타났는가? 이론처럼 "영=선, 육=악, 영=선=가까이함, 육=악=멀리함"의 형태로 나타났을까? 역사적 현실에서는 영지주의는 일반적으로 영과 육의 절대적인 분리(分離)의 관계로 나타나기도 했었다. 그렇지만 다른 한편으로는 영은 절대적으로 선하기 때문에 악한 육을 가까이한다 해도 선한 영은 아무런 영향을 받지 않는다고 생각하는 무리들도 나타나게 된 것이다. 그러한 논리에 근거해서 '육=악=멀리해야 함'에 대한 아무런 거리낌 없이 더욱더 육적인 삶을 살아간 것이다. 그 어떤 악도 선한 영을 침범할 수 없다고 생각하니 그런 행동이 가능해진 것이다. 같은 이론이지만 해석과 적용에 따라 전자의 영지주의는 "영과 육의 절대적 단절", 즉 거룩한 영은 더러운 육을 멀리해야만 한다. 영과 육은 결코 함께할 수 있는 성질이 아니라는 형태로 나타났지만, 후자의 영지주의는 "영과 육의 혼합, 즉 모든 육적인 것이 가능하다. 왜냐하면 그

어떠한 육적인 삶도 선한 영에게 절대적으로 영향을 미치지 못하기 때문이다"의 형태로도 나타나게 된 것이다(정통기독교에서 벗어난 오늘날 구원파[救援派]라고 불리는 이들도 후자의 유사한 예에 속한다고 볼 수 있을 것이다. 한 번 구원은 그 어떤 세속적인 삶도 그 구원의 효력에 영향을 미치지 못한다고 그들은 생각하고 있기 때문이다?).

이처럼 진화론도 개의 가치를 높이지만 반대로 개의 가치를 낮추는 역할을 할 수 있다. 그래서 진화론의 영향을 받은 더 정확히 말해 다윈주의와 유전학의 결혼(結合, 學問間結合)으로 인해 탄생한 그들의 자녀인 유전자 결정론(遺傳子決定論)(Ho, 2005: 38)[121]을 이용하여 인간 수요자의 취향(입맛)에 맞게 애완견(여기서는 반려견이라는 말을 쓰고 싶어도 쓸 수 없는 상황이라 애완견이라는 단어를 써야만 할 것 같다)을 만든 일종의 '디자이너 독(Designer Dog. Mix犬)'을 양산하게끔 한다는 것이다. 그리고 개의 사육에 있어서도 앞에서 비난의 대상이 되기도 한, 호화판 반려견과는 전혀 극과 극에 해당하는 공장식 사육(工場式飼育, 일명, Puppy Mill)을 통한 개의 대량공급을 가능하게 한다는 것이다(Percell, 2013: 259ff). 이렇게 될 경우 개의 열악한 사육환경은 전혀 문제가 되지 않는다. 오로지 많은 돈을 가져다줄 수 있는 많은 수의 개만을 생

---

121) "유전자결정론은 다윈주의와 멘델의 유전학(뒤에서 자세히 다루게 될 것이다)이 결혼하면서 태어난 자식이다. 이 자식은 유전자가 유기체의 특성을 결정하기 때문에 필연적으로 이 세계의 문제들은 유전자를 규명해내고 조작함으로써 간단하게 해결될 수 있다는 믿음을 기본적으로 지니고 있다. 따라서 우리는 유전자 확인에 의해 원하는 형질이나 원치 않는 형질을 예견할 수 있고, 유전자 변화에 의해 그 형질을 변화시킬 수 있으며, 유전자 이동을 통해 상응하는 형질을 전달할 수 있다는 것이다"(Ho, 2005: 38).

산하기만 하면 되기 때문이다. 개는 "돈을 낳는 머신[황금거위가 아닌 黃金犬]"이 되고 만다. 개와 관련된 모든 것은 전적으로 돈을 위한 수단으로만 존재하게 된 것이다.

과거 개고기를 먹는 대부분 사람의 경우 그 개가 '먹는(食用) 개로 길러진' 경우에만 일반적으로 먹었다[미안하지만, 그 당시에는 伴侶犬·愛玩犬이라는 개념 자체도 없었다]. 그런데 진화론으로부터 나온 유전자 결정론을 통해서 개가 늑대와 거의 비슷하다는 것을 알게 되었다. 그러면서 이 진화론적 자료를 반대로 해석[逆解釋]함으로써 가족처럼 여기는 반려견에 대해서 이제는 식용으로 가능하다는 주장도 얼마든지 나올 수 있게 된 것이다(주강현, 2002: 22; 남유철, 2005: 36, 남유철은 "개와 늑대는 DNA 구조상의 차이가 단지 0.2%에 불과하다"는 연구를 참고문헌 없이 인용하고 있다).[122)]

앞에서 언급한 "개=유인원=인간"이란 환원주의적 도식이 역(逆)으로 해석되면 어떻게 되겠는가. 거기에다 개가 극단적으로 "개 같은[보다 못한] 취급"을 받으면 어떻게 되겠는가. 개가 개 같은[보다 못한] 취급을 받는데 유전자가 개와 비슷한 인간 또한 개 같은 취급을 받게 되는 것이다. 왜냐하면 "개=인간"이 "극단적으로 개같이 취급받는 개=개같이 취급받는 인간"의 전혀 다른 도식이 존재할 수도 있기 때문이다(유전자가 거의 같다고 하지 않았는가). 그러면

___

122) 늑대에서 늑대로(Wolf to Wolf), 『내셔널 지오그래픽』은 만여 년 이상을 진화했지만 개의 유전인자가 늑대와 결코 다르지 않음을 구체적으로 밝혔다(주강현, 2002: 65).; 반대 의견, "개를 파악할 때 늑대의 습성을 토대로 하지만 개가 늑대와 유전자가 거의 같다고 해서 개가 늑대는 아니다. 사람이 침팬지와 유전자가 99% 일치해도 사람이 침팬지가 아닌 것처럼"(권지형·김보경, 2010: 183).

결과적으로 인간의 삶은 "개 같은[보다 못한] 犬生[개가 개로 취급된다는 것에서 지위상 아무런 변화가 없는 것처럼 보일 수 있지만, '개보다 못한' 犬生은, 잔혹하게 다루어진다는 의미에서의 개의 지위가 상대적으로 낮아짐을 의미한다]"으로 전락할 수도 있게 된 것이다. "인간과 개 유전적 차이가 거의 없음[개의 地位上昇]"이, "개와 늑대 유전적 차이가 거의 없음[개의 地位下落]", 고로 "늑대처럼 취급하면 되겠네, 또는 애완견[반려견]도 이제 먹을 수 있겠네?"라는 논리구성이 얼마든지 가능하게 되고 만 것이다.

참고로 이 말은 인간이 극단적으로 음식으로도 취급될 수 있다는 것을 의미하게 되는 것이다[인간, 개, 늑대는 유전적으로 차이가 거의 없음. "이젠 뭐든 모두 먹을 수 있겠네!"가 얼마든지 될 수 있다는 것이다]. 인간의 장기들은 객체(도구, 물건)가 되어 판매되게 된다. 인간이 살아 있든지 죽어 있든지 관계없이 말이다. 인간의 탯줄은 요리의 대상이 된다. 인간의 몸은 인육캡슐로 재(再)가공되어 하나의 상품으로 내놓고 판매할 수도 있게 되는 것이다.[123] '음식으로 떨어진 인간'을 다른 인간이 먹게 되는 세상이 아무런 문제없이 도

---

[123] 동물과 인간에 대해 진화론적 관점은 먹는 것에서도 상반된 양상으로 드러난다. 동물을 인간의 가치로 끄집어 올림으로써 동물에 대한 식용금지, 즉 육식금지에 대한 주장이 나올 수 있고, 다른 한편에서는 동물을 동물을 먹는 것처럼 인간이 인간을 먹는 식인(食人) 형태로도 나타날 수 있다. 물론 오늘날은 간접적 형태의 식인 형태이기는 하지만 말이다. 인육 캡슐의 등장이나 태반 식용 등이 그러한 예가 아닐까? "그것이 알고 싶다 인육캡슐", "먹거리 x파일 인육캡슐" 검색어 참조. "태반 먹기"에 대해서는 Ashley, Hollows, Jones and Taylor(2014: 62-65 참조); "1998년 텔레비전에 출연한 한 미식가가 새로운 요리를 선보였다. 그것은 사람의 태반이었다. '길게 자른 태반을 함께 살짝 데친 뒤 3분의 2는 퓨레로 만들었다. 나머지에는 브랜디를 붓고 불을 붙여 눋게 한 뒤 세이지와 라임 주스를 첨가했다. 그 태반의 주인인 아기의 식구들은 20명의 친구들과 함께 그것을 먹었다. 아버지는 그것이 너무 맛있어서 열네 그릇을 먹은 것 같다고 했다'"(Dawkins, 2005: 74).; "구글은 '태반 스무디'를 검색 제시어로 보여주어 내 주의를 끌었다. 심지어 산모가 태반을 복용할 수 있도록 돈을 받고 냉동 건조해 알약으로 만드는 회사도 있다"(Vestre, 2018: 35).

래할 수도 있다는 것이다. 인간이 인간을 먹는 시대가 도래(到來)할 수 있다면, 개가 개를 먹는 것은 이미 오래전부터 존재하지 않았겠는가. 개를 개사료로 사용하는 이들이 이미 존재하였기 때문이다. 앤 N. 마틴(Ann N. Martin)이 2007년 중국산 불량 사료의 리콜사태로 인해 사료를 조사하면서 쓴 책을 통해서 그러한 일들이 가상의 세계에서만 존재하는 것이 아니라, 오늘날 현실 속에서 우리의 삶 속에서 일어나고 있음을 확인할 수 있었기 때문이다(Martin, 2012: 18.).[124]

2) 拜金主義: 개·담배·개고기

개를 사람의 지위까지 격상해서 대우하게 하는 이유는 무엇인가. 호화판 반려견을 탄생시킨 이유는 무엇일까? 인간으로서 비참(悲慘)하다는 생각이 들 정도로 때로는 초호화 개판을 만드는 이유는 어디에 있을까? 미국의 개들이 먹는 음식량이 캘리포니아주 전체 시민들이 먹는 음식량과 비슷하다고 한다. 그런데 오늘날도 세계 곳곳에는 식량부족으로 인한 아사자(餓死者)가 존재[125]할 뿐만 아니라 한두 명이 아니라 매우 많은 인간이 배고픔에 있고 또 배고픔으로 죽어나가고 있는데 말이다. 그럼에도 불구하고 반려견 사업은 왜 이렇게 큰 규모로 확대되어 가고 있는 것일까? 우리나라만 봐도 애견학과가 있지 않은가? 정식학력으로 인가받는, 내가 생활하는

---

124) 더 끔찍한 것은 다음의 내용이다. "우리는 개와 고양이의 사체를 먹고 있을지도 모른다. 2007년 사료 리콜 사태에 관한 정보를 수집하던 중 개와 고양이의 사체가 식재료 유통망에 유입되어 우리 밥상에까지 오르고 있다는 꺼림칙한 정보를 얻었다"(Martin, 2012: 21).

125) "인도에서는 무려 2억 1,400만 명이 굶주리고 있다. 사하라 이남의 아프리카에서는 1억 9,800만 명이 굶주리고 있다. 중국에서는 1억 3,500만 명이 굶주리고 있다"(Shiva, 2017: 198-199).

곳에서도 개를 동반하고 공원에 마실 온 사람들의 수가 꽤 많아지고 있지 않던가. 무엇 때문에 동물병원은 물론, 반려견과 관계된 가게(Pet Shop)들을 자주 볼 수 있게 되었는가 하는 것이다. 무엇이 사람들이 먹는 것 가지고 장난치는 것도 부족해서 왜 개들이 먹는 견사료를 가지고 장난하는가 하는 것이다. 과거에는 일반적으로 반려견은 식용으로 먹지 않았는데, 왜 오늘날 반려견들이 음성적으로 보신탕의 재료 등으로 일부 유통되고 있는가 하는 것이다. 오늘날 분위기가 동물권리를 강력하게 주장하는 편인데도 불구하고 많은 개들이 열악한 환경에서 단지 돈을 목적으로 한 분양(分讓)을 위해서 키워지고 있고, 단지 새끼만을 낳는 기계[工場, puppy mill]로 전락되고 만 것인가 하는 점이다.

담배의 경우도 생각해보자. 다음은 오늘날 일반적인 담배에 대한 과학적인 평가다. "모든 암의 30%는 담배 때문에 생긴다. 특히 담배 연기에 직접 닿는 기관들, 가령 구강이나 식도, 폐, 그리고 기관지 관련 암은 90% 이상이 흡연 탓이다. 물론 담배 연기에 직접 노출되지 않는 장기에서 발생하는 암 발병률 역시 흡연자가 비흡연자에 비해 1.5-3배나 높다. 담배는 백해무익하다. (…) 행여 임신부가 담배를 피웠다면 자연유산의 확률이 높아지는 것은 물론, 미숙아 또는 저체중아를 출산할 수 있고 아이의 지능과 학습능력도 저하된다. 심지어 흡연하는 엄마의 배 속에서 자란 아이는 자라서 똑같이 흡연자가 될 확률이 높다고 한다. 아이가 어른의 거울이 아니라 어른이 아이의 거울인 셈이다"(임종한, 2013: 8, 225-226). 흡연이 발암의 중요한 원인이라고 지적되었음에도 불구하고, 흡연의 중독성이 마약(麻藥)과 같다고 지적하고 있는데도 불구하고, 그렇게 담배 판매를 위한 광고에 열을 올릴 수 있는가 하는 점이다. 담뱃갑에 흡연경고 문구를 더 강하게 넣지 않고, 흡연경고 사진을 넣는 것에 대해서 과거에 그렇게도 반대하였는가 하는 점이다. 그 중독성이 마약과 같다고 하면서도, 심지어 태아에게도 흡연이 영향을 미친다고 하는데도 왜 규제에 대해 소극적인가. 단지 세금을 많이 거두어 들이기 위해서 한마디로 백해무익(百害無益)한 담배126) · 127)에 대해 침묵하는 이유가 무엇인가?

CUI BONO: 대답이 너무도 무성의(無誠意)하고 또 너무나도 평범해서 식상하게 들릴지 몰라도 '돈'이라는 것이 이러한 모든 것들의 밑바닥에 깔려 있기 때문이다.128) 그래서 이러한 현상들이 아무렇지도 않은 것처럼 행해지고 있는 것이다. 심지어는 극히 정상처럼 보이기까지 하면서 행해지고 있는 것이다. 그렇다면 로마의 정치인이자 유명한 웅변가였던 마르쿠스 툴리우스 키케로가 지적한 대로, "Cui bono?129)(쿠이 보노?, 누가 이득을 보는가?)"라고 다시

---

126) 흡연-관련 질환(tobacco-related disease)은 박영철(2011: 35. '표' 참조).

127) "흡연의 이점"으로 카(Allen Carr)는 다음을 제시한다. "무언가 기대를 했겠지만, 불행히도 흡연의 이점 같은 것은 눈곱만큼도 없다!", "스트레스를 완화해준다는 환상", "심심함을 없애준다는 환상", "집중력을 높여준다는 환상", "몸을 이완시켜 준다는 환상", (Carr, 2002: 141, 88, 92, 94, 97, 참조); "흡연은 사람을 죽인다! 하지만 우리들은 흡연을 사형시킬 수 없다"(Kad & Olivier, 2006: 132-133 참조).

128) NIKE사의 Plus-Size Mannequin과 관련된 논쟁도 마찬가지다. 텔레그래프의 타냐 골드(Tanya Gold)와 플러스 사이즈 모델인 이스크라 로렌스의 논쟁의 이면에는 먼저 나이키 사의 물질적 이익이 있다는 것이다. 또 그것과 관련된 이해득실이 있는 자들의 논쟁에 참여가 있다는 것이다. 황수연, "나이키의 뚱뚱한 마네킹… '현실'의 여자들 열광하다", <중앙일보>, (2019.06.15.).

129) 중성화된 개(또는 다른 반려동물들을 위해)의 정신건강을 위해서 고가의 인공불알이 팔리고 있다는 점이다. 먼저 그 가격이 놀랍다. "보철물[인공고환]은 다양한 크기와 재료로 구비되어 있다. 가격 범위도 넓다. 최초 개발된 작은 크기의 뉴티클에 해당하는 109달러에서 특대형 크기의 뉴티클울트라플러스(NeuticlesUltraPLUS)에 해당하는 1,299달러까지. CTI는 또한 고

물을 수밖에 없다. 도대체 누가 이익을 볼까? 메리언 네슬(Marion Nestle) 교수는 이에 대한 단초를 제공해준다.

> "담배회사와 식품회사의 활동 사이의 유사점은 우연히 생긴 것이 아니다. 이 책의 서문에서 언급했듯이 일부 담배회사들은 식품회사를 소유하고 있다"(Nestle, 2011: 527).

식품회사들이 담배회사들을 소유하고 있다는 것이다. 앤 N. 마틴(Ann N. Martin)은 이들 담배회사와 식품회사들이 개사료 사업도 장악하고 있다는 정보에 대해서 자세하게 전달해준다(Martin, 2012: 98-99; Fitzgerald, 2008: 138 참조). 먹을거리 안전성과 관련해서 인구(人口)에 매우 부정적으로 회자(膾炙)되고 있는 다국적 거대농식품기업들이 사료 문제뿐만 아니라, 담배[吸煙]문제와 관련해서도 또다시 수면 위로 부상(浮上)하고 있다는 것을 느낄 수 있는 대목이기도 하다. 거대한 세계농식품체제(Global Food System)는 세계 먹을거리만을 장악하고 있는 것으로 끝나지 않고, 더 나아가서는 세계 대부분의 사료와 담배도 장악한 것이다. 그렇다면 이들 세계농식품체제는 무엇을 추구하는가.130) 거대 초국적 농식품체제는

양이나 말, 황소 같은 다른 동물들을 위해 고안된 제품들도 판매했으며, 49개국 25만 마리 애완동물들이 이 회사로부터 가짜 고환을 사서 정착했다"(Anthens, 2015: 180). 더 놀라운 점은 중성화된 동물의 우울증 치료에 전혀 도움을 주지 못하고 있다는 점이다. "…과학자들은 뉴티클을 대조군으로 써서 원숭이에게 거세의 영향을 탐구했다. 거세된 개체 중 절반에서 실리콘으로 된 가짜 고환을 삽입해주었다. 그렇게 함으로써 수컷 원숭이들은 사회 집단 내 다른 구성원들과 전과 다름없이 동일해 보일 것이었다. 하지만 보철 생식기는 거세된 영장류가 거세되지 않은 다른 상태에 비교해서 보다 순종적으로 행동하는 것을 막지 못했다. 이러한 결과는 중성화된 동물에서 행동 변화를 야기하는 것이 생식기를 잃은 데 따른 성 정체성의 붕괴가 아니라 호르몬의 부재임을 뜻한다. 뉴티클은 수컷 개에게 호르몬 수치를 정상적으로 되돌려주지 못할 뿐만 아니라, 수술 그 자체로 인한 트라우마로부터 벗어나게 하지도 못한다 (Anthes, 2015: 182-183).

130) 참조. "자본주의 기업이 학교로 쇄도하여 교육을 상업화하고 정크 푸드 따위를 판매하고 있으며, 기업 소유의 체인점으로 견학을 추진하고, 학교 복도와 체육관을 광고로 도배하고 있

세계화의 결과로 나타난 대표적 산물이다. 그리고 세계적으로 신자유주의 경제를 이끌어가는 대표주자로서 역할을 한다. 이들은 근본적으로 돈을 추구한다. 이들에게 "뭐니 뭐니 해도 머니"가 최고의 목표인 것이다. 신자유주의는 무엇을 추구하는가. 다음은 충남발전연구원인 김진도의 지적이다. '초국적 자본의 이익을 대변하는 이데올로기이다'라고 지적한다. "신자유주의의 본질은 시장주의가 아니라, **초국적 자본의 이익을 대변하는 이데올로기이다.** 바로 이 초국적 자본(초국적 기업과 금융자본, 석유 메이저, 초국적 농식품기업 등)의 무한 경쟁과 탐욕이 지구적 위기의 주범이다"(김진도, in Pinkerton and Hopkins, 2012: 11, 박진도, "책을 내며", 8-13 참조, 강조 본 연구자). 이미 여러번 언급했듯이 농식품기업과 신자유주의와의 연계를 인지하였기에 주앙 P. 스테딜(Joao Pedro Stedile)은 먹을거리에 대한 농가공업계의 시장 논리에 대해 다음과 같은 지적을 한 것이다. "그들은 식품을 생산하는 것이 아니라 돈을 벌기 위해 상품을 생산하는 것을 목표로 한다"(Ziegler, 2012: 151 재인용). 이들 초국적 농식품복합체들이 파괴적인 행위를 할 수 있는 것은 레이첼 카슨(Rachel Carson)이 지적했던 것처럼 바로 "돈만 벌 수 있다면 남에게 피해를 입혀도 문제 되지 않는, 산업이 지배하는 시대"(R. Carson, in Foster, 2007: 78 재인용)가 도래했음을 보여줄 뿐이다.

다"(Giroux, 2015: 10).; "자본주의 사회에서는 인간의 정신과 건강보다는 경제적 효율성을 우선한다. 사정이 그러하니 각종 먹거리와 공산품을 생산하는 기업은 보다 안전한 것을 생산하기보다는, 원가와 유통비를 최대한 낮추려 하고 투자 대비 높은 수익을 얻기에 급급하다. 정부 역시 기업의 경제활동에 대한 자율성과 국민의 안전 사이에서 갈피를 잡지 못해 엄격한 규제의 잣대를 들이대지 못하고 있다. 결국 건강을 지킬 수 있는 가장 강력한 힘은 우리 스스로에게서 나온다. 소비자가 보다 현명해지고 까다로워져야 기업과 국가를 움직일 수 있다"(임종한, 2013: 10).

식품·담배·사료의 대부분을 장악한 이들 초국적 거대 농식품기업들은 기업의 경영과 생산방식 등에서 유사성을 보인다. 자신들이 만든 물건에 들어가는 원료가 인간이 먹어서도 좋은 것이든 나쁜 것이든 가리지 않는다. 그런데 하물며 동물이 먹으면 좋은지 나쁜지를 가리겠는가. 식품 영양 표시에 대해 정확하지 않은 것처럼 사료 영양 표시나 담배에 들어가는 성분 표시에 대해 정직하지 못한다. 어떻게 하든 숨기려고만 한다. 이들에게는 영업상 비밀은 너무나도 많다. 칼로리를 속이고, 재료의 성분을 속인다. 다양한 분야에서 다양한 꼼수를 부린다. 그리고 정보 공개를 요구하면 단골 메뉴인 다만 '영업상의 비밀('모르쇠'로 일관한다)'이라는 말만 앵무새처럼 시종일관 되풀이할 뿐이다. 그리고 이들은 과대 과장 광고를 통해 자신들의 제품들을 세계 곳곳으로 퍼져나가게 하고, 많은 제품을 판매하기 위해서라면 광고의 대상자가 누구인지를 가리지도 않는다. 여자아이든 임산부든 아니면 어린아이든 광고의 대상에서 가리지 않는다. 또한 이들은 자신의 시장의 확장을 위해, 매스컴을 동원하고, 과학자라든지, 영양학자와 같은 전문가들과 연구원들을 동원하고 심지어 정치인[政府]에게까지 막대한 자금력을 가지고 로비를 한다. 그렇기 때문에 때로는 시민의 안전을 책임져야 할 정부 관료들이 이들 거대 기업의 나팔수(喇叭手)의 역할을 하는 것을 종종 보게 된다. 정부 관료들이 이러한 행동(捕獲 captivity)을 하는 것은 자신들이 미래의 이익을 보기 때문이다. 이들이 이들 기업의 이익을 대변함으로써 앞으로 가져다줄 회전문 인사(回轉門人事)도 있고, 더 많은 수입을 통한 경제적 노후의 보장도 있다는 것을 과거 자신들의 선배들의 행동[處身·慣行]으로부터 보고 들은 학습의 결과인지도 모른다. 거대 기업들은 이러한 것들을 위해서 들어가는 모든 비용을 투자하는 것은 이러한 투자비용을 제하여도 남는 이윤이 있다는 것을 과거의 경험으로부터 축적했기 때문에 이러한 행동들은 지속적으로 반복되고 있는지도 모른다. 한마디로 손해 볼 것 없는 장사라고 생각하고 있는지도 모른다. 돈이 지배하는 세상이 되었는데, 누가 돈을 싫다고 할 수 있겠는가? 옆집 나이 많이 드신 어르신도 처음 개인적으로 대면했을 때 잘 알지도 못한 나에게 돈만 있으면 매우 좋은 세상이라고 강조해서 여러 번 말하지 않았던가!

"담배·식품·사료"의 중심에는 초국적 거대 농식품기업이 있다. 이들 거대 기업들은 자신들의 물건을 팔기 위해 다양한 방법을 동원하여 자신들이 편안하게 사업할 수 있도록 환경을 조성한다. 그런데 더 큰 문제는 일반인들의 경우 이들 기업이 자신들의 물건을 팔기 위해 조성한 환경에 대한 진의를 깨닫지 못하고(작위든 부작위든 관계없이) 이들 기업이 만든 환경에 자기 자신들의 작은 반사적 부를 획득하기 위해서[反射的少額富獲得] 자진해서 참여하게 된다는 것이다. 거대 기업들이 만든 환경으로부터 전적으로 자유로워야만 하는데도 불구하고 그렇지 못하고 거기에 동조하고 거기에 직·간접적으로 협력[同調·傍助]하게 된다. 단지 자신이 얻을 수 있는 눈앞의 작은 이익을 얻기 위해서 말이다.131) 이 모든 것이 다 돈 때문

---

131) 이와 비슷한 것으로는 "주식의 불완전판매", "보험의 불안전판매", 그리고 무엇보다 "다단계 판매" 등이 있을 것이다. 성실하고 정직한 판매를 얘기하는 것이 아니다. 말 그대로 불안전판매에 대해서 말하는 것이다. 판매실적을 높이기 위해서 얼마나 자신들이 다니고 있는 기업에 봉사하는 것일까? 단도직입적(單刀直入的)으로 이러한 잘못된 판매로 인해 자신들에게 얼마나 돈이 떨어지는 것일까? 그것이 피해 보는 이들의 이익과 비교했을 때 더 클까?; 내가 알고 있는 지인의 걱정이다. 자기 처제가 다단계 비슷한 것을 한다는 것이다. 처제는 집에 자주 와서 좋지도 않은 물건, 필요하지도 않은 물건을 자신의 아내에게 구입을 반강제한다는 것이다.

에 생긴 일이다. 돈 때문에 자존심도, 명예도 없어진다. 돈 때문에 다른 사람의 건강과 안녕(安寧)도 사라지고 만다. 그저 돈 때문에…. 그래서 인간의 몸으로 오신 하나님이신 예수 그리스도께서 공생애를 사시는 동안 맘몬(Μαμμων; Mammon)을 그렇게도 경계하셨는지도 모른다. 돈의 파괴적인 위력을 아셨기에. 그러한 위력이 있다고 해도 그를 섬겨서는 안 된다고 경계하셨던 것이다.

2. 基底에 있는 이데올로기로 인해 발생한 문제

그렇다면 구체적으로 개와 담배, 그리고 개고기와 관련해서 회자되고 있는 문제들에는 어떤 것이 있을까? 진화론과 배금주의로 인해 발생하는 구체적인 여러 문제들에 대해서 살펴보자.

1) 伴侶犬

여기서 얘기하고자 하는 것은 반려견의 보호자[犬主, 所有者]들이 자신들도 알지 못하는 가운데 얼마나 시장경제[資本論理]에 휘둘리고 있는지에 대해서 한번 생각해봤으면 하는 생각이 든다.

(1) 不良 犬飼料

개에게 무엇을 먹이는가에 대해서 말하려고 하는 것이 아니다(이

한두 번은 사줬지만, 계속적으로 사줄 수 없다는 것이다. 경제력이 안 돼서. 그는 내게 이런 식으로 말하였다. "돈만 있으면 그냥 돈을 줬으면 합니다. 인터넷 사이트를 검색해보면 그 물건들이 그렇게 좋지 않은 것들인데…"(그는 처제가 파는 물건이 어떤 것인지 알기 위해 미국 사이트까지 찾아봤다고 한다).

에 대해서 호화판 반려견 주인들이 조금 자제해주셨으면 하는 바지만, 또 과거처럼 먹고 남는 음식을 주기를 바라지만). 단지 반려견에게 먹이는 사료의 안전성에 대해서 생각해볼 것을 권하고 싶다. 왜냐하면 사료시장이 규모가 매우 크다는 것이며, 그렇기 때문에 거기에도 돈의 논리가 지배하기 때문이다. 돈의 논리에 의해 지배되는 곳에서는 얼마든지 돈벌이로 인한 '장난'이 가능하기 때문이다. 전술한 것처럼 돈 때문에 하물며 사람이 먹는 음식을 가지고 장난치는 자들이 있는데 돈을 위해서 동물이 먹는 사료를 가지고 장난치지 않는다는 보장이 없기 때문이다. 실질적으로 2007년 미국에서는 중국에서 수입된 사료를 먹고 반려동물이 죽는 사태가 일어났기 때문이기도 하다. 사료의 영양성분이 부실할 뿐만 아니라, 불량원료를 사용했다는 점이 지적되고 있기 때문이다(Fitzgerald, 2008: 137; Martin, 2012: 49 참조).[132] 특히 마틴(Ann N. Martin)은 이 사료회사들이 소비자들을 속이기 때문에 사료 포장지에 쓰여 있는 성분표에 대해서도 주의할 것을 지적한다. 마치 사람이 먹는 음식을 고를 때처럼 매우 신중하기를 주문한다. "소비자들은 사료 포장에 쉽게 속는다. 포장에 크게 인쇄된 문구는 진실이 아니다. 진실은 눈에 잘 띄지 않는 깨알만 한 성분표에 숨겨져 있거나 아예 표시조차 되어 있지 않다. 암호문 같은 성분표를 이해할 수 있는 유일한 방법은 모든 정보를 하나하나 꼼꼼히 파고 들어가 보는 것이다. 1992년부터 사료성분표를 분석하고 있는데, 어떤 단어는 의미를 알아내는 데만도 오랜 시간이 걸렸다. 그중 하나가 바로 '육

---

132) 윤길환, "'개 사료로 쓰려고'…양심불량 음식물 폐기업체 수두룩", <MBN>, (2017.12.12.); 김빛이라, "개 사료용 '뼈없는 닭뼈' 식용으로 둔갑", <KBS>, (2015.03.19.).

류 부산물(meat by-product)'이다"(Martin, 2012: 26).

(2) 任意的 犬品種改良('학대교배[Qualzucht, problem breed or suffering breed, torture breeding]'; Goetschel, 2006: 155 참조)

돈에 눈먼 개 품종 개량자들에 의해서 '디자이너 도그(Designer Dog)'가 어떻게 만들어지고 있는지는 알고 있느냐다. 이들은 서로 맞지도 않는 종끼리 서슴없이 고배시키기도 한다는 지적이다. 단지 새로운 종을 탄생시켜 자본시장에서 고액(高額)을 받고 팔기 위해서 말이다. "개의 품종을 개량하는 사람들은 유전자를 가지고 노는 것이 재미있나 보다. 그래서 서로 맞지도 않는 종끼리 서슴없이 고배시켜 본인 생각에만 '재미있는 개'를 만들어내고 있다. 신문 광고나 인터넷 광고로 올라오는 코카푸(Cock-a-poos), 페키푸(peke-a-poos), '래브라두들(labradoodles)', '골든두들(goldendoodles)'과 같은 디자이너 도그 관련 광고는 셀 수 없이 많다. 어떤 믹스견은 100만 원 이상의 터무니없는 가격으로 판매되기도 한다. 이 개는 예전에는 똥개나 잡종개라고 불렸지만 얼마 전부터는 믹스견이라 불리다가 이제는 디자이너 도그라는 새 이름을 가지게 되었다"(Martin, 2012: 252). 개 품종 개량자들은 그것도 부족해서 심지어는 근친교배(近親交配, inbreeding)까지 시킨다고 한다. 왜냐하면 단지 순종(純種)에 대한 소비자들의 집착 때문에 외형적 순종을 소유하기 위해서 근친교배를 시킨다고 한다. "등록 기준에 맞는 '완벽한 모습'을 갖추기 위해 남매 간 혹은 부녀 간 교배 등 놀랄 정도의 근친교배를 하기 때문이다"(Percell, 2013: 277). 그래서 지금의 개들은 우스갯소리로 성적 선택권을 박탈당했다고까지 말한다(이는 개만의 문제가 아니다. 사육되고 있는 가축들에게도 해당되는 부분이다. 칠면조의 경우 가슴살을 얻기 위해 너무 개량되어서 가슴살이 너무 커져서 자연교배가 불가능하다고 하지 않던가? 가축의 경우 인공교배가 대부분이다). "21세기에 접어들면서 마구잡이 번식(random-bred)이 아닌 선택적 번식(pure-bred)이 날로 확산되고 있다. 가령, 스칸디나비아 같은 나라에서는 전체 개 사육 수의 거의 대부분이 선택적 번식이다"에 의한 경우라고 한다(주강현, 2002: 93). 반려견들의 경우 일반적으로 성적 자유를 침해받고 이제는 선택적 번식을 통한 종의 맥을 유지하고 있다고 한다.

이러한 임의적 개 품종 개량이 무엇을 가져오는가에 대해 생각해 보았으면 한다. 순종에 대한 집착(選擇的繁殖)은 반려견의 각종 선천성 장애로 이어진다. 수의학 박사 앨프레드 플레너는 자신의 책 『위기의 반려동물』에서 근친교배와 디자이너 도그의 문제에 대해 다음과 같이 지적하고 있다. "겉보기에는 멋지지만 속이 고장 난 장난감처럼 그들은 허약하고 일상생활에 적응하지 못하는 생리적인 결함이 있다"(Martin, 2012: 253; Jeff Feinman, "Bloat", from Dr. Feinman's Library [1996] www.homever.com/brochure.html1#vet. 참조). 개의 가장 극단적 유전자 조작의 예가 바로 잉글리시불도그라고 한다. 극단적 유전자 조작으로 인해서 잉글리시불도그에게 다음과 같은 문제를 가져다주었다. "잉글리시불도그는 '개의 가장 극단적인 유전적 조작의 예'이다. 모든 잉글리시불도그는 다음과 같은 문제를 전부 또는 일부 갖고 있다. 백내장, 모낭충증(피부질환의 일종), 팔꿈치이형성증, 안검내반(눈꺼풀이 비이상적으로 말려 들어가는 질환), 고관절이형성증, 갑상선기능항진증, 신경 세로이드 리포푸신증(선천적 질환으로 지방 색소가 뇌에 침착되어 뇌의 기능장애를 초래함), 혈우병(혈소판 결함에 의해 초래되는 출혈성 질환) 등등, 쉽게 말하면 교배업자들은 잉글리시불도그의 코를 밀어 넣고, 등의 길이를 늘리고, 엉덩이를 좁게 만들고, 두개골을 눌러 압축하는 등 도그쇼에 적합하게 겉모양을 변형시켰고, 그것이 개에게 고통을 초래하고 있다"고 한다(Percell, 2013: 278; The Bulldog Club of America, The Bulldog: An Illustrated Guide to the Standard, http://thebea.org/BulldogGuide.pdf. 참조; 주강현, 2002: 93; Anthes, 2015: 43 참조). 개 품질 개량자들의 이러한 무개념적(無槪念的)인 번식행위가 빈번해질 경우 질병에 약한 개들을 대량 생산할 뿐만 아니라 극단에 가서는 종(種)의 다양성을 해치는 결과까지도 발생할 수 있다고 경고한다. "…개의 유전적 본질을 왜곡시킨 제한적인 크기, 제한적인 형태, 제한적인 색깔의 선택으로 말미암아 원치 않는 결과를 빚어내고 있다. 잠재적으로 가공할 위험을 내포하는바 무엇보다 질병에 극도로 허약한 개들이 '대량 생산'된다는 것이다"(Bruce Fogle, 2000: 8; 주강현, 2002: 93 재인용).

> "동물 번식 때문에 동형성이 축적되면 근교약세(inbreeding depression)라는 더욱더 무서운 결과가 빚어진다. 이는 간질 발작처럼 극적으로 일어나는 현상이라기보다는 성장과 번식, 활력 등에 영향을 미치는 자그마한 부가적 형질이다"(Budiansky, 2005: 271-272).

(3) 伴侶犬 사랑

애완동물 소유 역시 이 시기에는[아마도 17C경] 이단의 한 형태였지만, 수간과는 정반대의 이유로 비난받았다. 애완동물 소유는 인간을 짐승으로 끌어내리는 것이 아니라 짐승을 인간 또는 적어도 半인간으로 끌어올리는 것으로 여겨졌다(Serpell, 2003: 219).

(a) 豪華版 반려견 사랑: 호화판 반려견에 대한 사랑은 인간 스스로에게 상대적인 자괴감을 가져다주기도 한다.[133] 진짜로 개 팔자가 상팔자다. 아니 말 그대로 "개가 용상[龍床]에 앉는 격이다." 주강현이 소개하고 있는 호화판 반려견 사랑이다. 너무 심하다고 생각되는 부분이다. 견주찬스가 참으로 대단하다고 느껴지는 부분이다(주강현, 2002: 86-87 참조).[134] 최근 반려동물을 자신들 가족의 구성원처럼 대하는 것에 대해서 '애완동물의 인간화'라고 부른다고 한다(Herzog, 2011: 123). 반려(애완)동물의 인간화는 자본주의[돈의 논리]와 밀접하게 연결되어 있다. 요쯤 호화 반려견들은 인간 그것도 많은 부(富)를 누리고 있는 인간이나 할 수 있는 행동들을 그들의 돈 많은 주인에 의해서 다 하고 있기 때문이다. 개-미장원, 개-호텔, 개-카페, 개-목욕탕, 이처럼 부유한 인간이 하는 것들을 다 누리고 있다. 아니 돈 많은 인간 보호자는 자신의 반려견에게 이

___

133) "실제로 National Geographic 잡지의 2014년 8월호는 '굶주리는 미국인들'이란 표제하에 미국 사회 내의 빈곤문제를 특집으로 다룬 적이 있다. 반면, 뉴욕의 대형 동물병원엔 125만 달러나 하는 방사선 치료용 선형가속장치가 구비되어 있고, 부잣집 애완견은 병으로 죽기 전 7천 달러의 화학요법을 제공받기도 한다. 양서류를 위한 수중재활 러닝머신도 있다. 그래서 '동물의료보험을 자국의 빈곤아동에게도 개방하라'라는 믿기지 않는 구호마저 나온다"(이도형, 2016: 157).

134) 굶주림과 학대당한 11살 소녀가 가스배관을 타고 탈출한 사건이 발생하였다. 친딸을 굶기고 폭행하면서도 아버지는 동거녀의 강아지는 챙겼다고 한다. 다음은 인터뷰 내용이다. "[인터뷰] 이웃 주민에 의하면 이 강아지가 아이인 것처럼 그렇게 애지중지 많이 키웠다고 합니다. 도망갈 때도 강아지를 챙겼고 조사를 받을 때도 우리 강아지는 어떻게 되느냐고 물을 만큼 강아지는 오히려 자신의 친자식처럼 아꼈으면서도 보호하고 있던 아동에 대해서는 밥도 제대로 주지 않고 아이가 너무 배가 고프니까 집을 돌아다니면서 아무거나 음식이 될 만한 것을 찾아 먹지 않았습니까?"("11살 딸은 일주일 굶기고, 강아지는 '포동포동'" 21); http://v.media.daum.net/v/20151221102509825?f=o).

모든 것을 갖게 하고 싶고, 시키고 싶은 모양이다(positional goods 나 trophy wife 役割). 이러한 사회적 수요(需要)에 부응하고자 하기 위해서인지 몰라도 우리나라도 언젠가 대학(실업계 고등학교는 물론이다)에 정식 교육부학위과정인 애완견 관련학과도 생겼다. 주위에는 동물과 관련된 상점[pet shop]들이 갑자기 늘어났다. 호화판 반려견 사랑은 또 하나의 자본주의 시장경제의 크나큰 소비 영역을 잉태하게 한 것이다. 수익성 좋은 반려용품 시장에 진입하려는 업체들에게 컬럼비아대학 마케팅 교수인 모리스 B. 홀브록(M. B. Holbrook)은 다음과 같은 조언을 하였다고 한다. 이 조언에서도 반려동물과 시장경제가 매우 밀접하게 연결되어 있음을 찾아볼 수 있다. "사람들에게 사실 당신들은 애완동물의 주인이 아니라는 점, 그리고 애완동물은 소유물이 아니라 다른 가족처럼 필요와 욕구와 권리를 지닌 반려동물이라는 점을 각인시켜라"(M. B. Holbrook, 2008: 546-552; Herzog, 2011: 128 재인용). 그렇다면 반려견 시장의 규모는 얼마나 될까? 반려동물 시장의 규모를 안다면 반려견 시장의 규모가 어느 정도 큰지 가늠할 수 있을 것이다. "애완동물을 기르는 미국 가정은 지난 10년 사이 조금 늘어난 반면, 이들이 동거하는 동물에게 쓰는 비용은 급증했다. 현재 미국인은 영화 비디오게임, 음악에 쓰는 돈을 합한 액수보다 더 많은 돈을 애완동물에 쓴다. 그 내역을 보면 식품과 영양보조제에 들어가는 돈 170억 달러, 병원진찰비 120억 달러, 고양이용 깔개나 디자이너가 만든 강아지 옷, 개 목걸이와 가죽끈, 사료통, 장난감, 생일카드 등 애완용품에 드는 돈은 100억 달러 등이다.[135] 게다가 애완동물 보모, 애

---

135) "미국의 애완동물 소유자들은 해마다 애완동물 사료에 약 110억 달러를 지출하고 있

완동물 호텔, 목욕 및 몸치장 서비스, 복종훈련, 마사지, 애견 산책 인고용, 납골시설, 보험, 뉴에이즈 동물대화 서비스 등에 쏟는 비용으로 30억 달러가 추가된다"(Herzog, 2011: 124 재인용; 최훈, 2019: 353 참조). 연구자들은 반려동물의 사랑[호화 반려견사랑]에는 '자기과시(自己誇示, 地位財인 伴侶犬)'가 숨어 있다는 것을 인지하였다(Harris, 2010: 225-226; Serpell, 2003: 83; 안용근, 2000: 282). 마빈 해리스(Marvin Harris)는 애완동물에 대하여 다음과 같이 설명하고 있다. 애완동물을 사육하는 것은 '나는 너희와 달라.' '나는 이런 것도 가질 수 있는 능력의 소유자야!'라는 과시의 신호를 역사적으로 보여주고 있다는 지적이다(Harris, 2010: 225-226; 안용근, 2000: 282 참조).

제임스 서펠(James Serpell)은 앞서 해리스가 지적한 비슷한 사례를 시기를 오늘날로 앞당겨서 다음과 같이 적고 있다. "정도는 덜하지만 오늘날에도 동물은 그런 목적으로 사용된다. 잘 치장된 우아한 아프가니스탄 사냥개는 밍크코트나 롤스로이스 자동차와 비슷한 역할을 한다. 주인의 지위와 권세를 드러내는 지표가 되는 것이다"(Serpell, 2003: 83). 오늘날 호화판 반려견사랑은 자기과시적 소비(自己誇示的消費, 소스타인 베블런[Thorstein Veblen]이 지적한 Conspicuous Consumption)의 형태를 담고 있는 것이다. 반려견을 기르는 것은 자신의 경제적, 사회적 지위를 보여주는 사회적 지위 상품(social positional goods)의 한 형태로 이미 우리 안에 들어와 있는지도 모른다. 그러한 사회적 현상에 편승하기 위해 호화판 반

다"(Fitzgerald, 2008: 137; 최훈, 2019: 353 참조).

려견 유행에 무의식적으로 동참하고 있는지 모른다. 마치 과거에 외제(外製, Made in USA, Made in Japan에 대한 애착, 심지어 양 [洋]담배도 그러한 역할을 했었다[강준만, 2011])가 그랬던 것처럼, 최근에 고가의 유모차가 그러한 역할을 하는 것처럼 말이다. 이는 경제적 사정이 어려우면 유기견(遺棄犬)들의 개체수가 큰 폭으로 증가한다는 점에서 충분히 확인할 수 있는 부분이지 않을까 하는 생각을 해본다.

　(b) 道를 넘은 반려견 사랑: 일부 소수에 의한 것이며 정상이라 기보다는 비정상적(非正常的)이며 병적(病的)인 도를 넘는 형태의 반려견 사랑도 행해지고 있다. 자기가 낳은 자식보다 반려견을 더 사랑하고, 더 챙기는 극단적인 현상들이 나타나고 있다. 죽은 자식 은 또 낳으면 되니까 제발 자신이 아끼던 개를 죽이지 말라는 것 이다. "텍사스의 한 미용사는 아끼던 로트바일러(Rottweiler) 종 개 가 태어난 지 4주 된 자기 딸을 죽여 잡아먹었는데도 그 개를 죽 여야 한다는 말에 병적으로 흐느꼈다는 도저히 믿기지 않는 이야 기도 있다. 그 후에 그녀는 '아이는 언제든 다시 낳을 수 있지만 내 사랑하는 개 바이런은 무엇으로도 바꿀 수 없다'고 말했다고 한다"(Serpell, 2003: 50-51). 도(道)를 넘는 사랑은 수간(獸姦)의 형태로도 나타나기도 한다.136) 인간의 성적 결합이 성적 상대자에

---

136) 수간의 역사는 동물을 기르는 역사만큼 오래되었다고 한다. 수간은 신비주의와 토템의 형태
　로 나타나기도 한다. "감정적 접촉의 수준이 때로 적정선을 넘어서는 경우도 있다는 것은 전
　혀 놀라운 일이 아니다. 사람과 동물 사이의 성적 관계를 의미하는 동물성애(動物性愛)와 수
　간(獸姦)은 아마도 동물을 기르기 시작한 역사만큼이나 오래된 일일 것이다. 하지만 그런 일
　은 대부분 언제 어디에서든 강한 금기나 신비주의 또는 토템(Totem) 신앙의 뒤에 감춰지기
　쉽다. 동남아시아, 오스트레일리아, 북미의 여러 지역에는 먼 옛날 여자와 수캐(드물게는 남
　자와 암캐) 사이의 성적 결합으로 자기네 조상이 태어났다고 믿는 토착민들이 있다"(Serpell,

대한 존중과 비하의 형태로 나타날 수 있다고 이미 언급한 것처럼, 수간 또한 성적 대상이 되는 동물에 대한 존중(인간의 성적 대상으로 지위상승)과 동물에 대한 학대(虐待, 단지 인간의 성적 만족을 위한 하나의 **道具的手段**, 지위하락)의 형태로 나타날 수 있다.137) 성적 대상인 동물에 대해 어떤 감정을 가지고 있었던지는 매우 복잡한 문제이기 때문에 여기서는 미루고 다만 현실적으로 수간이 이루어지고 있다는 것이다. "하드코어 포르노로 돌아가 보자. 포르노 중에는 수간(獸姦)을 다룬 것이 많은데 그 대종은 개와의 섹스, 그리고 말과의 섹스다. 가장 보편적인 것은 역시 개와 여자의 섹스다. 말같이 큰 개가 침대에서 여성과 그 짓을 한다. 이것이 포르노에서나 그친다면 좋겠는데 혹시나 실제 성생활에서도 그

2003: 58).; 개 설화를 보면 개와 통정이 많이 나온다. 개가 남자 행세를 하며 여자와 한다는 견간(犬姦)이 주종이다. 명말청초 때의 포송령(蒲松齡)이 쓴 『요재지이초(聊齋志異抄)』에 수록된 이야기 한 토막. "청주(淸州)의 장사꾼 모는 먼 곳으로 길을 떠나 1년이 지나도 집으로 돌아오지 않았다. 모의 처는 흰 개를 한 마리 기르고 있었는데, 그 개를 끌어다가 잠자리를 같이하여 개도 그것이 습관이 되었다. 어느 날 남편이 돌아와서 처와 함께 침대에 들어가 있으니, 개가 느닷없이 들어와서 침대에 올라 상인을 물어뜯어서 마침내 죽여버렸다. 마을에서 이 사실을 전해 듣고, 모두들 예삿일이 아니라고 하여 관가에 고발하였다. 관리는 아낙네를 고문에 부쳤으나 사실을 고백하지 않으므로 옥에 가두었다. 그리고 개를 묶어오게 하여 아낙네를 끌어냈다. 개는 아낙네를 보자 한걸음에 달려가서 아낙네의 옷을 갈가리 찢고 잠자리 흉내를 냈다. 사정이 이렇게 되매 아낙네는 변명의 여지가 없었다. 관가에서는 해부원(解剖院)의 관원 두 명에게 그중 한 사람은 아낙을 호송하게 하고 또 한 사람은 개를 호송케 하였다. 그들이 성교하는 모습을 보고자 하는 이가 있으면 관리는 둘을 끌어다가 그 일을 시켰다. 그런 때에는 구경하는 자가 언제나 수백 명에 달하였다. 그로 해서 관청에서는 크게 돈벌이가 되었다. 뒤에 사람과 개는 촌책(寸磔, 몸뚱이를 갈기갈기 찢는 형벌)의 형벌에 처하여 죽여버렸다"(주강현, 2002: 215, "214페이지 '반인반견의 섹스 목조동상, 인도'"도 참조).

137) 루디네스코(Elisabeth Roudinesco)는 다음과 같이 지적한다. "오늘날에는 동물을 학대한 경우에만 법의 처벌을 받는다. 그러나 남자든 여자든 동물과 성관계를 맺는 것 역시 일종의 학대를 토대로 하는 것이 아닐까? 이 문제는 오늘날 크나큰 논쟁의 대상이다"(Roudinesco, 2008: 209, 109 각주).; 괴첼(Antoine F. Goetschel)은 동물성애를 기술하고 있다. "동물과의 성행위에는 동물의 성기에 (인간의 성기나 혹은 다른 물건을) 삽입하거나 동물의 성기를 인간의 몸에 삽입하는 것, 오럴 성행위를 비롯해 자신의 성기를 동물의 몸에 비비는 행위 따위가 포함된다"(Goetschel, 2016: 88).; 동물성애와 음경암에 관한 연구에서는 동물성애와 음경암과의 상관관계를 설명하는 두 가지 실마리를 제시하고 있다. 첫째, 동물의 점액과 동물에 서식하는 미생물과 자주 접촉한다. 둘째, 성기에 잘 맞지 않는 '입구'에 삽입하면서 성생활을 시작한 동물성애자들은 음경에 미세한 외상이 많이 생겨서 질병에 더 쉽게 노출된다(Barthelemy, 2015: 120 재인용).

런다면 어쩌랴! 나는 이 분야에 관한 비전문가일뿐더러 정확한 정보도 갖고 있지 못하나 서양에서는 여성들이 개와 실제 수간을 하는 경우도 있다고 전해 들었다. 반드시 삽입 성교가 아니더라도 개와 직접적 섹스 이상의 애정 표현을 하는 경우가 많다고 한다. 가령, 벌거벗은 여성이 개를 품에 안고 같은 침대에서 잠을 자는 것 따위가 그것이다"(주강현, 2002: 218).

(4) 핸들링의 未熟

주위에서 자신들이 기르는 반려견에 대한 핸들링의 미숙으로 발생하는 사고들을 쉽게 접할 수 있다. 자신이 기르는 개조차도 개 주인[犬主]이 자유롭게 통제하지 못함으로써 문제를 야기하는 경우다. 수면을 방해할 정도로 밤에 짖는다든가, 지나가는 행인에게 달려든다든가, 산책 중에서 개들끼리 싸운다든가 하는 일들이 빈번하게 주변에서 일상 발상하고 있다는 것이다(유기견에 의한 피해도 큰 범위에서는 사회적인 핸들링의 부족의 한 결과도 포함되어 있다고 생각된다. 고의적으로 유기하지 않았다면). 물론 극단적 사례이겠지만 개들이 자신들의 주인이나 주인의 가족에게 공격성을 보이거나 심지어 물어 죽이는 경우가 왕왕 있음을 헤르조그의 책에서 심심찮게 그 사례들을 접할 수 있었다(Herzog, 2011). 최근에 개와 관련해서 중국에서 발생한 일이 뉴스에 소개된 적이 있었다. 남의 일같이 느껴지지 않는다. 개만 보면 기겁하는 딸아이를 둔 아버지로서.138) 최근 우리나라에서 개들에 대한 핸들링 미숙으로 발생한

---

138) 한승호, "아들 보호하려 개와 '5분 사투' 中 모성애에 감동물결", <연합뉴스>, (2015.05.09.);
박태근, "핏불이 주인 일가족 4명 공격, 1명 사망…美 반려견 공격 사망사고 잇따라", <동아일보>, (2020.02.12.); 우리나라의 경우 김유대, "용인 반려견 물림 사고 견주, 벌금 5백만

문제들에 대한 인터넷 기사들이다. 참고해보라. 폭스테일러 종과 관련해서 최근에 이 사회를 달구었던 사건으로는 최종호·권준우, "안성서 60대 여성 산책 중 도사견에 물려 사망" <연합뉴스>, (2019.04.10.). 이소은, "폭스테일러, 36개월 여아 물고 흔들어…입마개 강제규정 없어 '불안'" <한국경제>, (2019.07.04.)

3. 담배

앞에서 본 것처럼 담배회사들이 다국적, 전(全) 지구적 거대 농식품기업들과 긴밀하게 연관되어 있었다는 사실을 확인하였다. 세계화의 과정에서 형성된 거대 초국적 농식품기업이 세계 먹을거리의 안전성을 위협하게 된 원인에 '돈'이 자리를 차지하고 있는 것처럼 담배회사들의 영업의 중심에도 돈이 자리를 차지하고 있다는 것은 쉽게 파악할 수 있는 부분이다.139) 그렇기 때문에 그들은 담배를 파는 것[中毒販賣]에만 열중할 뿐이지 담배로 인한 해악(害惡)에 대해서는 신경도 쓰지 않을뿐더러, 심지어는 담배로 인해 발생하는 그러한 부정적인 결과들을 의도적으로 숨기려고 한다. 그래서 "담배산업에 종사하는 '연구원들'은 수십 년 동안 수많은 독립적인

원", <KBS>, (2020.02.03.); "[뉴스 따라잡기] '주인 무는 개'…맹견에 물려 80대 사망", <KBS>, (2015.03.04.).

139) "궐련은 눈속임이다. 겉보기에는 단순히 담뱃잎을 종이에 말아놓은 단일물로 보인다. 하지만 이 늘씬한 담배 막대는 실은 고도의 가공을 거친 합성물이다. 사실 궐련 한 개비의 약 60%만이 담뱃잎이다. 30%는 재생(再生) 담배[잎의 주맥(主脈) 등 가공 공정에서 생기는 부산물들을 여러 공법으로 필요한 형태로 성형시킨 것-역주]와 잘게 썬 줄기로 속을 채운다(이 30%를 섞음으로써 담배회사들은 제조 원가를 절감할 수 있다. 속의 기본 재료는 전에는 그냥 버리던 찌꺼기이기 때문이다). 나머지 10%는 향료와 습기를 유지하는 보습제다"(Parker-Pope, 2002: 102; Hilts, 1996: 60 참조).

연구에도 굽히지 않고, '흡연과 암' 혹은 흡연과 심장병 등의 '사이에는 아무런 관계가 없다'고 주장했었다"고 지적하기도 한다 (Pawlick, 2009: 120). 역설적이게도 과거엔 담배를 만드는 데 예산을 지원(支援)하자는 주장까지 있었다고 한다. '인체에 무해한 담배'140)를 만들 수 있도록 지원하자는 주장도 했었다는 것이다. 담배 자체가 유해한 것인데도 불구하고 러셀 사이츠(Russell Seitz)는 잡지 『포보스』에 기고한 글에서 정부는 흡연을 억제하려 하기보다는 무해한 담배를 만드는 연구를 지원하는 게 낫다고까지 주장하였던 것이다. "어쨌든 정부는 온갖 종류의 안전한 장치를 지원하고 있고 그중에는 가치가 의심스러운 것도 많은데, 무해한 담배를 만드는 데 돈을 좀 쓰면 어떤가? '이제까지 자동차 배기가스를 줄이고 에이즈를 치료하고 예방하는 데 막대한 액수를 써서 좋은 효과를 보았다' 담배에 대해서도 똑같이 하면 되는 것 아닌가?"(Russell Seitz, 1997: 181; Oreskes and Coway, 2012: 314 재인용). 담배회사는 소비자인 흡연자의 건강에 절대적으로 신경을 쓰지 않는다. 다만 자신들의 이익에만 신경을 쓸 뿐이다. 이것이 바로 담배를 이해하는 데 중요한 기본전제일 것이다.

---

140) "무해한 담배" 매우 역설적인 표현이며 사람의 담배에 대한 무장 해제시키기 위한 표현이다. 담배가 무해하고 유해한 것이 어디 있겠는가. 담배는 다 담배며, 다 유해할 뿐이다. 설탕과 마찬가지다. 당분은 다 당분으로 사람이 건강에 좋지 않음에도 불구하고, 유기농설탕, 갈색설탕 등으로 우리를 유혹한다. 꼭 기억해야 할 것은 당(糖)은 단지 당(糖)일 뿐이다. 많이 먹으면 독(毒)이 된다.

1) 담배 情報誤解

(1) 담배가 담파고(淡婆姑)

담배의 전래와 확산은 담배에 대한 불확실한 정보와 깊게 관계되어 있다. 이는 당시 담배를 뜻하는 한자에서 찾을 수 있다. "한자로 표기할 때는 담파고(痰婆姑, [가래를 삭여준다고 해서 '담백한 할머니']) 내지 담파괴(痰破塊, [가래를 파괴하는 덩어리])라고 많이 했었다. 당시에 담배는 기호품이 아니라 가래를 삭여 주는 약초로 수입되었기 때문이다"(안대회, 2015: 18). 과거 일본 상인들은 담배를 '만병통치약'으로 우리나라에 소개했었다고 한다(안대회, 2015: 34). 담배가 들어올 때 약(藥) 그것도 만병통치약(萬病通治藥)으로 들어온 것이다. 그래서인지 몰라도 이수광은 우리나라 최초의 문화 백과사전으로 알려진 자신의 책, 『지봉유설』에서 "병든 사람이 그 연기를 마시면 능히 가래를 제거한다"라는 기록까지 남길 정도였다(황계식, 2005: W5; 강준만 2011: 17 재인용; '갈수록 태산이다'). 심지어 애연가(愛煙家)였던 조선의 22대 정조 대왕[本名, 李祘]은 국가적으로 담배를 권장하기까지 했다고 한다(안대회, 2015: 128). 그 똑똑한 영조가 아니 이럴 수가 있는가! 서양에서도 마찬가지다. 처음에 이들도 담배에 대한 정보가 무지했던 것은 마찬가지였다. 그래서 서양에서도 담배가 치료의 효과가 있는 약으로 처음에는 소개되었다. 타라 파커-포프(Tara Parker-Pope)의 책에서 "콜레라 예방을 위해서 담배를 피우고 있는 여성"들의 모습을 그린 그림을 확인할 수 있다(Parker-Pope, 2002: 23, "그림 설명"의 글). 담배와 관련해서 심지어 다음과 같은 기막힌 내용도 소개되어 있는 것도 볼 수 있다.[141]

딱한지고, 당대의 천식 환자들이여! 의사들은 담배 연기를 치료제로 추천했다. 진주처럼 희고 반짝이는 치아를 자랑하고 싶거든 담뱃재로 이를 문질러라. 기억력이 나쁘다? 16세기의 의사들은 담배를 권했다. 그 연기가 '기억의 거처인 뇌로 올라가기' 때문이라는 것이다. 역병(疫病)은 또 어떤가? 의료 당국은 담배가 병을 꼼짝 못하게 붙들어 두리라고 굳게 믿었으며 1665년 런던 대역병 때는 널리 흡연을 권장할 정도였다. 역병이 유행한 몇 년 동안 영국 이튼 칼리지의 소년들은 일과인 흡연을 하루라도 거르면 채찍질을 당해야 했다(Parker-Pope, 2002: 24; Burns, 2015: 60 참조).

담배에 대한 잘못된 정보를 줬다는 것이다. 그것도 다른 사람도 아닌 국민들의 건강에 힘써야 할 의사 선생님들께서. 또 잘못된 담배에 대한 정보 때문에 학교에서는 역병에 대한 예방의 차원에서 흡연을 권장하기까지 했으며, 학생들 중에 담배를 피우지 않는 이들이 있으면 처벌을 가했다고 한다. 그것도 평범한 체벌이 아닌 채찍질까지 학생들에게 가했다는 것은 정말로 믿겨지지 않는 내용이다. 그것도 영국의 명문 이튼 칼리지에서 말이다. 믿기지 않을지 모르지만 그게 다 과거의 그 시점에서는 있었던 사실이다. 오늘날 흡연하고 있는 어린 학생들은 아마 이 이야기를 들으면 어떤 생각이 들까? 학생들이 담배를 피워도 된다고? "어이 학상, 꿈 깨시라. 담배는 모두 독이다. 어른들 봐라, 지금까지 피운 사람도 금연하려고 노력하고 있는 것 주변에서 보지 않는가? 담배 물려는 생각은 안 되네!"

---

141) 1819년에 영국 골동품상 토머스 포스브록(Thomas Fosbroke)이 남긴 기록에 이런 충격적인 내용도 포함되어 있다. "담배가 상용화되기 시작했던 18세기 글로스터(Gloucester)에서는 어린이들이 책가방에 담뱃대를 넣어 갖고 다녔다. 담뱃대에 담배를 채워준 것은 다름 아닌 아이들의 어머니였다. 그것이 아침식사 대신이었다"(Anderson, 2016: 381 재인용).

(2) 恒常 담배는 담파귀(膽破鬼)

시간이 지나면서 담배의 정체에 대해서 알게 된 것은 바로 담배가 담파고(淡婆姑) 또는 담파괴(痰破塊)가 아니라, 담파귀(膽破鬼) 또는 담파괴(淡破塊)였다는 것이다.[142] 담배라는 것이 몸에 유익한 것이 아니라, 흡연자의 담(膽, 쓸개, 마음, 육체)을 파괴하는 마귀(魔鬼)와 같은 존재라는 것을 알게 되었다. 담배는 약이 아니라, 담(淡·膽)을 파괴(破하)는 괴(塊, 덩어리)에 불과하다는 사실에 대해서 그제야 깨닫기 시작한 것이다.

참고로 역사적으로 아이러니한 것은 과학적으로 담배의 이러한 부정적 정체를 밝히는 것을 지연시키는 데에 이데올로기의 역할이 크게 작동하였다는 점이다. 담배의 정체(무엇보다도 폐암[肺癌]의

---

142) 담배의 도입 과정을 집적 목도한 유몽인은 『담파귀설』에서 담배는 건강에 치명적인 해를 가하므로 피워서는 안 된다고 주장하였다. 그는 흡연의 후유증으로 사람들이 죽고 병드는 것을 직접 목도하였는데, 그 심각한 해독을 모르고서 흡연자가 폭증하는 실태를 보고 금연을 주장했다. 그는 글의 끝 대목에서 "근래 골목 사이에서 '한밤중에 때때로 일어나, 간담을 해치는 담파귀(膽破鬼) 요물을 만든다'라는 동요가 유행한다. 이보다 요사스러운 물건이 없다. 내가 이에 글을 지어 식견이 없어 억울하게 죽은 온 세상 사람들을 경계하고자 한다"라고 썼다(안대회, 2015: 95 재인용; 유몽인(柳夢寅), 「묵호고(黙好稿)」, <膽破鬼說>, [조선인쇄주식회사, 1937] 참조).; 담배에 대해서 강력하게 반대한 사람 중의 한 명은 바로 영국의 제임스 1세다. "급기야 엘리자베스의 왕위를 승계하자마자 그 당시의 가장 유명한 흡연 반대 소책자인 『담배에 대한 반론(Misocapnus, sive De abusu tobacci; Counterblaste to tobacco)』(1604)을 펴냈다"(Burns, 2015: 94).; 제임스 1세가 쓴 『담배에 대한 강력한 항의(A Counter Blast to Tobacco)』(1616)라는 소책자를 통해서 왕은 흡연이라는 '지저분하고 새로운 습관'을 통렬하게 비판했다. 왕은 다음과 같이 흡연을 규탄했다. "눈으로 보기에 혐오스럽고 코로 맡기에 역겨우며 뇌에 해롭고 폐에 위험하며, 그 시커멓고 냄새가 고약한 연기는 바닥을 볼 수 없는 지옥의 구덩이에서 나오는 끔찍하고 새까만 연기와 흡사하다"(Gooden, 2015: 134 "그림 설명 글"에서).; 사토 겐카로는 제임스 1세의 담배 탄압에는 다음과 같은 복잡한 배경이 있다고 한다. "제임스의 모후인 메리는 엘리자베스 1세에 의해서 처형되었으며, 제임스는 어머니의 적의 후계자로서 잉글랜드의 왕위에 올랐다. 이로 인해 엘리자베스 시대의 정책이나 문화를 뒤집는 것에 열중했으며, 담배도 그 목표물이 되었던 것이다. 제임스는 담배의 관세를 40배 이상 인상하는 극단적인 정책을 취했으나, 이미 담배의 맛을 알게 된 민중이 느닷없이 금연을 할 수는 없었다. 결국 밀수입의 급증을 초래했으며 그의 재위 중에 담배의 소비량이 오히려 늘었다는 이야기도 있다"(Sato, 2015: 115-116).

원인이라는 것)를 나치 지배하의 독일 과학자들은 이미 알고 있었다고 한다. 독일 과학자들의 폐암의 원인으로서의 흡연에 대한 연구결과들은 독일 나치와의 연관성으로 인해서 다른 과학자들로부터 무시되고 배척되었기 때문에 담배가 폐암의 원인이라는 담배의 부정적 정체가 밝혀지는 데 시간적으로 지연되었다는 지적이다[나치=배척, 나치 과학 연구결과=흡연 발암원인=배척]. 시간이 지나서 독일 과학의 연구 성과들에 대해서 재발견될 때까지 말이다. 이는 목욕물만을 버려야만 하는데도 불구하고 목욕통 안에 있는 아이까지 버리는 결과가 나타나고 만 것이다. "일찍이 1930년대에 독일 과학자들은 흡연이 폐암을 유발한다는 사실을 보여주었고, 그 결과로 나치 정부는 대대적인 금연 캠페인을 벌였다. 아돌프 히틀러는 자기 앞에서 절대 담배를 피우지 못하게 했다. 그렇지만 독일의 과학연구는 나치와의 연관성 때문에 오명을 얻었고, 전쟁 이후에 실제로 금지되지는 않았을지라도 어느 정도는 무시당했다. 독일 과학이 재발견되고 독자적인 유효성이 인정되기까지는 얼마간의 시간이 걸렸다"(Oreskes & Coway, 2012: 47 재인용; Procter, 1999; Procter, 2001; Davis, 2007 참조)[참고로, 히틀러는 제3제국 기간 중 모든 곳에 '독일 여성들은 담배를 피우지 말라[Deutschen Weiben rauchen nicht]'는 표지판을 내걸었다고 한다(김정화, 2000: 58)].

2) 확실한 건, 담배는 全部 毒

두말할 것 없이 담배는 전부 다가 독이다.143) 그것도 중독성이

---

143) 조선에서 흡연의 해로움은 다음과 같은 인물들에 의해서 지적되었다고 한다. "이덕리는 담배의 해로움을 진기 소모, 시력 저하, 의복 착색, 서책 오염, 화재 유발, 치아 상해, 체면 손상, 행동 불편, 예모(禮貌) 불경, 공경 소홀 등의 열 가지 이유를 들어 설명했다. 비슷한 시기에 금

매우 심한 독. 그래서 담배를 마약(麻藥)이라고까지 한다. 이것이 바뀌지 않는[않을] 담배에 대한 불편한 진실이다.

(1) Smoking Kills

담배는 독이다. 심지어 흡연과는 무관한 옆에 있는 간접 흡연자에게까지 악영향을 미친다. 아니 지금은 '제3차 흡연'이라고 해서 흡연자의 의류에 묻은 담배 연기와의 피부접촉 등으로 인해 니코틴 흡수의 폐해까지 거론되고 있는 실정이다(김관옥, 2010: 123). 개인적으로 다닌 구립도서관의 열람실 문에 제3차 흡연의 해악에 대해 알리는 경고문이 붙어 있어서 매우 기분이 좋았다. 왜냐하면 한번은 내가 앉은 반대쪽에 여학생이 뒤늦게 앉았는데, 담배 냄새가 너무 나서 머리가 아플 정도였기 때문이다. 결국 자리를 옮겨야만 했다. 그 여성으로부터 최대한 멀리 피해야 했던 것이다. 일반적으로 남자에게서 나는 심한 담배 냄새가 여자에게서 그것도 나이 어린 여자에게서 난다는 것에 대해서 지금도 매우 당황스럽다. 남자는 그러려니 해왔지만 여성이 그럴 정도가 될 줄이야 알았겠는가. 또 성차별, 그런 말은 제발 하지 마시라. 오래전 베네통에서 만든 <컬러스>(COLORS)라는 잡지에 실린 기사에는 담배가 어떤 화학물질

연론을 적극적으로 주장한 글로는 이현목의 「담바고 사연」, 황인기의 「남초 이야기」, 윤기의 「어른과 어린이의 윤리와, 높은 자와 낮은 자의 질서가 담배로 인해 파괴된다」가 있다. 이 글들은 흡연으로 인한 폐해를 조목조목 비판하여 금연이 실시되어야 함을 주장했다. 대체로 보아, 흡연이 인간의 건강에 미치는 좋지 못한 영향, 담배 재배에 따른 경작지 축소와 식량부족, 담배로 인한 화재 사고, 담배로 인한 주위 환경 불결, 흡연으로 인한 사회질서와 풍기문란 등의 항목으로 요약할 수 있다"(李鈺, 2008: 22-23).; 담배가 독이나 끊지 못하는 중독의 현실을 예술가의 작품에서도 볼 수 있다. 골초 중의 한 사람이 빈센트 반 고흐의 「담배 피우는 해골」[캔버스에 유채, 32×24.5cm, 1885. 암스테르담 반 고흐 미술관]이다. "초기작으로 유명한 「담배 피우는 해골」은 반 고흐가 명백하게 담배의 함의를 이해하고 있었다는 사실을 말해준다. 죽음을 상징하는 해골이 담배를 피우고 있는 화제(畵題)를 선택했다는 것 자체가 이를 증명하는 것이다"(이택광, 2014: 129; 참고로 「담배 피우는 해골」 그림은 128페이지에 나옴).

들로 이루어져 있는지를 일반인들도 알기 쉽게 설명해놓고 있는 것을 볼 수 있다고 한다(김형국, 2010: 76-77 재인용; 보건적 접근은 박영철, 2011 참조; 담배의 성분 정보는 박재갑·서홍관 외 7인 공저, 2006: 13 참조). 그리고 "최근 'Cancerettes(cancer+cigarette)'라는 신조어가 말해주듯이, 담배는 암의 또 다른 동의어가 되었고, 간접흡연을 유발시키는 흡연자는 비흡연자에게 암을 '전염'시키는 살인범과 같은 존재로 취급되기도 한다"(김관옥, 2010: 145). 담배는 중독성이 매우 심하기 때문에 마약이라고 불린다. 담배에 들어 있는 니코틴의 약물 의존도를 살펴보면 마약인 헤로인, 코카인보다 더욱 강한 물질이라고 지적한다.[144] 실질적으로 니코틴이 마약과 비슷한 구조를 하고 있다고 한다. "1995년 12월 8일 『월스트리트 저널(The Wall Street Journal)』은 미국의 담배 제조업체인 필립 모리스가 만든 비밀 보고서에 니코틴을 그 구성과 뇌에 대한 영향의 측면에서 마약에 비유하고 있다고 보도했다. 이 보고서는 흡연자가 니코틴을 몸속으로 전달하기 위해 담배를 피우며 니코틴은 코카인, 모르핀, 키닌 또는 아트로핀 같은 마약과 구조가 비슷한 화학물질이라고 지적했다"(강준만, 2011: 138 재인용; "'니코틴, 마약과 비슷한 구조'/미 담배제조사 '비밀보고서'", <동아일보>, [1995.12.10.], 29면 참조). 담배의 강한 중독성 때문에 캐나다의 경우 담뱃갑에는 다음과 같은 경고의 글귀가 실질적으로 적혀 있다고 한다. "여러 연구결과에 따르면 담배는 헤로인 혹은 코카인보다 끊기가 더욱 어렵습니다(Studies have shown that tobacco can be

---

144) 김관욱은 담배가 마약과 같은 중독성이 있기 때문에 흡연을 위해서는 마약의 특징을 이용한 100일 작전이 필요하다고 말한다(김관욱, 2010: 199-200).

harder to quit than heroin or cocaine)(National Institute of Drug Addiction)라고 말이다"(김관옥, 2010: 45, "[표] 설명의 글"에서 참조). 흡연은 DNA의 손상과 비(非)유전자적 손상을 가져온다고 한다. 비유전자손상-발암물질의 일종인 보조발암물질이 담배 연기 속에 존재하며 이들은 돌연변이와 동시에 흡입되어 흡연에 의한 발암 촉진과 증가를 유도하는 주요 기전으로 이해되고 있다(박영철, 2011: 195 "그림 설명 글"; 박영철, 2011: 87 "그림: 독성유발을 위한 생체 내에서 화학물질의 형태" 참조).

(2) Second-hand smoking and third-hand smoking Kills

흡연은 간접흡연의 피해도 가져온다. 담배의 역사를 보면 간접흡연으로 인한 다툼들이 과거부터 존재했다는 것을 찾아볼 수 있다. 우리나라의 경우, 1923년 축구 경기장 부녀 좌석에서 기생이 담배를 피우자 여학생이 "공중이 모인 곳이니 담배를 삼가달라"고 말해 한바탕 싸움이 벌어진 일도 있었다고 한다(강준만, 2011: 31 재인용: "축구대회는 무기연기", <조선일보>, [1923.11.25.] 夕刊 3面). 비흡연자들은 간접흡연에 대해서도 비판하기 시작하였던 것이다. 1904년 『하서프 위클리(Harper's Weekly)』는 흡연예절을 비판한 내용의 글도 실렸었다. "전차에 불붙은 시가를 들고 올라와 타고 내리느라 자기 앞을 바삐 지나는 승객들의 면전에서 피우는 사람들은 명백히 다른 사람들의 권리를 침해하고 있거니와 참으로 꼴불견이다"(Parker-Popper, 2003: 211 재인용). 일반적으로 담배 연기 중 주류연(mainstream smoke, 主流煙)에는 약 2,500여 종, 부류연(sidestream smoke, 部類煙)에는 은 4,000여 종의 화학물질이 포함되어 있어서 상대적으로 부류연을 들이마시는 간접흡연이 건강에 더 안 좋을 수 있다는 점이 지적되고 있다(박영철, 2011: 85-85 참조; 김정화, 2000: 261 참조). 최근 2차 흡연으로 인한 피해 중 문제시되고 있는 것이 임산부에게 있어서의 카드뮴 농도인 것 같다. 지속적인 간접흡연에 대한 노출은 뇌졸중과 심장병 위험을 30% 정도 높인다고 한다(이충헌, 2015). 3차 흡연 피해의 위험성에 대해서도 강조되고 있다.145) 특히 아이들의 건강에 부정적 영향을 미친다는 연구결과다. "서울대병원 강혜련 교수 연구팀의 연구에 따르면 부모의 흡연에 직접 노출된 적이 없는 아이들(3차 간접흡연 노출군)은 비흡연자 부모를 가진 아이들에 비해 야간 기침은 20%, 3개월 이상 만성 기침은 18%, 발작적 연속 기침은 20% 정도 경험 비율이 높은 것으로 나타났다"(김우영, 2013; 임혜진, 2014; 간접흡연과 흡연효과는 김관옥, 2010: 144 그림 참조).146)

3) 잘못된 정보의 持續的 再生産

담배가 발암물질이고, 마약처럼 중독성이 강하다는 것뿐만 아니라 직접흡연뿐만 아니라 간접흡연(2차·3차 흡연) 또한 매우 건강에 좋지 않다는 사실이 일반적으로 알려져 있다. 그러한 것들이 이

---

145) "3차 흡연이란 담배 연기를 마시지 않아도 연기에 노출된 물건을 통해 흡연의 영향을 받는 것을 의미한다"[주성배, "'신동엽VSrla상중' '3차 흡연', 간접흡연 만큼이나 해롭다[별별TV]", <스타뉴스>, (2019.09.15.) 참조].

146) "매년 흡연으로 사망하는 인구는 전체 사망자의 5분의 1이라는 놀라운 결과가 있다. 이처럼 엄청난 수의 사망자 대부분은 죽음을 자초한 것이지만, 그 가운데 3만 8,000명은 간접흡연 때문에 사망했다. 따라서 이로 인한 사망은 살인까지는 아니더라도 적어도 과실치사 정도로는 간주할 수 있다. 간접흡연으로 발생하는 사망자 수는 매년 교통사고로 죽는 사망자 수와 비슷한 수준이다. 사실 간접흡연은 가장 심각한 살인 방법이다. … 심지어 과학자들은 연기가 사라진 후 남은 화학물질에 의한 3차 간접흡연에 대해서도 경고하고 있다"(Akst, 2013: 37-38).

제는 상식이 되었다. 그럼에도 불구하고 일부에서는 아직도 잘못된 정보가 재생산되어 돌아다니고 있다는 점이다.147) 잘못된 정보로 인해 담배를 접한 사람들은 담배가 가지고 있는 강한 중독성으로 인해 흡연의 늪에서 빠져나오지 못하고 있는 경우도 있다. 담배회사는 담배가 가지고 있는 살인적인 강한 중독성을 알고 있기에 다양한 방법을 통해서 일반인들이 중독성이 강한 니코틴과 어려서부터 쉽게 만날 수 있는 기회를 제공하려고 들기 때문이다. 진실을 숨기는 방식으로 말이다.

(1) 廣告를 통해서

"그들은[담배를 파는 사람들과 기업들] 브랜드전문가는 물론 유능한 화학자들을 총동원하여 어떻게든 사람들이 담배를 입에 물도록 한다. 일단 입에 물리고 나면 나머지는 니코틴이 알아서 평생토록 관리해준다"(김관욱, 2010: 18). 담배는 중독으로부터 자유롭지 못하다는 사실에 대해서 그들은 익히 잘 알고 있다. 그렇기 때문에 어떻게 해서든지 사람들로 하여금 담배를 물도록 하는 방법을 간구한다. 한번 물고 나면 그다음에 대해서는 굳이 신경을 쓸 필요가 없다. 중독에서 헤어나지 못한다는 것을 알기 때문에 그래서 담배회사들이 선택한 것이 바로 광고와 마케팅 등을 통한 판촉활동이다. 많은 돈을 지불해서라도 입에 담배를 물게 하는 것이다. 시간이 지나면

---

147) "오늘날 문제는 더욱 심각하다. 라디오와 텔레비전, 인터넷이 등장하면서 이제 어느 누구든 자기의 견해를 말하고 전달하고 반복할 수 있다. 그것이 진실이든 거짓이든, 현명한 것이든 우스꽝스러운 것이든, 공평한 것이든 악의적인 것이든 간에 말이다. 인터넷 덕분에 생겨난 거울의 방에서는 아무리 터무니없는 주장이라도 무한정 증식될 수 있다. 그리고 인터넷에서는 허위 정보의 생명력이 다하는 법이 없다. 어느 평자는 항해만 하고 정박하지 못하는 이런 환경을 '전자 야만 상태(Electronic Barbarism)'라고 부른 바 있다"(Oreskes and Coway, 2012: 448; Ophuls, 1997 참조).

투자자금보다 더 많은 금액이 그들에게 다시 돌아온다는 사실을 경험을 통해 알고 있기 때문이다. 하버드 의사학 교수이자 『The Cigarette Century』의 저자인 앨런 M. 브랜트(Allen M. Brandt)는 "담배는 선천적인 특성보다 판촉에 의해 의미가 정의된다"고 지적한 것도 바로 담배 광고가 가지는 효과다(김관욱, 2010: 18 재인용). 광고 등 판촉활동을 통해서 담배에 대한 환상을 가지게 한다. 담배가 해로운지 알면서도 광고 등이 심어주는 환상 때문에 담배를 입에 가져다 넣을 수밖에 없다. 김기협도 비슷한 지적을 하였다. "실용성이 거의 없는 상품을 수십억 인구가 필수품처럼 여기도록 설득하고, 건강에 해롭다는 것을 알면서도 애착을 버리기 힘들게 만드는데는 담배회사들의 공로가 참으로 크다. 이것이야말로 광고와 마케팅의 절정이라 할 수 있다. 더구나 텔레비전 등 통상적 광고매체로부터 추방당한 입장에서 이런 목적을 성취하는 세심하고도 집요한 노력에는 경의를 표하지 않을 수 없다. 담배의 상품원가 중 광고 판촉비의 비율이 엄청나게 높은 것은 당연한 일이다"(김기협, in Parker-Pope, 2002: 7; 김기협, "추천의 글", 5-8 참조). 심지어 담배회사들은 영화와 [영화]배우들과 심지어는 의사들까지도 동원하여 자신들의 물건에 대해서 광고한다(매스-마케팅 mass-marketing과 영화의 간접광고 product placement 등을 이용한). "리게트 앤 마이어즈는 (…) 영화배우 바버라 스탠윅과 로절린드 러셀을 모델로 내세워 자사가 새로 내놓은 필터 담배를 '기적의 제품', '의사가 주문한 바로 그것'이라고까지 선전했다"(Parker-Pope, 2002: 170 재인용). 1940년대 후반에는 일부 의사들이 직접 담배 광고에 참여하기도 했었다. "많은 의사들은 카멜 담배를 더 피운다"(More Doctors smoke

Camels)는 광고도 등장했다고 한다(김관욱, 2010: 100 재인용).

　오늘날에도 과장된 내용을 전달하는 광고가 있는 것처럼, 광고를 통해서 담배회사들은 담배[吸煙]를 과장(誇張)한다. 소비자들에게 담배에 대한 환상을 갖도록 하기 위해서. 광고를 통한 잘못된 이미지와 정보를 일반인들에게 각인시킨다. 그중의 하나가 바로 슬림(Slim, thinness)이라는 담배 이미지다. 담배를 피우면 날씬해진다는 생각을 머릿속에 처박아 놓은 것이다. 살을 빼고 싶으면 흡연을 하라는 것이다. 흡연이 날씬함과 관계가 있다는 것이다. 필립 모리스의 마케팅 책임자였던 존 랜드리는 날씬함이 당시 미국인들의 강박관념이라는 것을 인지했었던 것이다. 그리고 날씬함이라는 강박관념을 담배 광고에 적극적 사용한 것이다. "나는 날씬함(thinness)을 강조해야 한다는 것을 알았다. 그것은 미국의 강박관념이니까"(*New York Times*. [June 8, 1986]; Parker-Pope, 2002: 147 재인용). 슬림 담배 광고는 큰 효력을 발휘하였다. "캘리포니아 대학 샌디에이고 캠퍼스의 존 피어스 박사는 버지니아 슬림 광고가 처음 등장한 1967년 이래 11세부터 17세에 이르는 소녀들의 흡연율이 급증하여 연령대별로 최소 35%에서 많게는 110%까지 뛰었음"을 연구를 통해 밝혔기 때문이다(Parker-Pope, 2002: 147 재인용). 지금도 여전히 우리 안에 "흡연=슬림(날씬)"이라는 신화가 잔존해 있는 것 또한 사실이다. 특히 여성 흡연자들이나 덩치가 좀 있는 분들에게 이 "'흡연=슬림'신화"는 지속적으로 강한 영향력을 발휘한다. 담배의 판촉은 협찬 형식을 취하기도 한다. 유명한 외국 가수들의 초청 공연에도 담배회사들은 빠지지 않는다. 1990년 10월 6일과 7일 B. B.

킹(B. B. King)과 레이 찰스(Ray Charles)는 팔리아멘트 슈퍼 밴드와 함께 내한 공연을 했었다. 이 공연은 미국의 담배 회사인 필립 모리스가 후원해서 마련된 공연이었다고 한다(강준만, 2011: 99, "사진 설명의 글"에서). 또 1990년 호세 펠리치아노(Jose Feliciano)와 폴 A. 앵카(Paul Albert Anka)의 내한 공연의 경우도 담배 회사 R. J. 레이놀즈가 후원했었다고 한다(강준만, 2011: 100, "사진 설명 글"에서).

(2) 이데올로기와의 結合을 통해

담배는 사회적 이슈(Ideologies)나 시대정신(Zeitgeist) 등과 결합하여 일반인들이 담배의 해악(害惡)들에 대해 직시(直視)하지 못하도록 진한 연막(煙幕)을 터뜨린다. 담배회사는 특히 다음의 것을 노린다[노렸었다]. 애국(애향), 인권, 여권(여성해방) 등의 코드와 함께 니코틴(nicotine)은 일반인들의 삶 속으로 깊게 침투해 들어갔다.

먼저 사회적 이슈와 쉽게 담배가 결합할 수 있는 이유는 무엇인가 하는 점이다. 담배가 가지고 있는 '상징성(象徵性)' 때문이라는 지적이다. 리처드 클라인(Richard Klein)은 『담배는 숭고하다(Cigarettes Are Sublime)』에서 담배의 해악에 대해서 이렇게도 널리 알려져 있는데도 불구하고 또 담배의 부정적 결과에 대한 연구가 지금도 깊이 이루어지고 있음에도 불구하고 세계적으로 많은 수의 흡연인구가 존재한다는 것에는 또 다른 이유의 존재가 있음을 지적하였다(Klein, 1995: 9).[148] 데리다(Jacques Derrida, 1930-2004)

---

148) "담배는 아름답기는 하되, 긍정적으로 아름다운 것은 아니다. 그러나 칸트가 '부정적인 쾌락'

는 "담배는 상징적인 것을 상징한다"고 말한다. "담배는 사물보다는 형이상학적인 개념을 상징하는 경우가 많다. 예를 들면, 담배는 권태의 상징, 사교의 상징, 반항의 상징, 자유의 상징, 권력과 특권의 상징, 공허의 상징, 창조성의 상징, 문명의 상징, 에로티시즘의 상징 등 폭넓은 의미로 해석되고 사용된다"(김관욱, 2010: 153). 담배가 가지고 있는 이러한 상징성에 사회적 이슈와 관련된 코드는 쉽게 결합함으로 인해 담배가 지닌 해악은 무시되고[일시적으로 사라지게 되고], 담배가 지닌 강한 상징성만이 일반인들에게 아무런 저항도 없이 씨알이 먹혀 들어간다는 것이다. 파커-포프(T. Parker-Pope)의 경험은 이를 구체적으로 나타내주고 있다. "고등학생 때는 내면에서 싹트기 시작한 페미니스트 정서 탓에 버지니아 슬림을 피우는, 아름답고 출세 지향적인 인물들이 등장하는 광고들을 보았다. 그들을 보고 있으면 우리 여성들이 얼마나 멀리 와 있는지 실감할 수 있기 때문이다(나는 여성들이 너무 멀리 와서 이제 흡연 관련 질환으로 사망하는 비율이 남성들과 똑같은 지경에 이르렀다는 사실을 까맣게 몰랐다)"(Parker-Pope, 2002: 11).

대표적으로 담배회사들은 담배를 피우는 것과 여성해방, 즉 여권신장(女權伸張)을 연결시켰다. 1929년 3월 31일에 있었던 뉴욕시

이라고 부른 것을 제시해주는 마력을 지니고 있다는 점에서 담배는 숭고하다고 볼 수가 있다. 여기서 '부정적인 쾌락'이란 영원(永遠)이라는 것에서 파생하는 어둠의 아름다움과 고통의 쾌락을 의미한다. 담배의 무한한 매력은 흡연가들이 재빨리 반하게 되는 그 '나쁜' 맛에 있다고 해도 과언은 아니다. 원칙적으로 말해서 담배가 숭고하다고 할 때 그 '숭고함'은 건강이니, 유용성이니 하는 견지에서 논의되는 것을 거부한다. 애연가나 흡연의 초보자들에게 위험을 경고하는 것은 그들을 보다 강력하게 심연의 바탕으로 유혹하는 일이다. 그들은 담배를 빨아들일 때마다 작은 공포감에서 시작된 죽음에 대한 두려움을 갖는 동시에 미묘하고도 멋진 것에 의해 스릴을 느끼게 되는 것이다"(Klein, 1995: 22).

맨해튼 5번 가의 흡연퍼레이드가 바로 그런 대표적 사례로 지적되고 있다. '흡연퍼레이드=여성해방'이라는 잘못된 생각을 그 당시 진보적인 생각을 하고 있는 여성들에게 심어준 것이다. "프로이트의 제자인 에이브러햄 브릴(Abraham Brill) 박사는 베이네스[Edward Bernays, 광고업계 관련 종사자로 프로이트(Sigmund Freud)의 조카라고 한다]에게 담배를 여성해방과 연결시키라고 조언한다. 즉 담배를 여성해방이라고 하는 '자유의 햇불(torches of freedom)'로 만들라는 것이었다. (…) 베이네스는 배후에 아메리칸 토바코가 있다는 사실을 철저하게 숨김으로써, 이 퍼레이드[1929년 3월 31일 부활절에 미국 뉴욕 시 맨해튼 5번 가에서 행해진 흡연 퍼레이드]를 문화적 사건으로 만드는 데 성공했다. 이 사건 이후 여성이 공공장소에서 담배를 피우는 행위에 대한 사회적 반발은 점차 누그러지기 시작했다"(강준만, 2011: 36-37). 우리나라에서도 이와 비슷한 사건이 있었다. 일부 여성들이 흡연을 하면서 거리행진을 하였던 것이다[모든 분야에서 자주 볼 수 있는 것처럼 따라쟁이 같다는 생각이 조금은 든다. 따라 하지 말라는 것이 아니다. 제발 좋은 것만 따라 했으면 좋겠다]. "1998년 3월 15일 오후 2시쯤 서울시 대현동 이화여자 대학교 정문 앞에서 신촌 사거리에 이르는 2킬로미터 구간에서 20-30대 여성 10여 명이 동년배 남성들과 어울려 집단으로 담배를 피우며 거리를 활보하는 행사가 열렸다. 이 행사는 단편영화 제작 동호회인 '파적'이 끽연이 남녀평등을 주장하기 위해 '담배 맛 좋다-한국에서, 여성이 길에서 담배를 피우는 것에 대해'란 주제로 마련한 것으로 참가자들 대부분이 파적 회원들이었다"(강준만, 2011: 166-167; 이동훈, "여성들 대낮 '담배물고

활보'/어제 신촌일대서 이벤트", <한국일보>, [1998.03.16.]). "吸煙
=女性解放=平等" 말처럼 그리 간단하지 않는데도149) '흡연=여성평
등(해방)'이라는 상징성으로 인해 여성의 흡연 인구가 상대적으로
증가하였던 것이다.

우리나라에서는 국산담배 애용, 양담배와의 전쟁 등으로 상징되
는 일명 "담배 주권(主權)"이라든가, "내 고장 담배 사기 운동" 등
이 외산 담배로부터 국내 담배의 소비를 유지시키는 데 중요한 역
할을 하였다. "국산 담배 소비=애국=국부유출 방지", "고장 담배
소비=향우애=지방세 확보"라는 도식을 심어줌으로써 흡연이 가진
해악성에 대한 강조는 사라지고 애국과 애향을 강조한 흡연인구를
유지해주는 구실로 작동하였던 것이다.150) · 151) 결론적으로 '양담
배와의 전쟁' 때문에 사실상 '금연운동'이 아니라 '[國産]흡연촉진
운동'이 벌어진 판국이 된 것이다. "외국산 담배의 국산시장 잠식
을 저지하기 위한 담배인삼공사가 국산 담배의 판촉 활동을 강화하
기 시작했다"(강준만, 2011: 102 재인용; "국산 담배 판촉강화/이윤

---

149) "흡연=평등=여성해방"이라면 얼마나 좋겠는가? 그러나 대답은 그렇게 간단하지 않다는 것을
인지해야 할 것이다. 과거 여성들은 평등과 해방을 위해 브래지어와 코르셋을 집어던졌다.
그런데 해방이 왔는가? 아니, 지금 반대로 여성들이 브래지어와 코르셋으로 재무장하고 있지
않은가? 홈쇼핑을 보라. 거들이네 뭐네 하면서…. 브래지어와 코르셋은 여성해방과 전혀 무관
하다. 평등과도 아무런 관계가 없다. 다만 선택(취향)은 전적으로 여성에게 달린 것이다. 여성
이 입고 싶으면 입고, 입기 싫으면 안 입으면 되는 것이다. 모두 여성 맘이다.

150) 담배와 카페인의 경우도 애국심 또는 국민 정체성이라는 미명하에 판매되는 것도 볼 수 있는
데, 여기서 기억해야 할 것은 모두 몸에는 해롭다는 것이다. 예로 들어 [19세기] 미국에서 유
럽(영국)의 '피우는 담배'가 아닌, '씹는담배'가 인기였는데 이는 미국인이라는 정체성을 드러
내기 위한 구실이었으며(Burns, 2015: 228), 또 영국인들이 홍차를 마신 것에 대한 반작용('보
스턴 차 사건[Boston Tea Party] 이후)으로 미국인들은 커피를 마시게 된 경우다(Carpenter,
2015: 52).; 독일의 경우 애향이라는 주제로 맥주 판촉광고를 하기도 했다. "맥주는 고향 것
이 좋다!"(Blume, 2010: 228).

151) 담배의 비만 억제에 대해서는 김정화(2000: 300)를 참조하라.

폭 외국산 수준으로 높여", <경향신문>, [1990.11.05.], 7면)고 보도
한 내용에서 이에 대해서 어림짐작할 수 있다.

흡연의 문제도 학문 연구경향의 영향을 받는다는 점이다[學問趨
勢影響]. 유전자 결정론에 의한 흡연유전자에 대한 발견에 대한 연
구결과의 발표가 그것이다. 유전자 결정론적 시각은 모든 것을 유전
자에서 찾으려고 한다. 일부 동성애자들[研究者]이 자신들의 동성애
적 성향과 행위, 그리고 성적 정체성(homosexual attraction,
behavior, and identity)이 유전적임을 밝히려고 유전자를 뒤졌던 것
처럼, 비만의 원인 등에 대해서 비만 유전자를 파헤쳤던 것처럼 흡
연에 있어서도 '흡연 유전자'에 지목했던 것이다. 그리고 흡연의 문
제도 유전자에서 기인한 것임을 밝히려는 연구결과들이 발표되었다.
"2003년 7월 2일, 영국 비비시(BBC) 인터넷판은 담배를 끊기 어려
운 것도 유전자 때문이라는 새로운 연구결과가 나왔다고 보도했다.
일본 게이오 대학(慶應大學) 연구팀은 담배를 현재 피우고 있거나
과거에 피웠지만 금연한 사람들로 호흡기 질환을 앓고 있는 것으로
의심되는 203명의 디엔에이(DNA)를 추출, 건강한 비흡연자 123명
의 디엔에이와 비교한 결과 유전자가 특이한 사람이 흡연습관을 포
기하기가 훨씬 어렵다는 사실을 발견했다는 것이다"라는 연구결과
였다(강준만, 2011: 207 재인용; 문주영, "'금연 어려움 유전자 때
문', 英 BBC 인터넷판 보도", <경향신문>, [2003.07.03.], 18면 참
조). 흡연이 유전적 요인(遺傳子)에 기인한 것이라면 강준만 교수가
던졌던 질문처럼 진짜 인권의 문제가 되는 것일까?(강준만, 2011:
207). 과연 그럴까? 흡연으로 인해 많은 피해들이 발생하고 있는데

도 말이다. 아니 당사자인 흡연자뿐만 아니라, 흡연자와 가까운 가족[地域社會]의 건강에 악영향을 주는 것이 분명한데도 말이다.152)

(3) 스트레스의 一時的 解決이라는 짧은 생각에서

당면한 문제를 해결하기 위해 니코틴을 가까이한다. 단지 스트레스를 해소하기 위해서, 긴장감을 없애기 위해서 이러저러한 이유로 담배를 가까이한다. 그런데 문제는 담배가 가지고 있는 강한 중독성으로 인해 담배를 가까이한 이들에게 심각한 악순환(더 강한 중독)의 결과만을 가져온다는 점이다. 마치 마약처럼. "처음에는 좀 더 나은 기분을 느끼고 문제에서 벗어나기 위해서 마약을 복용하지만, 마약은 문제를 해결하기보다 오히려 더 커다란 문제를 만들어내고 사용자를 치명적인 악순환으로 떨어트린다"(Ullrich, 2015: 130). 사실 그러한 문제들로 인해서 담배를 태운다고 해서 실질적으로 그러한 문제들이 연기와 함께 사라지는 것도 아닌데도 말이다. 시간을 지나 돌아보면 남는 것은 문제의 해결이 아니라 강한 니코틴 중독임에도 말이다. 물론 가벼워진 지갑만이 남아 있는 것도 피할 수 없는 현실이다. 흡연 시에 뿜어낸 하얀 연기가 눈앞을 가려서 그저 그 순간만 보이지 않았을 뿐이다.

---

152) "…물론 유전한다고 해서 다 해도 된다는 뜻은 아닙니다. 수많은 유전질환이 있지만 우리는 다양한 의학적 접근을 통해 이를 바로잡는 노력을 기울여 왔습니다(샘병원 의료원장이자 성산생명윤리연구소장인 박상은, "추천사" in 길원평·도명술·이세일·이명진·임완기·정병갑, 2014).; 연구자들이 인간행동에 대한 유전자의 영향을 논한다고 해서 인간의 행동이 유전자에 의해 완전히 결정된다거나, 유전자 이외의 다른 요인들이 인간의 발달에 아무런 영향을 미치지 못한다거나, 하나의 유전자가 인간의 모든 행동을 주관한다는 뜻은 아니다(Laland and Brown 2014: 35).; "단일 단백질을 만드는 임무를 지닌 유전자는 그 구조뿐 아니라 기능 역시 명확하지 않다. 마찬가지로 불분명한 다른 유전자들과 뒤섞여 있는 이 유전자는 게놈을 통해서 재배치된다. 이 유전자의 발현-단백질 합성-은 지배적인 생리·환경 조건에 민감하기 때문에, 궁극적으로 유전자는 그 자신의 생태적 조건에서 온전한 유기체 위해 재배치되는 것이다"(Ho, 2005: 167-168).

담배의 역사를 보면 스트레스라는 것을 근본적으로 흡연이라는 것으로 해결할 수 없는 것임에도 불구하고, 국가적으로 아니 사회가 발을 벗고 나서서 일시적인 불안과 스트레스를 해결하기 위해 아이러니하게 흡연을 조장[勸奬]한 경우도 있었다는 점이다. 바로 전쟁이 흡연율 증가에 중요한 역할을 했던 것이다.153) 전쟁에서의 초조함과 긴장의 감소를 위해, 극심한 스트레스의 해소를 위해 장병들에게 국가와 사회단체가 나서서 적극적으로 담배를 권하였던 시기가 있었던 것이다. "병사들에게 궐련을 나누어주는 적십자사의 [여자] 관계자"를 사진으로도 확인할 수 있다(Parker-Pope, 2002: 39 사진 설명의 글을 참조하라. 나치 독일은 전쟁을 위해서 마약류를 이용하기도 했다. 전쟁 자체만 무서운 것이 아니라, 전쟁은 정상시에는 금지되었던[非正常的] 것들을 정당화[許容]시킬 위험을 가지고 있다는 점에서 더 무서운 것이다. 코카콜라와 같은 음료수의 전 세계적인 확산도 전쟁과 함께한 것이다. 자, 우리를 위해 싸우는 국군장병들을 위해! 담배와 코카콜라를 빨리 보냅시다.). 흡연으로 스트레스나 다른 문제에 대한 일시적이고 임시적인 망각[解消]은 가능하다. 그러나 한번 빨아보는 순간 중독으로 이어지고 결국에는 골초가 되는 것은 시간문제일 뿐이다. 물론 흡연을 한다고 해서 스트레스가 근본적으로 사라지는 것도 아니고. 스트레스는 그때만 담배 연기로 인해서 일시적으로 희미해질 뿐 시간이 지나면 그대로 곁에 남아 있기는 마찬가지다.

---

153) 코카콜라의 세계적 확산에도 전쟁이 중요한 역할을 했었다. 제2차 세계대전 때 코카콜라는 군사품으로 허가받게 된다(Saito, 2011: 35; 김덕호, 2014 참조; Mintz, 1998: 76-77).

4) 흡연 禮儀凡節

니코틴의 강한 중독성 때문에 담배를 피우는 사람이 금연한다는 것은 쉽지 않다.[154] 금연성공률이 낮은 이유들 중의 하나가 니코틴의 강한 중독성과 더불어 그로 인한 금단현상(禁斷現象)에 있다고 한다. 금연하기가 그렇게 어렵다고 한다면, 그렇다면 담배를 피우는 흡연가는 최소한 흡연예절[155]을 지키는 것이 어떨까? 서로를 배려하는 마음에서 말이다. 흡연한 사람도 자신의 집에서 가족의 건강 때문에 흡연을 자제하고 흡연을 하더라도 피해를 최소화하게끔 하는 것처럼 다른 장소에서 다른 사람들을 위해서도 그렇게 행동해주는 것은 어떨까? 한종수는 "담배, 예절로 피웁시다"에 대해서 얘기한다(Pressplan, 2003: 202 이하). 흡연자들이 비흡연자들에게 지킬 것은 과감하게 지킴으로써 당당하게 흡연하자는 것이다. 우리나라도 흡연예절이 있었다고 한다. 구한말에 탁지부(度支部)에서 구한국 흡연의 관습을 조사한 보고서인 『한국연초조사서』에는 다음과 같은 내용을 포함하고 있었다고 한다. 오늘날에도 유익한 부분이 있을 것 같아 여기에 옮긴다. 가부장적인 시대의 과거 기록이라 약간의 여성비하적(女性卑下的) 내용을 가지고 있는 부분도 있고 시대착오적 내용(時代錯誤的 內容)[156]도 있지만[그래서 내용의 일

---

154) 다음을 참조하라. 뉴질랜드의 오클랜드임상실험연구팀은 문자메시지가 금연에 얼마나 도움이 되는지 연구했다(Crystal, 2011: 148-149 참조).

155) 박재환 교수의 지적이다. "예전에는 담배를 건강의 이유로 미성년자들에게 금지한 것이 아니라 어른의 권위에 대한 도전으로 간주되어 금지하는 경우가 더 많았다"(박재환, 2009: 20).

156) 한편, 구한말에 조선의 사회풍습을 정리하여 기록한 『조선인정풍속(朝鮮人情風俗)』이란 책에서는 거리에서 지켜지는 흡연 질서를 다음과 같이 설명했다. "거리에서 평민 이하 상천(常賤)이 담뱃대를 먹다가 부지불식간에 양반이 지나가면 물었던 연죽을 빼어 감춘다. 만일 연죽을 물고 모르는 체하면 양반이 그놈을 집으로 잡아다가 죄를 다스리든지 법사(法司)에 보내어 엄히 다스린다"(안대회, 2015: 260 재인용; 필자 미상, 『조선인정풍속』, 일본 東洋文庫 소장 사본, 5-6장).

부를 임의적으로 생략하였다. 호기심을 위해 각주로 처리하였다]
지금 여기서 중요한 것은 흡연에 있어서 예의범절을 지키자는 것이
핵심이라는 점을 기억하면서 봐주었으면 한다.

1. 아버지와 형님은 물론 연장자 앞에서 담배를 피우는 것은 어른
   에 대한 결례이니 흡연하지 않는다.
2. 길거리에서 높은 사람이나 연장자를 만났을 때, 담뱃대를 눈앞
   에 보이는 것은 결례이니 담뱃대를 곧바로 뒤로 감춘다.
3. [생략]
4. [생략]
5. [생략](안대회, 2015: 259-260 재인용: 탁지부임시재원조사국,
   『한국연초조사서(1910)』; 이영학, 2013: 333-334 참조; [생략]
   은 본 연구자)[157] · [158]

개인적으로 담배와 관련해 과거 훈련소에서 있었던 일을 소개하
고자 한다. 지금 생각해도 그 당시 소대장은 매우 생각이 있으신
분이셨다. 물론 흡연가인 소대장은 당시 훈련병인 나보다 나이가
훨씬 어린 사람이었지만. 소대장은 훈련이 끝나면 반드시 흡연자와

---

[157] 구한말에 탁지부(度支部)에서 구한국 흡연의 관습을 조사한 보고서인『한국연초조사서』에는
다음과 같은 내용이 보인다. 1. 아버지와 형님은 물론 연장자 앞에서 담배를 피우는 것은 어
른에 대한 결례이니 흡연하지 않는다. 2. 길거리에서 높은 사람이나 연장자를 만났을 때, 담
뱃대를 눈앞에 보이는 것은 결례이니 담뱃대를 곧바로 뒤로 감춘다. 3. 여자가 남자 앞에서
담배를 피우는 것은 결례이니 몰래 담배를 피운다. 4. 연장자가 여자에게 '담배를 피우냐'라
고 물으면 흡연하는 사람이라도 '네'라고 대답하는 것은 공손하지 못하니, 반드시 흡연하지
않는다고 대답하는 것이 예의다. 5. 기생 및 주막의 여자는 젊은 나이에 긴 담뱃대를 사용해
흡연하기 때문에 여자로서 흡연하는 것을 천시하는 지방도 있다(안대회, 2015: 259-260).
[158] "담배를 피우는 것이 미울 때"(李鈺, 2008: 111-112): -어린아이가 한 길이나 되는 긴 담뱃대
를 입에 문 채 서서 피운다. 또 가끔씩 이 사이로 침을 뱉는다. 가증스러운 놈! -규방의 다홍
치마를 입은 부인이 낭군을 무주한 채 유유자적 담배를 피운다. 부끄럽다. -젊은 계집종이 부
뚜막에 걸터앉아 안개를 토해내듯 담배를 피워댄다. 호되게 야단맞아야 한다. -시골사람이 다
섯 자 길이의 흰 대나무 담배통에 담배잎을 가루로 내어 침을 뱉어 섞는다. 그다음 불을 댕
겨 몇 모금 빨자 벌써 끝이다. 화로에 침을 퉤 뱉고는 앉은 자리에 재를 덮어버린다. 민망하
기 짝이 없다. -망가진 패랭이를 쓴 거지가 지팡이와 길이가 같은 담뱃대를 들었다. 길 가는
사람을 가로막고 한양의 종성연(鐘聲烟) 한 대를 달랜다. 겁나는 놈이다. -대갓집 종놈이 짧
지 않은 담뱃대를 가로 물고 그 비싼 서초(西草)를 마음껏 태운다. 그 앞을 손님이 지나가도
잠시도 피우기를 멈추지 않는다. 몽둥이로 내리칠 놈!

비흡연자를 나누어 휴식시간을 줬다. 한번은 바람의 방향이 바뀌어서 흡연자들이 피운 담배 연기가 비흡연자 쪽으로 흘러들었다. 그때 소대장은 이렇게 말했다. "바람 방향에 따라 반대쪽으로 빠르게 이동한다." 그 후로부터 다른 교육의 휴식시간에도 바람의 방향을 찾아다니며, 비흡연자들에게 피해를 주지 않으려고 노력한 나이 어린 동기 흡연자들이 생각난다. 자신들 스스로도 소대장이 외쳤던 것과 비슷하게, "바람의 반대 방향으로 빠르게 이동한다"고 외치면서 말이다. 물론 비흡연자인 우리도 웃으며 같이 외치곤 했었다. 그리고 서로 웃었다. 그것이 서로에 대한 작은 배려(配慮)였던 것이다. 그것이 흡연자가 비흡연자에게 보일 수 있는 배려의 흡연예절일 것이다(2002년 11월 26일, 예절 바른 담배문화 운동개시 10주년을 맞아 애연가들이 모여서 "담배문화 정립 위한 애연가 다짐 선포"의 내용은, Pressplan, 2003: 234-236 참조하라).

참고로 다음을 기록하고 싶다. 듣기 거북하더라도 이해하시라[성인 남성의 흡연을 제외하였기 때문에 가부장적인 발상으로 보일 수도 있을 거라는 오해도 살지 모르지만 언급해야 할 것 같다는 생각이 든다]. 지금도 이런 생각들이 우리들의 내면에 자리 잡고 있다고 생각하기 때문이다. 어린 학생들이 담배 피우는 것을, 여성들이 담배 피우는 것을 허용하는 것의 일부에는 분명 아래와 같은 사회적인 분위기가 들어 있다고 개인적으로 생각하기 때문이다. 여권신장, 흡연권 등 긍정적인 수사적 표현들은 모두 생략하고. 한쪽에서는 분명, "내놓은 ㅈㅏㅅ식(ㅌㅏㅈㅏ화)", "問題兒", "써ㄱ을 女ㄴ", "배린 노ㅁ(子식)", "ㄴㅏ 자식 아닌 남의 ㅅㅐㄲㅣ니까." 아마 이런 생각은 숨기고자 해도 숨길 수 없는 사실(!) 아닐까? 학생이 흡연하고 있는데 그것을 방치하는 것에는 아래와 같은 기생(妓生)에 대한 과거의 사고도 일부 존재하고 있다고 생각이 강하게 들기 때문이다.

> 기생은 여성이고 신분이 낮은 천민이었다. 그러나 기생은 일반 여성이나 천민과는 차별화된 특별하고도 예외적인 존재였다. 예외적 존재로서 색다른 생활습관과 문화를 향유하며 살아가는 것이 허용되었다. 일반 여성은 담배를 공개적으로 피워서는 안 되고, 설사 흡연자라 해도 숨기는 것이 미덕이었다. 반면에 기생은 나이가 어려도 신분이 높은 사람들에게나 허용되는 장죽을 자유롭게 피웠다. 기생의 장죽은 제 키보다 더 긴 것을 사용해도 좋았다. 게다가 기생은 공개적으로 담배를 피울 수 있었다. 아니 오히려 공개적으로 피우는 것이 미덕이었다. **그처럼 관대했던 것은 그들을 우대해서가 아니다. 오히려 그 관대함은 기생을 차별하고 무시한 결과에 가깝다. 예법이니 관습이니 하는 도덕적 의무를 요구할 대상 바깥에 있다고 봤기 때문이다**(안대회, 2015: 286-287. 강조 본 연구자).

5) 개고기

(1) 먹을거리였던 개고기

마지막으로 개고기와 관련 있는 문제들에 대해서 살펴보고자 한다. 반려견 주인에게는 매우 미안하지만 과거 개는 먹을거리였었다. 세계 여러 지역의 일부 문화를 통해서도 이를 확인할 수 있다 (Simoons, 2005; Harris, 2010, "9. 개, 고양이, 딩고, 기타 애완동물." 207-235 참조; 주강현, 2002; 안용근, 2000 참조). 인간이 개를 가장 먼저 가축화하게 된 동기가 무엇이냐는 점이다. 이에 대한 설명 중의 하나가 개고기를 식용으로 얻기 위해서 개를 가장 먼저 가축화를 했다고 한다(Simoons, 2005: 285-286).[159] · [160]

과거 개고기를 먹은 사례를 간단히 소개하면 다음과 같다. 그리스 의사들은 개고기를 환자들에게 처방했다고 한다(保身用藥劑였던 것이다). "그리스의 의사들(아스클레피오스의 아들들)은 이론적으로는 치료신의 후손들이었다. 그러므로 그리스 의학의 아버지인 히포크라테스(Hippocrates, 기원전 460-기원전 377년, [Hippocrates, Regimen, 2.46.])는 개와 강아지 고기의 의학적 성분에 대한 글을 썼으며 유명한 의사인 디오클레스(Diocles, 기원전 4세기)는 고대 그리스 최초의 의사길드(medical guild)의 관습에 따라[Sextus Empiricus, Outlines of Pyrrhonism, 3.224-225.] 특정한 환자들에게 개고기를 처방했다"(Simoons, 2005: 332). "인디언들은 야생의 동물 사냥 이외에도 아예 먹는 개(Eating Dog)라고 하여 살찐 개를 키워서 일상적으로 먹었다"(주강현, 2002: 74)고 한다. "『식경(食經)』에는 한(漢)나라를 세운 유방(劉邦)이 개고기를 먹고 북방을 징벌한 뒤 중국을 통일했으며, 이로 인해 유방의 고향인 장쑤 성 페이 현의 개고기는 중국에서 유명한 음식이 되었다고 한다. 한 고조 유방의 맹장으로 힘이 천하장사였던 번쾌(樊噲)도 개백정 출신이었다고 한다"(주강현, 2002: 124).[161]

159) "북아메리카 프레리(prairie)의 오갈랄라족(Ogalala)은 신성한 섭리의 실현이다. 치료술사는 개를 도살하기 전에 먼저 이 충직한 친구를 잃게 된 것을 애도한다. 그리고 개의 몸에 붉은 페인트로 줄을 그어 정결히 하는데, 이 붉은 줄은 '세상에서 유익한 모든 것을 나타내는 … 붉은 길'을 상징한다. 그런 다음 개가 서쪽을 보게끔 세워놓고 목에 밧줄을 건 뒤, 양옆에서 두 여성이 줄을 당겨 개를 교살하는 동시에 뒤에서는 치료술사가 머리를 쳐서 도살을 집행한다. '개를 도살하는 행위는 벼락을 맞는 것에 비유되며, 개의 영혼이 서쪽으로 풀려나와 천둥의 영들과 합류하게끔 하는 것이다. 이 영들은 삶과 죽음을 지배하며, 이는 맛이 아니라 구원을 위해서 먹는 거룩한 음식의 특징으로 여러 문화에 걸쳐 나타난다'"(Fernandez-Armesto, 2018: 76; Powers and Powers. 1984. 참조).

160) "개고기는 한국의 전통적인 요리 중 하나다. 하지만 사실 한국만 개를 먹는 건 아니다. 논란의 여지가 있는 이 고기로 말할 것 같으면 중국, 베트남, 필리핀 등 다른 아시아 국가에서도 식용으로 사용한다. 이 모든 국가는 개고기를 요리해서 먹어온 오랜 역사를 지니고 있으며, 먹기 위해 키우는 개와 반려동물로 기르는 개는 완전히 다른 대접을 받는다"(Tudor, 2013: 325-326).

161) 심지어 개고기를 종묘에 받치기도 했다. 한자 '헌'(獻)에 그 의미가 담겨 있다고 한다. "개고

물론 삼국지에 나온 장비도 개백정이었고 개고기를 먹는 데서 그러한 힘이 나왔다고 한다.162) "조선교구 5대교 구장이었던 프랑스인 안토니오 다블뤼(A. Daveluy, 1817-1866)는 보신탕을 즐겼다. 프랑스의 포교자였던 Claude Charles Dallet은 '조선교회사(1874)'에서 '조선에는 양고기는 없고, 그 대신 개고기가 있는데 선교사들은 모두 그 맛이 나쁘지 않다'고 술회하였다"(안용근, 2000: 21).163) 개고기 식용이 얼마나 가까이 있었는지에 개와 관련된 다음의 유머러스한 이야기도 참고했으면 한다. 문화인류학자인 마빈 해리스가 소개해주는 내용이다.

북경의 영국 대사관저에서 리셉션이 있었다. 중국 외무부 장관이 대사의 스패니얼 암캐를 보고 감탄을 했다. 대사는 그 개가 곧 새끼를 낳을 예정인데 만약 장관이 그 새끼 중 한두 마리를 선물로 받아주면 영광이겠노라고 말했다. 4개월 후 두 마리의 강아지를 담은 바구니가 장관의 집으로 배달되었다. 몇 주일이 지나 두 사람이 공무로 서로 만나게 되었다. 대사가 물었다. "그 강아지들이 어떻습니까?" "맛있었습니다"라고 장관이 대답했다. 이런 사건이 실제로 일어나지는 않았겠지만, 개고기에 대한 중국인과 유럽과 미국인들의 태도에 근본적인 차이는 지어낸 것이 아니다(Harris, 2010: 213).

기는 예부터 제사의 희생(犧牲)으로 쓰였다. 『설문(說文)』에는 고대 중국어의 '헌(獻)'이란 글자는 '개를 종묘에 바치다'라는 뜻이었고, 그래서 '개(犬)'라는 글자를 곁에 붙여서 썼다고 되어 있다"(Cho, 2002: 110-111).

162) "북경 교회의 석가장(石家藏) 가는 길에 관우, 장비, 유비가 결의를 맺은 도원(桃園)이 있다. 현재는 그들의 석상과 '장비의 우물'이 남아 있다. 장비는 유비와 만나기 전까지 개백정이었다. 당시 고기란 개고기를 의미하였고, 냉장고가 없었기 때문에 장비는 개고기를 찬 우물에 넣어 보존하였다. 그래서 우물을 '장비의 우물'이라 하게 된 것이다"(안용근, 2000: 35).

163) "우리 선조들이 개고기를 먹을 수밖에 없었던 것은 경제사정과 저장문제 때문이었다. 소는 우리의 농업경제에 노동력을 제공하는 소중한 동물이어서 매우 비싸고 잡아도 저장할 방법이 없었다. 그러나 개는 값도 싸고 작아서 한 마리를 잡으면 집안 식구들이 다 같이 한두 끼 먹으면 저장할 필요가 없었다"(김정희, 2017: 76).

주강현은 드러내놓고 자신이 쓴 책을 바로 다음과 같은 이들에게 바친다고 한다. "개고기 식용은 야만이라는 '문명과 야만'의 이름으로 자행되는 '엽기적 논쟁'에도 굴하지 않고, 의연한 민족생활사의 전통을 이어받아 개를 사랑할 때는 진실로 사랑할 줄 알고, 먹을 때는 의연하게 먹을 줄도 아는 모든 이들에게 바칩니다"(주강현, 2002: 5). 안용근 또한 자신이 개에 대해 책을 집필한 동기도 위와 유사한 목적에서 기인할 것임을 밝히고 있는 것을 확인할 수 있다. "필자가 이 책을 집필한 이유는 두 가지이다. 하나는 우리 국민들이 개고기 식용의 역사와 전통, 그리고 다양한 요리법 및 개에 대한 전통적 관념을 이해하기를 바라서이며, 또 하나는 개고기 식용 논쟁의 불식(拂拭)을 위해서이다"(안용근, 2000: 3).

(2) 개고기 식용은 논란 대상이 되어서는 절대로 아니 됨

무식하고 불편해할지 모르지만 다시 말하지만 개는 먹는 것이었다[飮食이었다]. 특히 동양에서의 개는 육축(六畜) 중의 하나였다. "동양에서는 『주례』, 『예기』, 『논어』 따위의 '엄숙한' 경전에 개고기가 주역으로 등장하기 시작한다. 말, 소, 양, 돼지, 닭, 개의 육축(六畜)은 곡식에서의 오곡(五穀)처럼 시대와 장소에 따라서 달라지는 법이 없다"(주강현, 2002: 122).[164] 그래서 개고기를 먹는다는 것은 논란의 대상이 되지 않았던 것이다. 물론 담론[論爭]을 생산하기를 좋아하는 이들에게는 논쟁의 대상이 될 수도 있겠지만, 그리 신경

---

164) "21세기까지도 마을 공동체의 지킴이를 모시는 당산제 등의 축문에는 오곡육축(五穀六畜)의 번성을 기원하는 내용이 전승되고 있다. 마을 주민들이 개고기를 원하건 싫어하건, 그 개인적인 호불호를 뛰어넘어 공동체의 기원문에 분명한 가축으로 개가 당당히 삽입되어 있다"(주강현, 2002: 122, 86번 주).

써야 할 문제는 아닌 것 같다. 앞에서 개고기를 '선호식품(選好食品)'으로 간주하였던 것처럼, 개고기를 먹는 것은 어떤 고기를 먹을 것인가 하는 일종의 먹는 것에 대한 취향[取捨選擇]의 문제 중의 하나라고 볼 수 있는 것이다[시기와 장소와 환경에 따른 선택의 문제]. 그렇기 때문에 취향의 하나인 개고기를 먹는 것 자체는 논란의 대상이 될 수 없다는 것이다. 이는 "취향은 논란의 대상이 아니다(De gustibus non est disputandum, Taste is not a disputation)"라는 라틴어 격언에 잘 요약되어 있다(장하준, 2014: 194).[165)]

다만 어떻게 길러진 개고기를 먹을 것인가의 문제만 남을 뿐이다. 이는 육식습관에서 어떻게 길러진(비육·생산된) 육고기를 먹을 것인가와 비슷한 논리의 문제로 이해할 수 있다는 것이 개인적인 생각이다(工場式飼育이 아닌). 합리적[倫理的] 육식주의자들이 주장하는 것처럼, 육고기를 먹지 않을 수 없기 때문이다. 육고기를 먹는 이들이 공장식 사육이 아닌 것에서 생산되는 육고기를 선호하고, 공장식 도축이 아닌 동물권이 보호되는 도축장에서 도축된 고기를 선호하는 것처럼 말이다. 개인적으로 동물사료가 아닌 과거 우리 조상들이 개를 길렀던 것처럼 인간이 먹고 남은 음식 찌꺼기로 길러진 개고기였으면 더 좋겠다는 생각도 해본다. 다시 말하지만 개인적으로 반려견이 식용 개고기의 대상이 되는 것은 전적으로 거부한다. 반려견의 견주도 자신이 기른 반려견이 식용이 되지 않

---

165) 다음을 참조하라. "노파심에서 말하는 것이지만, 비반려인들에게 반려인의 기준을 적용하고, 그들의 가치관을 모욕하는 행동은 하지 않았으면 좋겠다. 우리의 사랑을 비반려인에게 강요할 어떠한 근거도 없다. 이건 가치관과 관련된 문제. 잘못된 가치관이라면 수정해줄 사회적 책무가 있겠지만, 이는 사회적 합의가 필요가 대목이다. 문제는 개를 좋아하지 않는 게 잘못된 가치관이라고 말할 근거가 있을까?"(이웅종, 2017: 204).

도록 평생 함께하길 기대한다. 특히 유기견이 되지 않도록 신경 쓸 것을 요구한다.

(3) 위생적 사육과 유통 그리고 도축 방법이 논의의 쟁점이 되어야

일반적으로 개고기와 관련해서 지적되고 있는 것으로는 개의 사육환경과 개의 도축 방법의 문제 그리고 애완견을 혹시 먹지 않는지에 대한 의구심일 것이다. 임종식은 만약 비인간적으로 열악한 환경에서 길러지고, 비인간적인 방법으로 도축[166]된다면 개고기를 먹는다는 행위 자체가 전통문화라는 이유로 정당화될 수 없다는 점을 지적하였다. "가령 동물에게도 권리가 있는지의 여부가 논의의 대상이 될 수 있으며, 권리가 있다면 그를 박탈하는 행위도 도덕적 평가의 대상이 될 수 있기 때문이다. 더욱이 불결한 우리 안에서 사육하거나, 비좁은 철망에 넣어 도축장으로 옮겨 잔인하게 구타해서 죽이는―한국에서 개들은 한 시간 가까이 구타를 당한 후 목이 매달린 채 서서히 죽어가기도 하며, 숨이 끊어지지 않은 상태에서 토치램프에 털이 그슬리기도 한다(Animal People, 1999년 11월)― 것을 안 채로 개고기를 먹는다. 따라서 개고기를 먹는 행위가 이와 같은(도덕적 비난의 대상이 될 수 있는) 행위들을 방조하거나 조장하는 행위와 다를 바 없는지의 여부도 논의의 대상이 될 수 있다. 따라서 개고기를 먹는 행위가 그것이 문화라는 이유만으로 도덕적 논의에서 완전히 자유로울 수는 없다고 보아야 할 것이다"(임종식, 2002: 17-18). 이는 적절한 지적일 것이다. 개고기 식용이 문화건

---

166) 장필수, "'개 전기도살은 동물보호법 위반…대법, 하급심 뒤집고 유죄확정", <한겨레>, (2020.04.09.).

아니건 관계없이 위생적인 사육과 유통 그리고 도축이 반드시 전제되어야만 할 것이다. 그것이 모두에게 유익하다.

  i) 혹시 반려견을 먹는 것은 아니지? 伴侶犬食用絶對禁止: 돈의 위력 때문에, 복(伏)날 개고기 공급의 부족함으로 인해 애완용 개들이 보신탕의 재료로 사용되고 있다는 지적들이 있다. 그러나 일반적으로 개고기를 먹는 이들은 구(狗)와 견(犬)을 구별한다는 점이다. 그리고 보신탕으로 재료인 식용(食用) 개인 구(狗)만을 먹는다. 물론 과거와 다르게 외래종들이 유입되어 정확한 구별은 어렵지만 일반적으로 구만을 먹는다는 점이다. "우리 문화에서 '구(狗)'와 '견(犬)'은 표기상 다소 달리 썼다. '구'는 식용이고, '견'은 식용이 아니다. 구육(狗肉)이나 구탕(狗湯)은 있어도 견육(犬肉)이나 견탕(犬蕩)은 없다"(주강현, 2002: 65). 그렇기 때문에 개고기 합법화를 통한 유통의 투명성을 통해 더욱더 식용이 가능한 개인 구(狗)와 식용이 불가능한 개인 견(犬)의 구별이 이루어질 수 있는 방법을 찾도록 해야 할 것이다. 반려견은 절대로 식용인 구(狗)가 될 수 없다.

  ii) 위생적으로 기르고, 또 도축된 것이지? 衛生的屠畜絶對必要: 제일 많이 지적되고 있는 부분이다. 멜러니 조이(Melanie Joy)도 구체적으로 이에 대해 우리나라에서 있었던 과거의 기억을 끄집어내어 적고 있다. 모란 시장에서 개 도축과 관련된 기억에 대해서 말이다. 2002년 영국의 일간지, 『텔리그래프』는 식용으로 키워지는 개의 삶과 죽음을 보고한 바 있다. 우리나라에서 행해지고 있는 개 도축에 대해서 고민할 필요가 있다. 마치 육식주의자들이나 채식주의자들이 소나 다른 동물의 도축에 대해서 고민하는 것처럼 말이다. 참고로 멜러니 조이(Joy)의 지적은 개도축뿐만 아니라 우리나라의 닭이나 오리 같은 동물들의 도축 방법에 대한 일반적인 문제점이라는 것을 생각해보아야 한다. 조이(Joy)가 바라보고 있는 모란 시장의 개장과 비슷한 곳에 닭과 오리도 일반적으로 들어가 있을 뿐만 아니라 같은 방법으로 도축이 행해지고 있기 때문이다(Joy, 2011: 91-92; 남유철, 2005: 67 참조). 사실 우리 눈으로 먹을 개고기가 위생적으로 길러지고 있는지, 또 위생적으로 도축되고 있는지에 대해서는 알기는 어렵다. 하지만 확실한 것은 만약에 그러한 것을 위반했다는 것을 알았다면 그 보신탕집에 대한 확실한 보이콧이 필요하다는 것이다. 개인적으로 대부분 개고기 선호자들도 그렇게 행동해주실 것이라고 믿고 싶다.

(4) 이 모든 현상과 관련된 보이지 않는 힘에 대해 생각해보았는지? 狗肉關聯資本論理問題

개고기도 앞의 애완견과 담배에서처럼 돈의 논리가 존재한다. 애완견 시장이 돈의 논리와 밀접하게 관련되어 있었고, 또 담배 시장이 돈의 논리와 밀접하게 관계되어 있었던 것처럼 개고기 시장 또한 자본의 논리와 밀접하게 관련되어 있다. 한국 사람에게 개고기는 확실히 삼복(三伏)을 중심으로 하는 여름철에는 다른 육고기 사업과 경쟁관계에 있다고 말할 수 있다. 개고기와 다른 육고기는 특히 여름철 삼복의 경우 상대적으로 대체재(代替財)의 관계를 지니고 있기 때문에 개고기의 소비의 증대는 곧 다른 육고기인 돼지고기와 쇠고기의 소비의 상대적 둔화로 이어질 수 있다는 지적이다. 이는 논리적으로 충분히 생각할 수 있는 전개다(안용근, 2000: 4 참조). 이러한 논리 때문에 육고기 판매와 관련된 이들이 개고기의 합법화라든가 유통에 대해서 보이지 않게 부정적인 로비 활동을 할 수 있다는 점이다. 이에 대해서 무엇이 큰 힘으로 작용한지 모르는 이들은 기저에 있는 이데올로기를 보지 못하고 다만 표면적으로 자신들이 추구하는 목표("개는 식구[家族]다. 개에게도 권리[權利]가 있다")와 일치하는 면[面·部分]만을 바라보고 이들 육고기 관계자들과 한 목소리를 내고 있는지도 모른다. 애견협회 등과 같은 집단이나 동물권리의 보호를 주장하는 이들과 이구동성으로 외치고 있는지도 모른다("개고기 식용 절대 반대!", "개고기를 먹는다니 웬 말이냐?").

거대식품기업에 의해서 주도되고 있는 음식에 대한 세계화의 논리도 개고기 식용문제에 영향을 줄 수 있다는 지적도 있다. 이 또한 논리적으로 충분히 있을 수 있는 일이다. 다음은 이에 대한 주강현의 지적이다. "획일적 세계화가 요구하는 맥도날드화는 제3세계 민중의 문화적 정체성을 급격히 해체시키고 있다. 제대로 알고는 도저히 먹을 수 없는 '불량 공산품'인 맥도널드를 전 세계인이 의무적으로 먹어야 하고, 개고기 같은 민족 정체성을 지니는 역사성 깊은 민족 음식은 가급적 삼가야 한다는 식의 신자유주의적 지배사관이 세계를 지배하고 있다"(주강현, 2002: 36). 다른 것은 잘 모르겠지만, 패스트푸드가 몸에 안 좋다는 것은 확실하게 밝혀진 것 같다. 그렇다면 패스트푸드보다 개고기의 식용이 더 건강에 유익하지 않겠는가. 하나의 획일된 불량식품보다는 다양한 먹을거리가 존재한다면 선택의 폭도 넓어서 소비자에게 유익하지 않을까?

세계여행의 즐거움 중의 하나가 다양한 나라들의 음식을 즐기는 경험이라고 하면서 왜 우리나라에 방문한 이들에게 개고기 요리를 한 번쯤 권고하려 하지 않는지 조금은 거시기하다.[저염식품의 논란에서도 비슷한 지적을 어디서 본 것 같다. 소금 양을 줄이는 것이 필요한 것은 사실이다. 그런데 잘못했다가는 우리 고유의 음식인, 장아찌나 젓갈 같은 염장식품[鹽藏食稟]의 생존에 위협을 가할 수도 있다는 지적이었다].

Ⅲ. 나가면서

1. 配慮와 深思熟考

1) 配慮하기: 더불어 사는 사회다. 배려와 예의가 사회의 기저에 깔려 있어야 한다. 반려견을 키우는 사람들이나, 흡연하는 사람들이나, 개고기를 먹는 사람들이나 이 사회가 추구하는 기본적인 예의가 무엇인지 스스로 답해야 할 것이다. 네덜란드 하우다(Gouda)라는 도시의 시청 건물 벽에는 다음과 같은 라틴어 경구가 새겨져 있다고 한다. "Audite et alteram partem(Listen to the other side, 다른 쪽 의견에도 귀를 기울여라)"(장하준, 2014: 442).

2) 熟考하기, 基底에 있는 이데올로기 바로 보기: 의견이 다르다고 서로 다투기보다는 반려견·담배·개고기에 관련되어 발생하는 생활의 여러 문제들의 기저에 어떤 이데올로기가 작동하고 있는지

에 대해서 심사숙고(深思熟考)하는 태도가 필요할 것 같다. 무엇이 상호 의견 불일치[不調和]를 부채질하고 있는지 말이다. 누가 서로 간의 평화를 방해하는지? 더 나아가서 그렇게 함으로써 누가 이익을 보는지(CUI BONO?) 자주 물어보아야 할 것이다.

2. 나름대로 蛇足 달기

1) 우리만의 담론도 때론 필요: 외부의 담론이 우리의 담론이 되지 않을 수도 있다는 점이다. 외부의 담론이 반드시 우리의 담론이 되라는 법은 없다는 것이다. 과거 프랑스 여배우인 브리지트 바르도(Brigitte Bardot)의 개고기 논란은 개를 사랑한다는 사람들이 가장 늑대의 속성을 가진 모습을 보인 사건이었다고 생각된다.167) • 168) 왜냐하면 개에게 남아 있는 늑대의 속성 중 하나가 바로 한 마리가

---

167) "지금 20대에게 물어보면, 개를 '먹는 것'으로 생각하는 것에 대해서 불쾌감이나 '비문명인'이라는 마음을 보이는 경우가 많다. 그렇다고 '개고기'에 대해서 부정하는 것은 아니다. 식문화는 그 자체로 공동체의 문화다. 부정보다는 자연스럽게 찾지 않음으로써 소멸되는 것이 나의 솔직한 바람이고, 또 그것이 문화의 흐름이다. 이 부분에 대해서 반려인의 한 사람으로서는 당연히 반대하는 것이 맞다. 그러나 이를 부끄러워할 것은 절대로 아니라고 생각한다. 프랑스의 여배우 브리지트 바르도의 개고기 망언이 생각난다. '개고기 식용은 문화가 아니라 야만이다.' 많은 반려인 사이에서 우리의 문화를 부끄러워하며, 개고기 식용에 대해 반대하는 모습을 보였다. 옳은 행동이며, 개를 키우는 사람으로 당연히 분노해야 할 일이다. 그러나 문화 우월주의적 관점이라면 동의하기 어렵다. 우리가 개고기를 거부하는 것이 이 식문화가 우리에게 불편한 문화가 되었고, 맞지 않기 때문이지 외국인의 시선 때문이어서는 곤란하다"(이용종, 2017: 176).; 다음의 사실도 참조하라. "굶주린 미국 초기 정착민의 선례에 따르면 추수감사절 식탁에 올랐던 건 다름 아닌 구운 개고기였다"(Marshall, 2018: 76).

168) 다음을 참조하라. "프랑스 배우 브리지트 바르도[일명 육체파 배우 마릴린 먼로가 MM이라 불렸듯이, 바르도는 BB라고 불렸다]는 마흔 살에 은퇴한 뒤 동물 보호 운동에 앞장섰다. 그녀는 한 시위 현장에서 한국인들의 개고기 먹는 습관을 '야만적'이라고 비난했다. … 바르도의 말을 들은 이탈리아 철학자 움베르토 에코는 바르도를 '파시스트'라고 비판했다. 실제로 바르도는 르펭이 이끄는 극우 정당인 국민전선(FN)과 함께 시위를 벌이기도 했다"(김윤태, 2018: 101).; "프랑스의 유명 여배우는 한국의 개고기 요리를 야만의 극치라고 매도하면서도, 자기들의 달팽이 요리가 다른 나라 사람들에게는 또 다른 혐오감을 줄 수 있다는 사실을 모른다"(박재환, 2009: 19).

짖어대면 다른 늑대들도 따라 짖는 것이기 때문이다. 당시 극우적인 바르도의 주장은 프랑스에서도 그렇게도 환영받지 않는 주장이었다고 한다. 그런데도 우리나라의 많은 반려견을 사랑하는 사람들이 한목소리로 그녀를 지지했기 때문이다. 세계화도 좋지만 세계화라는 것이 단순히 획일적인 것을 의미하지 않는다. 또 세계화되었다고 하지만 획일적인 세계화는 절대로 될 수 없다는 점이다. 아니 되어서는 절대로 안 될 것이다. 마찬가지로 외부[外國·外地人]의 담론이 전적으로 우리 자신들[內國]의 담론이 되라는 법은 없다. 다른 나라에서는 담론이라 하더라도 우리하고는 전혀 무관한 것일 수도 있다는 것이다. 이와는 반대로 외국에서는 그 문제에 대해서 조용하지만 이 나라에서는 그 문제에 대해서 서로 간의 넓은 대화가 있을 수 있다는 것이다. 외국인들이 "저들 왜 저 문제로 그렇게 심각한겨?"라고도 할 수 있다는 것이다. 그러한 대표적인 담론이 개인적으로 개고기 식용에 관한 담론이라고 생각한다.

2) 좀 더 넓은 생각이 필요: 반려견 사육들과 관련해서 좀 더 넓은 생각이 필요할 것 같다. 식량부족으로 인한 기아를 생각해보자는 것이다. 반려견에게 들어가는 먹이를 생산하기 위해, 또 담배 생산을 위해 줄어든 농경지의 면적에 대해서 생각해보았는가? 특히 담배 농사에 상대적으로 비옥한 토지가 필요하다는 것을 생각한다면 더욱더 심각할 것이다. 더 나아가서는 일명 기호식품이라고 하는 커피·차 등의 생산을 위해 필요한 농경지의 면적에 대해서 말이다. "식용농작물을 재배할 수 있는 땅에 시장 수요가 큰 담배, 면화, 사이잘삼 같은 비식용농작물을 기르거나 설탕, 거피, 차 같은

영양가와 무관한 농작물을 심는다"(Robbins, 2014: 357). 논리적으로 볼 때에 개를 많이 키울수록(특히 기르는 개를 식용으로 사용하지 않는 경우에는 영향은 더욱더 크다 할 것이다), 흡연인구와 흡연량이 증가할수록, 커피나 차 등의 다른 기호식품의 소비가 증가할수록 농지의 상대적 감소로 인해서 식량의 부족은 증가할 것이고, 기아의 해결은 더욱더 멀어지게 될(疎遠) 것이다.

3) 끝으로 다음의 질문을 개인적으로 해본다.

"여기는 구립○○도서관(광주광역시 광산구 소재), 후문에서 당당하게 담배를 피우는 저 여성님(커야 고등학교 3학년 정도로 보임, 아니 충분히 대학생이나 중딩일 수도 있다), 어린애들이 볼까봐 걱정이 된다. 뭐라고 말하고 싶은 충동이 느껴짐[최소한 금연구역에서 어린아이들이 보지 않는 곳에서 흡연을 했으면 좋겠다고 말하고 싶음]. 그러나 아무런 말을 하지 못함. 왜 무서운 시대여서? 이러한 마음을 가진 것이 가부장적 태도 때문일까? 아니면 뼛속까지 스며든 남성 중심적 사고 때문일까?" 남자든 여자든 예의를 잃은 흡연에 대해서 삼가주셨으면 합니다. 부탁드립니다. "○○공원에 함께 개들과 밤에 산책하시는 견주님들. 개에게 똥 뉘이기 위해서 혹시 밤에 개와 함께 마실 나오신 건 아닌지? 저의 생각이 매우 부정적이고 매우 불순한 건가? 그런데 왜 아침에 공원의 산책로에서 전날에 없는 개똥이 있는 걸 자주 발견할 수 있는지? 그것도 우레탄 산책로 한가운데에.169) 밤에 개똥은 어떻게 제거하시는지? 어

---

169) 광산구 응암공원 2016.06.08일 아침 8시 17분 정도에 공원에서 애완견과 산책을 하려 나오신 여자분이 있었다. 목줄은 놓은 상태로 개가 자유롭게 활보하도록 하고 있었다. 등롯길에 갑자기 개를 만난 나의 딸은 '정말 개념 없네'라고 말하며 놀라서 울부짖으며 나에게 뛰어왔

두운 밤에 개 응아가 눈에 보이시기나 하신지? 아참, 아이들이 노는 놀이터(모래)에 개를 데리고 들어오는 것은 좀 삼가해주시면 안 될까? 애들이 노는데 똥, 오줌 제거했다고 해서 완전히 제거된 것인지? 똥과 오줌을 깔긴 곳에 당신의 여리고 연약한 아이들[子女·孫子]을 놀게 하실 건가요?"

어릴 때 시골에서 살았다. 할아버지와 함께, 막내아들인 아버지가 독립하는 것이 늦어져서. 집에는 루시라는 셰퍼드 종이 있었다. 매우 영리한 개, 그는 날아가는 꿩을 사냥할 정도로 날렵하고 점프력도 강했다. 루시는 여러 마리의 새끼를 낳았고, 모두 근처에 있는 지인들에게 건네주고, 그 새끼 중의 한 마리만 키웠다. 그의 이름은 백구였다. 백구도 참으로 똑똑했다. 시간이 지나면서 그들은 우리 곁을 떠났다[自然死]. 그들은 우리가 키웠기 때문에 먹지 않았다. 그 누구에게도 먹는 것을 허용하지 않았다. 딸아이가 초딩일 때 햄스터를 키웠다. 친구로부터 분양을 받아 어느 날 가져온 것이다. 사료를 먹은 햄스터는 똥[大便, dung]을 누지 못해 그만 하늘나라에 가고 말았다. '보리돌이(매우 예쁜 이름이었다)'의 예의 갖춘 장례식을 딸아이와 행했었다. 하늘나라에서 보리돌이는 착한 할아버지와 함께 살 것이니 걱정하지 말라고 위로해주었다. 이는 개인적인 나의 믿음이기도 하다.

다. 딸이 신호등을 건너고 그 여자분에게 목줄 좀 잡아주라고 부탁했는데, 그 여자분 다짜고짜 나에게 "목줄이 없는 것도 아닌데?"라고 하는 것이다. 어이 상실이다. 목줄을 개에게 착용시키고 손으로 잡지 않는 것이 손으로 개 목줄을 잡은 것인가? 그 여자분의 논리라면 안전벨트 미착용은 있을 수 없을 것이다. 왜냐고요? 차에 안전벨트가 다 구비되어 있지 않는가. 고장 난 것이든, 생생한 것이든 간에 차에 다 안전벨트가 있다. 그런데 왜 단속하는가? 자기 정당화는 때로는 속보이게 만든다.

참고문헌

강만원 (2015), 『그것은 교회가 아니다』, 서울: 창해.

강상우 (2019), "먹을거리와 사회문제", 기독교학문학회, 통권 36호.

강상우 (2016), "음식규제와 종교", 춘계학술대회, 통권 23호.

강상우 (2015), "먹을거리에 대해-육식과 채식 사이에서 균형잡기" 춘계학술
　　대회, 통권 22호.

강수돌 (2014), 『나부터 세상을 바꿀 순 없을까?』, 서울: 이상북스.

강양구·강이현 (2009), 『밥상혁명』, 서울: 살림터.

강영안 (2011), "함석헌의 한국 기독교 비판과 순령주의(純靈主義)", 정대현·
　　강영안 외 공저 (2011), 『생각과 실천: 함석헌사상의 인문학적 조명』,
　　함석헌학회 기획, 파주: 한길사, 51-81.

강영안 외 공저 (2013), 『한국교회, 개혁의 길을 묻다』, 새물결플러스.

고미송 (2011), 『채식주의를 넘어서』, 서울: 푸른사상.

김경학·이광수 (2006), 『암소와 갠지스』, 부산: 산지니.

김구원 (2013), 『성경, 어떻게 읽을 것인가?』, 서울: 복있는사람.

김미숙 (2013), 『인도 불교와 자이나교』, 서울: 씨아이알.

김세윤 (2013), "1장, 한국교회 문제의 근원, 신학적 빈곤", 강영안 외 공저
　　(2013), 『한국교회, 개혁의 길을 묻다』, 서울: 새물결플러스, 17-36.

김수경 (2004), 『예수님은 뭘 먹고 살았을까』, 넥서스BOOKS.

김우열 (2012), 『채식의 유혹: 육식의 족쇄를 풀어라!』, 퍼플카우.

김재민 (2014), 『닭고기가 식탁에 오르기까지』, 서울: 시대의창.

김재성 (2013), "붓다는 무엇을 먹었나?", 이찬수 외 (2013), 『식탁의 영성』,
　　모시는사람들, 27-40.

김종덕 (2013), 『세상에 대하여 우리가 더 잘 알아야 할 교양(27)』, 서울: 내
　　인생의책.

김종덕 (2012), 『음식문맹자, 음식시민을 만나다』, 서울: 따비.

김종덕 (2009), 『먹을거리 위기와 로컬 푸드: 세계 식량 체계에서 지역 식량
　　체계로』, 이후.

김종덕 (2001), "한국의 식품 안전 문제와 비정부기구(NGO)의 대응 방향",
　　『농촌사회』, 11(2), 193-219.

김성훈 (1999), 『WTO와 한국농업』, 비봉출판사.

김형원 (2014), "사회문제에 대한 복음주의의 실패, 이제는 넘어서자", 조석 민·김근주 외 5인 공저 (2014), 『세월호와 역사의 고통에 신학이 답 하다』, 대전: 대장간, 122-140.

김흥주 외 공저 (2015), 『한국의 먹거리와 농업: 힌국 농식품체계의 과거와 현재 그리고 대안』, 따비.

박득훈 (2014), 『돈에서 해방된 교회』, 서울: 포이에마.

박상언 (2014), "간디와 프랑케슈타인, 그리고 채식주의의 노스탤지어", 박상 언 엮음, 『종교와 동물 그리고 윤리적 성찰』, 서울: 도서출판모시는사 람들, 201-224.

박상언 엮음 (2014), 『종교와 동물 그리고 윤리적 성찰』, 도서출판모시는사 람들.

박상표 (2012), 『가축이 행복해야 인간이 건강하다』, 개마고원.

박영돈 (2013), 『일그러진 한국교회의 얼굴』, 서울: IVP.

백중현 (2014), 『대통령과 종교』, 서울: 인물과사상사.

박지현·서득현·배관지 (2013), 『행복한 밥상: 먹지 않을 수 없다면 정확히 알고 먹자』, 이지북.

박현도 (2013), "알라의 이름으로: 이슬람 음식 문화 속의 지혜", 이찬수 외 15인 공저, 『식탁의 영성』, 서울: 모시는사람들, 101-118.

박홍현·이영남 (2013), 『먹거리와 함께하는 성서여행』, 파주: 북스타.

신광은 (2014), 『천하무적 아르뱅주의』, 서울: 포이에마.

신광은 (2009), 『메가처치 논박』, 부천: 정연.

신동화 (2011), 『당신이 먹는 게 삼대를 간다』, 서울: 민음인.

신승철 (2013), 『갈라파고스로 간 철학자』, 파주: 서해문집.

양희송 (2014), 『가나안 성도, 교회 밖 신앙』, 서울: 포이에마.

양희송 (2012), 『다시 프로테스탄트』, 서울: 복있는사람.

엄익란 (2011), 『할랄, 신이 허락한 음식만 먹는다』, 파주: 한울.

오현석 (2013), "술 마시면 지옥? 복날에 개고기는 미신?: 한국 초기 그리스도 교인의 음식 금기", 이찬수 외 공저, 『식탁의 영성』, 도서출판모시는 사람들, 207-228.

유재덕 (2009), 『맛있는 성경이야기: 예수와 함께하는 식탁』, 강같은평화.

윤철민 (2103), 『개혁신학 vs. 창조과학: 개혁신학으로 본 창조과학의 신학적 문제』, 서울: CLC.

이광수 (2013), 『슬픈 붓다』, 파주: 21세기북스.

이광조 (2008), 『역사 속의 채식인』, 파주: 살림.

이광조 (2003), 『채식이야기』, 서울: 연합뉴스.

이국진 (2011), 『예수는 있다』, 개정증보판, 서울: 국제제자훈련원.

이명준 (2015), 『아프니까 청춘은 아니다』, 서울: 북투어스.

이승구 (2014), 『거짓과 분별』, 서울: 예책.

이정순 (2012), 『21세기 한국 이슬람의 어제와 오늘』, 서울: 대서.

이찬수 외 15인 (2013), 『식탁의 영성』, 도서출판모시는사람들.

전성민 (2018), 『세계관적 설교』, 서울: 성서유니온.

장운철 (2013), 『이단들이 잘못 사용하고 있는 33가지 성경 이야기』, 서울: 부흥과개혁사. 특히, "8. 다니엘이 채식주의자라고? 단 1:12", 81-86.

장재우 (2011), 『쌀과 육식문화의 재발견』, 서울: 청목출판사.

장후세인 엮음 (2013), 『이슬람』, 서울: 젠나무민북스.

정대현·강영안 외 공저 (2011), 『생각과 실천: 함석헌사상의 인문학적 조명』, 파주: 한길사.

정한진 (2012), 『왜 그 음식은 먹지 않을까』, 초판3쇄, 파주: 살림.

정혜경·오세영·김미혜·안호진 (2013), 『식생활 문화』, 파주: 교문사.

조성식 (2007,07), "세습·횡령·불륜논란, 금란교회 김홍도 목사 인터뷰", 『신동아』(7월호).

천규석 (2010), 『천규석의 윤리적 소비』, 서울: 실천문학사.

최훈 (2015), 『동물을 위한 윤리학』, 고양: 사월의책.

최훈 (2014), 『불편하면 따져봐』, 서울: 창비.

최훈 (2012), 『철학자의 식탁에서 고기가 사라진 이유』, 고양: 사월의책.

한완상 (2013), "서문: 복음과 성령의 공공성을 위하여", 강영안 외 공저 (2013), 『한국교회, 개혁의 길을 묻다』, 서울: 새물결플러스, 8-13.

허남결 (2014), "서양윤리의 동물권리 논의와 불교생명윤리의 입장: '동물개체의 도덕적 권리'를 중심으로", 박상언 엮음, 『종교와 동물 그리고 윤리적 성찰』, 서울: 모시는사람들, 253-294.

Adams, Carol J. (1990). *The Sexual Politics Meat*. 이현 역 (2006), 『육식의 성정치 페미니즘과 채식주의 역사의 재구성』, 서울: 미토.

Albritton, Robert (2009). *Let Them Eat Junk: How capitalism creates hunger and obesity*. Pluto. 김원옥 역 (2012), 『푸드쇼크』, 시드페이퍼.

Allen, Stewart Lee (2002). *In the Devil's Garden*. Ballantine. 정미나 역 (2007), 『악마의 정원에서』, 초판8쇄, 서울: 생각의나무.

Al-Qardawi, Yusuf (n.d). *Halal & Haram in Islam.* 최영길 역 (2011), 『이슬람의 허용과 금기』, 서울: 세창출판사.

Ashley, B., Hollows, J., Steven, J., and Ben Tayor (2004). *Food and Culture.* London and New York: Routledge. 박형신ㆍ이혜경 공역 (2014), 『음식의 문화학』, 파주: 한울.

Attfield, Robin (1991). *The Ethics of Environmental Concern.* 2nd edn. University of Georgia Press. 구승회 역 (1997), 『환경윤리학의 제 문제』, 도서출판따님.

Avery, R. C., Wing, S., Marshall, S. W., and S. S. Schiffman (2004). "Odor form industrial hog farming operations and mucosal immune function in neighbors", *Archives of Environmental Health.* 59. 101-108.

Baian, Marcus (2008). *O mega-gesund.* Sttutgart: H. Hirzel Verlag. 김일형 역 (2008), 『슈퍼토마토와 백신바나나』, 열음사.

Baker, L. (2004). "Tending cultural landscapes and food citizenship in Toronto's community garden." *Geographical Review.* 94(3). 305-325.

Baggini, Julian (2013). *The Virtues of the Table: How to Eat and Think.* Granta Books. 이용재 역 (2015), 『철학이 있는 식탁: 먹고 마시고 사는 법에 대한 음식철학』, 고양: 이마.

Barlow, Maude and Tony Clarke (2002). *Blue Gold: The fight to stop the corporate theft of the world's water.* Stoddart Publishing. 이찬신 역 (2002), 『블루 골드』, 서울: 개마고원.

Bauman, Zygmunt (2011). *Collateral Damage: Social Inequalities in a Global Age.* Cambridge: Polity Press. 정일준 역 (2013), 『부수적 피해』, 서울: 민음사.

Beardsworth, Alan and Teresa Keil (1997). *Sociology on the Menu.* London and New York: Routledge. 박형신ㆍ정헌주 공역 (2010), 『메뉴의 사회학』, 파주: 한울.

Bethke, Jefferson (2013). *Jesus>Religion.* Thomas Nelson. 김창양 (2014), 『종교는 싫지만 예수님은 사랑하는 이유』, 서울: 생명의말씀사.

Beynon, Nigel and Andrew Sach (2005). *Dig Deeper.* Nottingham. UK: IVP. 장택수 역 (2012), 『성경이 말하게 하라』, 예수전도단.

Bocock, Robert (1996). *Consumption.* London: Routledge. 양건열 역 (2003), 『소비: 나는 소비한다, 고로 존재한다』, 서울: 시공사.

Bommert, Wilfried (2009). *Kein Brot für die Welt-Die Zukunft der*

Welternährung. München: Riemann Verlag. 김은경 (2011), 『식량은 왜! 사라지는가』, 파주: 알마.

Bommert, Wilfried (2014). *Brot und Baclstein*. Vienna: Carl Ueberreuter Verlag. 김희상 역 (2015), 『빵과 벽돌』, 서울: 알마.

Bove, Jose et al. (n.d). *Le monde nest pas une marchandise*. 홍세화 역, 『세계는 상품이 아니다』, 서울: 울력.

Brown, W. N. (1957). "The sanctity of the cow in Hinduism", *Madras University Journal* 28. 29-49.

Burros, Marian (April 10, 2005). "Stores say wild salmon, but tests say farm bred", *New York Times*.

Chamovitz, Daniel (2012). *What a Plant Knows: A field guide to the senses*. 이지윤 역 (2013), 『식물은 알고 있다: 보고, 냄새 맡고, 기억하는 식물의 감각 세계』, 초판3쇄, 다른.

Christensen, J. (December 29, 2008). "FBI Tracked King's Every Move", *CNN*. http://www.cnn.com/2008/US/03/31/mlk.fbi.conspiracy/

Clapp, Jennifer (n.d). *Food*. Cambridge: Polity Press. 정서진 역 (2013), 『식량의 제국: 세계식량경제를 움직이는 거대한 음모 그리고 그 대안』, 서울: 이상북스.

Cockrall-King, Jennifer (2012). *Food and the City: Urban Agriculture and the New Food Revolution*. 이창우 역 (2014), 『푸드 앤 더 시티: 도시농업과 먹거리 혁명』, 서울: 삼천리.

Colbert, Don (2002). *What Would Jesus Eat*. Thomas Nelson. 김지홍 역 (2003), 『예수님처럼 식사하라』, 서울: 브니엘.

Cox, Stan (2008). *Sick Planet*. Pluto Press. 추선영 역 (2009), 『녹색성장의 유혹: 글로벌 식품의약기업의 두 얼굴』, 난장이.

Darmon, N. & A. Drewnowski (2008). "Does Social Class Predict diet Quality?" *American Journal of Clinical Nutrition* 64. 1107-1117.

Davis, William (2011). *Wheat Belly: Lose the Wheat, Lose the Weight, and Find Your Path Back to Health*. 인윤회 역 (2012), 『밀가루똥배』, 서울: 에코리브르.

Douglas, Mary (1979). *Purity and Danger: An Analysis of the Concepts of Pollution and Taboo*. Routledge & Kegan Paul. 유제분·이훈상 공역 (1997), 『순수와 위험』, 현대미학사.

Ernst, Carl W. (2003). *Following Muhammad: Rethinking Islam in the contemporary World*. University of North Carolina Press. 최형묵 역 (2005), 『무함마드를 따라서』, 서울: 심산.

Fiala, N. (2008). "Meeting the demand: An estimation of potential future greenhouse gas emissions from meat production", *Ecological Economics*. 67. 412-419.

Fischler, C. (1986). "Learned versus 'spontaneous' dietetics: French mothers' views of what children should eat", *Social Science Information*. 25(4). 945-965.

Fitzgerald, Randall (2006). *The Hundred-Year Lie*. Dutton. 신현승 역 (2008), 『100년 동안의 거짓말』, 초판2쇄, 서울: 시공사.

Foster, John Bellamy (2002). *Ecology Against Capitalism*. New York: Monthly Review Press. 추선영 역 (2007), 『생태계의 파괴자 자본주의』, 서울: 책갈피.

Francis, Richard C. (2011). *Epigenetics*. New York: W. W. Norton. 김명남 역 (2013), 『쉽게 쓴 후성유전학』, 서울: 시공사.

French, Hilary (n.d). *Vanishing Boarders: Protecting the Planet in the Age of Globalization*. 주요섭 (2001), 『세계화는 어떻게 지구환경을 파괴하는가』, 도요새.

Gandhi, Mohandas K. (1957). *An Autobiography: The Story of My Experiments with Truth*. Beacon Press. 박홍규 역 (2007), 『간디 자서전: 나의 진실 추구 이야기』, 서울: 문예출판사.

Goheen, Michael W. and Craig G. Bartholomew (2008). *Living at the Crossroads*. Baker Academic. 윤종석 역 (2011), 『세계관은 이야기다』, 서울: IVP.

Goleman, D. (2009). *Ecological Intelligence*. 이수경 역 (2010), 『에코지능』, 웅진지식하우스.

Goodall, Jane & Gail Hudson (2014). *Seeds of Hope: Wisdom and Wonder from the World of Plants*. 홍승효·장현주 공역 (2014), 『희망의 씨앗』, 사이언스북스.

Goodall, J., McAvoy, G., and Gail Hudson (2005). *Harvest for Hope: A Guide to Mindful Eating*. Warner Books, Inc. 김은영 역 (2006), 『희망의 밥상』, 1판4쇄, 서울: 사이언스북스.

Grant, Catharine (2006). *The No-nonsense Guide to Animal Rights*. New International Publication Ltd. 황성원 역 (2012), 『동물권, 인간의 이

기심은 어디까지인가?』, 서울: 이후.

Grimm, Hans-Ulrich (2012). *Vom Verzehr wird abgebraten.* 이수영 역 (2013), 『위험한 식탁』, 서울: 율리시즈.

Groppe, Elizabeth T. (2011). *Eating and Drinking.* Minneapolis. MN: Fortress Press. 홍병룡 역 (2012), 『먹고 마시기: 모두를 위한 매일의 잔치』, 포이에마.

Hahn Niman, Nicolette (2009). *Righteous Porkchop: Finding a life and good food beyond factory farms.* 황미영 역 (2012), 『돼지가 사는 공장』, 서울: 수이북스.

Halweil, Brain (2004). *Eat Here: Homegrown Pleasures in a Global Supermarket.* 김종덕·허남혁·구준모 공역 (2006), 『로컬푸드』, 시울.

Hamilton, Clive (2010). *Requiem for a species.* Allen & Unwin. 홍상현 역 (2013), 『누가 지구를 죽였는가』, 서울: 이책.

Hanegraaff, Hank (2009). *Christianity in Crisis: 21st Century.* Thomas Nelson. 김성웅 역 (2010), 『바벨탑에 갇힌 복음』, 서울: 새물결플러스.

Hanegraaff, Hank (2001). *Counterfeit Revival.* Thomas Nelson. 이선숙 역 (2009), 『빈야드와 신사도의 가짜 부흥운동』, 서울: 부흥과개혁사.

Harrington, Jonathan (2008). *The Climate Diet: How you can cut carbon, cut cost, and save the Planet.* London: Earthscan. 양춘승 역 (2011), 『기후 다이어트』, 서울: 호이테북스.

Harris, Marvin (1975). *Cows, Pigs, Wars and Witches: The Riddles of Culture.* 박종렬 역 (2011), 『문화의 수수께끼』, 1판27쇄, 파주: 한길사.

Harris, Marvin (1985). *The Sacred Cow and the Abominable Pig: Riddles of Food and Culture.* Simon & Schuster. 서진영 역 (2010), 『음식문화의 수수께끼』, 파주: 한길사.

Harris, Marvin (n.d). *Cannibals and Kings.* 정도영 역 (1995), 『식인과 제왕』, 파주: 한길사.

Harris, Marvin (1966). "The Cultural Ecology of India's Sacred Cattle", *Current Anthropology.* 7. 51-66.

Hecker, H. M. (1982). "A zooarchaeological into pork consumption in Egypt from prehistoric to new kingdom times." *Journal of American Research Center in Egypt.* 19. (1982). 59-71.

Hengeveld, Rob (2012). *Wasted World: How our consumption challenges the planet.* University of Chicago Press. 서종기 역 (2014), 『훼손된 세상』,

용인: 생각과사람들.

Hipp, Earl (2015). *Fighting Invisible Tigers*. Danielstone Publishing. 김선희 역 (2015), 『나는 왜 자꾸 짜증이 날까?』, 서울: 뜨인돌.

Hobson, Theo (2009). *Faith*. 안기순 역 (2013), 『믿음이란 무엇인가』, 파이카.

Holt-Gimenez, Eric and Raj Patel. (2009). *Food Rebellions: Crisis and the hunger for justice*. 농업농민정책연구소 녀름 역 (2011), 『먹거리 반란』, 서울: 따비.

Huang, K. S. (1998). "Prices and incomes affect nutrients consumed", *Food Review*. 21(2). 11-15.

Humphrys, J. (2001). *The Great Food Gamble*. 홍한별 역 (2004), 『위험한 식탁』, 르네상스.

Jha, D. N. (2002). *The Myth of the Holy Cow*. Verso. 이광수 역 (2004), 『인도 민족주의의 역사 만들기: 성스러운 암소 신화』, 서울: 푸른역사.

Joy, Melanie (2010). *Why we love dogs, eat pigs, and wear cows: An introduction to carnism*. 노순옥 역 (2011), 『우리는 왜 개는 사랑하고 돼지는 먹고 소는 신을까』, 모멘토.

Kazez, Jean (2010). *Animalkind: What we owe to animals*. Blackwell. 윤은진 역 (2011), 『동물에 대한 예의: 우리를 가장 인간답게 만드는 그들을 위하여』, 서울: 책읽는수요일.

Keith, Lierre (2009). *The Vegetarian Myth*. 김희정 역 (2013), 『채식의 배신: 불편해도 알아야 할 채식주의의 두 얼굴』, 서울: 부키.

Kempf, Herve (2009). *Pour sauver la planete, sortez du capitalisme*. Seuil. 정혜용 (2012), 『지구를 구하려면 자본주의에서 벗어나라』, 파주: 서해문집.

Kirdemir, Huseyin (2005). *Answer to Korean 33 Most Common Questions About Islam*. 이형주 역 (2005), 『한국인들이 이슬람에 대해 궁금해하는 33 가지』 서울: 아담출판사.

Kneen, Brewster (2003). *Invisible Giant: Cargill and Its Transnational Strategies. New Edition*. Pluto Press. 안진환 역 (2005), 『누가 우리의 밥상을 지배하는가』, 서울: 시대의창.

Kotler, Philip (2015). *Confronting Capitalism: Real solutions for a troubled economic system*. 박준형 역 (2015), 『필립 코틀러의 다른 자본주의』, 더난출판.

Kreutzberger, Stefan and Vakentin Thurn (2011). *Die Essensvernichter: Warum die Hälffe aller Lebensmittel im Müll landet und wer dafür verabtwortlich ist.* 이미옥 역 (2012), 『왜 음식물의 절반이 버려지는데 누군가는 굶어 죽는가』, 에코리브르.

Krimsky, Sheldon (2003). *Science in the Private Interest.* Rowman & Littlefield Publishers. 김동광 역 (2010), 『부정한 동맹』, 서울: 궁리, 특히 "제2장, 부정한 동맹이야기", 29-55.

Küster, Hansörg (2013). *Am Anfang war das Korn.* München: Verlag C. H. Beck. 송소민 역 (2016), 『곡물의 역사: 최초의 경작지에서부터 현대의 슈퍼마켓까지』, 서해문집, "4장 최초의 농부", 57-83.

Lang, Tim and Michael Heasman (2004). *Food Wars: The global battle for mouths, minds and markets.* London: Earthscan. 박중곤 역 (2007), 『식품전쟁』, 서울: 아리.

Lang, T. Barling, D. & M. Caraher (2009). *Food Policy: Integrating health, environment and society.* 충남발전연구원 역 (2012), 『건강, 환경, 사회를 하나로 묶는 먹거리정책』, 따비.

Lewis, Mike and Pat Conaty (2014). *The Resilience Imperative.* Gabriola Island. British Columbia. Canada: New Society Publishers. 미래가치와 리질리언스 포럼 역 (2015), 『전환의 키워드, 회복력: 위기의 시대를 살아가기 위한 12가지 이야기』, 서울: 따비.

Loy, David R. (2008). *Money, Sex, War, Karma.* 허우성 역 (2012), 『돈, 섹스, 전쟁 그리고 카르마』, 서울: 불광출판사.

Lupton, Deborah (1996). *Food, the Body and the Self.* London: Sage Publication. 박형신 역 (2015), 『음식과 먹기의 사회학: 음식, 몸, 자아』, 파주: 한울.

Lyman, H. F. (1998). *Mad Cowboy.* 김이숙 역 (2004), 『나는 왜 채식주의자가 되었는가』, 문예출판사, 이 책은 같은 출판사와 번역자에 의해 『성난 카우보이』(2001)라는 이름으로 출판되기도 했다.

MacArthur, John (2013). *Strange Fire.* Nashville. Tenn: Thomas Nelson. 조계광 역 (2014), 『다른 불』, 서울: 생명의말씀사.

McDougall, John (2012). *The Starch Solution.* New York: Rodale. 강신원 역 (2014), 『어느 채식의사의 고백』, 서울: 사이몬북스.

Magdoff, F. & John Bellamy Foster (2011). *What Every Environmentist Needs to Know About Capitalism.* 황정규 역 (2012), 『환경주의자가 알아야 할 자본주의의 모든 것』, 삼화.

Manier, Benedicte (2012). *un million de revoltutions tranquilles.* Editions Les

Lien qui Liberent. 이소영 (2014), 『백만 개의 조용한 혁명』, 책세상.

Markus, Hazel Rose and Alana Conner (2013). *Clash!* 박세연 역 (2015), 『우리는 왜 충돌하는가』, 흐름출판.

Martin, Ann N. (2008). *Food Pets Die For: Shocking facts about pet food.* 3rd edn. NewSage Press. 이지묘 역 (2012), 『개·고양이 사료의 진실』, 초판3쇄, 서울: 책공장더불어.

Meade, B. and S. Rosen (1996). "Income and diet differences greatly affect food spending around the globe", *Food Review* 19(3). 39-44.

Meissner, Simon (2012). "Virtual Water and Water Footprints", in *People at the Well: Kinds, Usages and Meanings of Water in a Global Perspectives.* eds. Hans Peter Hahn, Karlheinz Cless and Jens Soentgen. Frankfurt. 44-64.

Millstone, Erik and Tim Lang (2013). *The Atlas of Food.* second edition. Myriad Editions. 박준식 역 (2013), 『풍성한 먹거리 비정한 식탁』, 서울: 낮은산.

Moby and Miyun Park, et al. (2010). *Gristle: From Factory Farms to Food Safety.* The New Press. 함규진 역 (2011), 『고기, 먹을수록 죽는다』, 현암사.

Morreal, John & Tamara Sonn (2014). *50 Great Myths About Religion.* John Wiley & Sons. 이종훈 역 (2015), 『신자들도 모르는 종교에 관한 50가지 이해』, 휴.

Moss, M. (2013). *Salt, Sugar, Fat: How the Food Giants Hooked Us.* 최가영 역 (2014), 『배신의 식탁』, 초판2쇄, 서울: 명진출판.

Müller, Klaus E. (2003). *Nektar und Ambrosia.* München: C. H. Beck. 조경수 역 (2007), 『넥타르와 암브로시아: 먹고 마시는 것에 관한 인류학적 기원』, 안티구스.

Nestle, Marion (2007). *Food Politics: How the Food Industry Influences Nutrition and Health.* University of California Press. 김정희 역 (2011), 『식품정치』, 서울: 고려대학교출판부.

Nestle, Marion (2006). *What to Eat.* North Point Press.

Norberg-Hodge, H., Goering, Peter, and John Page (2001). *From the Ground Up.* London: Zed Books. 정영목 역 (2003), 『모든 것은 땅으로부터』, 서울: 시공사.

Orr, David W. (2004). *Earth in Mind: On education, environment, and the human prospect*. 이한음 역 (2014), 『작은 지구를 위한 마음: 생태적 문맹에서 벗어나기』, 서울: 현실문화연구.

Pack-Brown, Sherion P. and Carmen Braun Williams (2008). *Ethics in a Multucultural Context*. Sage Publications. 박균열 · 정창우 · 송민애 공역 (2009), 『다문화주의와 윤리학』, 철학과현실사.

Passmore, J. (1975). "The Treatment of Animals." *Journal of History of Ideas*. 36. 195-218.

Patel, Raj (2010). *The Value of Nothing: How to Reshape Market Society and Redefine Democracy*. New York: Picador. 제현주 역 (2011), 『경제학의 배신』, 서울: 북돋음.

Patel, Raj (2007). *Stuffed and Starved*. 유지훈 역 (2008), 『식량전쟁』, 영림카디널.

Pawlick, Thomas F. (2006). *The End of Food*. 황성원 역 (2009), 『음식의 종말』, 갈무리.

Phillips, Rod (2014). *Alcohol: A History*. Chapel Hill. NC: University of North Carolina Press. 윤철희 역 (2015), 『알코올의 역사』, 고양: 연암서가.

Pinkerton, Tamzin and Rob Hopkins (2009). *Local Food: How to make it happen in your community*. Green Books. 충남발전연구원 (2012), 『우리가 사는 곳에서 로컬푸드 씨 뿌리기: 지역, 상생과 공생, 순환을 위한 행동 가이드』, 서울: 따비.

Pochon, Andre (2001). *Les sillons de la colere: La malbouffe n'est pas une fatalite*. Paris: Syros. 김민경 역 (2002), 『분노의 대지』, 울력.

Pollan, M. (2001). *The Botany of Desire*. 이경식 역 (2007), 『욕망하는 식물』, 서울: 황소자리.

Pollan, M. (2006). *The Omnivore's Dilemmas*. 조윤정 역 (2008), 『잡식동물의 딜레마』, 다른세상.

Poole, Steven (2012). *You Aren't What You Eat: Fed up with Gastroculture*. 정서진 역 (2015), 『미식 쇼쇼쇼: 가식의 식탁에서 허영을 먹는 음식문화 파헤치기』, 서울: 따비.

Prior, David (1985). *The Message of 1 Corinthians: Life in the Local Church*. 정옥배 역 (1999), 『고린도전서 강해』, 서울: IVP.

Rath, Tom (2013). *Eat, Move, Sleep*. Arlington. Virginia: Missionday. 김태훈 역 (2014), 『잘 먹고 더 움직이고 잘 자라: 내 몸을 움직이게 만드는 놀라운 통찰』, 한빛라이프.

Reymond, W. (2007). *Toxic*. 이희정 역 (2008), 『독소: 죽음을 부르는 만찬』, 서울: 랜덤하우스.

Robbins, John (1997). *Diet for a New America*. 이무열·손혜숙 공역 (2014), 『육식의 불편한 진실』, 2판1쇄, 파주: 아름드리미디어, 이 책은 동일 출판사에서 이무열에 의해 『육식: 건강을 망치고 세상을 망친다: 식생활 혁명』, (서울, 2001) 이름으로 (I)·(II)로 나누어 출판되었다.

Robbins, John (2001). *The Food Revolution*. 안의정 역 (2002), 『음식혁명』, 서울: 시공사.

Robbins, Richard H. (2011). *Global Problems and the Cultural of Capitalism*. 5th edn. 김병순 역 (2014), 『세계문제와 자본주의 문화: 생산·소비·노동·국가의 인류학』, 파주: 돌베개.

Robin, Marie-Monique (2008). *Le Monde Selon Monsanto*. Paris: La Decouerte. 이선혜 역 (2009), 『몬산토: 죽음을 생산하는 기업』, 이레.

Robin, Marie-Monique (2011). *Notre Poison Quotidien: La responsbilite de l 'industrie chimique*. La Decouverte. 권지현 역 (2014), 『죽음의 식탁』, 판미동.

Rogers, H. eather (2010). *Green Gone Wrong*. 추선영 역 (2011), 『에코의 함정』, 서울: 이후.

Rowlands, Mark (2002). *Animals Like Us*. London: Verso. 윤영삼 역 (2018), 『동물도 우리처럼: 학대받는 모든 동물을 위한 성찰』, 개정판1쇄, 파주: 달팽이출판.

Saguy, Abigail & Kevin W. Riley (2005). "Weighing Both Sides", *Journal of Health Politics Policy and Law*. 30(5). 869-923.

Schiffman, S. S., Studwell, C. E., Landerman, L. R., Berman, K., and J. S. Sundy (2005). "Symptomatic effects of exposure to diluted air sampled from a swine confinement atmosphere on healthy human subjects", *Environmental Health Perspectives*. 113. 567-576.

Seyfang, Gill (2005), "Shopping for Sustainability: Can sustainable consumption promote ecological citizenship?" *Environmental Politics*. 14(2). 290-306.

Sheppard, Kay (1993). *Food Addiction: The Body Knows*. revised. Deerfield Beach. 김지선 역 (2013), 『음식중독: 나는 왜 아무리 먹어도 배고픈가』, 서울: 사이몬북스.

Simoons, Frederick J. (1994). *Eat Not This Flesh: Food avoidances from prehistory to the present*. University of Wisconsin Press. 김병화 역 (2005), 『이 고기는 먹지 말라?: 육식 터부의 문화사』, 파주: 돌베개.

Singer, Peter & Jim Mason (2006). *The Ethics of What We Eat*. 함규진 역 (2012), 『죽음의 밥상』, 초판17쇄, 서울: 산책자.

Smith, Christopher and John Pattison (2014). *Slow Church; Cultivating Community in the Patient Way of Jesus*. IVP. 김윤희 역 (2015), 『슬로 처치』, 새물결플러스.

Smith, Mark J. (2005). "Obligation and Ecological Citizenship." *Environments*. 33(3). 9-23.

Soucar, T. (2008). *Lait, Mensonger et Propagande*. 김성희 역 (2009), 『우유의 역습』, 알마.

Speth, James Gustave (2008). The Bridge at the Edge of the World: Capitalism, the Environment, and Crossing from Crisis to Sustainability. Yale University Press. 이경아 역 (2008), 『미래를 위한 경제학』, 서울: 모티브북.

Steel, Carolyn (2008). *Hungry City: Food shapes our lives*. Chatto & Windus. 이애리 역 (2010), 『음식, 도시의 운명을 가르다』, 고양: 예지.

Stott, John R. W. (1972). *Your Mind Matters*. Nottingham. UK: IVP. 한화룡 역 (2015), 『생각하는 그리스도인』, 개정판, 서울: IVP.

Stott, John (n.d). *Only One Way*. 문인현·김경신 공역 (1994), 『오직 한 길』, 아가페출판사.

Strang, Veronica. (2015). *Water: Nature and Culture*. London: Reaktion Books. 하윤숙 역 (2015), 『물: 생명의 근원, 권력의 상징』, 서울: 반니.

Sweet, Loenard (1996). *The Jesus Prescription for a Healthy Life*. Abingdon Press. 조치형 역 (1999), 『예수님의 건강 십계명』, 예향.

Swenson, Kristin (2010). *Bible Babel: Making Sense of the Most Talked about Book of All Time*. 김동혁 역 (2014), 『가장 오래된 교양』, 1판3쇄, 사월의책.

Swinburn, B. and G. Egger (2002). Preventive strategies against weight gain and obesity", *Obesity Reviews*. 3. 289-301.

Tchividjian, Tullian (2011). *Jesus+Nothing=Everything*. Wheaton. Ill: Crossway. 정성묵 역 (2013), 『Jesus All』, 서울: 두란노.

Teicholz, Nina (2014). *The Big Fat Surprise*. 양준상·유현진 공역 (2016), 『지방의 역설: 비만과 콜레스테롤의 주범 포화지방, 억울한 누명을 벗다』,

서울: 시대의창.

Trummer, Paul (2010). *Pizza Globale*. Berlin: Ullstein Buchverlage. 김세나 역 (2011), 『피자는 어떻게 세계를 정복했는가』, 서울: 더난출판.

Velten, Hannah (2010). *Milk: A Global History*. London: Reaktion Books. 강경이 역 (2012), 『밀크의 지구사』, 서울: 휴머니스트.

Wagenhofer, Erwin & Max Annas (2006). *We Feed the World*. 정재경 역 (2010), 『식탁 위의 불량식품』, 서울: 현실문화연구.

Walker, P., Rhubart-Berg, P., McKenzie, S., Kelling, K., and R. S. Lawrence, "Public health implications of meat production and consumption", *Public Health Nutrition*. 8. (2005). 348-356.

Wallacher, Johannes (2011). *Mehrwert Glück: Plädoyer für menschengerechtes Wirtschaften*. F. A. Herbig Verlagsbuchhandlung. 박정미 역 (2011), 『경제학이 깔고 앉는 행복』, 대림북스.

Wallis, Jim (2013). *On God's Side*. Grand Rapids. MI: Brazos Press. 박세혁 역 (2014), 『하나님 편에 서라』, 서울: IVP.

Wangen, Stephen (2009). *Healthier Without Wheat: A new understanding of wheat allergies, celiac disease, and non-celiac gluten intolerance*. 박지훈 역 (2012), 『밀가루만 끊어도 100가지 병을 막을 수 있다』, 서울: 끌레마.

Wasley, Andrew (2014). *Ecologist Guide to Food*. IVY Press. 최윤희 역 (2015), 『에콜로지스트 가이드 푸드』, 서울: 가지.

White, James E. (2014). *The Rise of the Nones: Understanding and reaching the religiously inaffiliated*, Grand Rapids, Baker Books. 김일우 역 (2014), 『종교 없음』, 베가북스.

Wilson, B. (2008). *Swindled: From Poison Sweets to Counterfeit Coffee-The Dark History of the Food Cheats*. 김수진 역 (2014), 『공포의 식탁: 식품 사기의 역사』, 서울: 일조각.

World Bank (2007). *World Development Report 2008: Agriculture for development*. Washington DC.

Worldwatch Institute (2012). *State of the World 2012*. 박준식·추선영 공역 (2012a), 『2012 지구환경보고서: 지속가능한 개발에서 지속가능한 번영으로』 서울: 도요새.

Worldwatch Institute (2011). *State of the World 2011*. 생태사회연구소 오수길·곽병훈·박현신·민연경 공역 (2012b), 『희망의 경작』, 서울: 도요새.

Worldwatch Institute (2010). *State of the World 2010.* 오수길 · 곽병훈 · 정용일 · 이은숙 공역 (2010), 『소비의 대전환』, 서울: 도요새.

Wrangham, Richard (2009). *Catching Fire: How cooking made us human.* 조현욱 역 (2011), 『요리 본능』, 서울: 사이언스북스.

Wright, N. Thomas (2007). *Surprised by Hope.* 양혜원 역 (2009), 『마침내 드러난 하나님나라』, 서울: IVP.

Zaraska, Marta (2016). *Meathooked.* 박아린 역 (2018), 『고기를 끊지 못하는 사람들』, 서울: 메디치.

Ziegler, Jean (2011). *Destruction Massive.* Zürich: Mohrbooks. 양영란 역 (2012), 『굶주리는 세계, 어떻게 구할 것인가?』, 서울: 갈라파고스.

강상우

학부에선 私法學을, 대학원에서 社會福祉學 석·박사과정과 신학(M. Div. equiv.)을 공부했고, 지방에 있는 작은 대학에서 시간강사와 겸임교수로 학업 기회를 놓친 나이 든 학생들을 만나고 있다.

* "먹을거리와 사회문제: 먹을거리 불안전 때문에 발생하는 사회문제에 관한 소고", 기독교학문학회, (통권 36호), (2019.10.)
* "사회적 책임에 대한 신학적 토대에 대한 소고", 춘계학술대회, (통권 26호), (2019.05.)
* "다양한 가룟 유다의 탄생", 기독학문학회, (통권 35호), (2018.11.)
* "만들어진 예수: 잘못 맞춰진 예수 퍼즐에 대한 소고", 춘계학술대회, (통권 25호), (2018.05.)
* "동성애자들의 '세(勢), [數] 불리기'에 대한 재고", 기독학문학회, (통권 34호), (2017.11.)
* "실천목적에 따른 기독교사회복지실천 유형에 관한 소고", 춘계학술대회, (통권 24호), (207.05.)
* "간디와 함께, 간디를 넘어", 기독학문학회, (통권 33호), (2016.11.)
* "음식규제와 종교", 춘계학술대회, (통권 23호), (2016.05.)
* "먹을거리에 대해-육식과 채식 사이에서 균형 잡기", 춘계학술대회, (통권22호), (2015.05.)
* "기독교와 간디", 기독학문학회, (통권 31호), (2014.11.)
* "정통기독교 비판가들의 논리구성", 춘계학술대회, (통권 21호), (2014.05.)
* "기독교세계관의 관점에서 사회복지윤리에 대한 소고", 춘계학술대회, (통권 21호), (2014.05.)
* "'새로운' 무신론의 신", 기독학문학회, (통권 30호), (2013.12.)
* "사회복지 이슈와 기독교세계관", 춘계학술대회, (통권 20호), (2013.06.)
* "기독교와 사회복지의 통합: 필요성, 근거 그리고 방법", 기독학문학회, (통권 29호), (2012.12.)
* "기독교사회복지 연구방법에 관한 소고", 『신앙과학문』, 제17권 1호 (통권 50호), (2012.03.)
* "기독교사회복지 분광(Spectrum)", 『신앙과학문』, 제16권 3호 (통권 48호), (2011.09.)
* "성경적 세계관에 근거한 사회복지실천모형", 『신앙과학문』, 제16권 1호 (통권 46호), (2011.03.)
* "성경해석과 사회복지", 『신앙과학문』, 제15권 2호 (통권 43호), (2010.06.)
* "신앙과 학문의 통합: 통합의 가교로서의 기독교세계관", 춘계학술대회
* "수용·거부·변혁과정-필터로서의 기독교세계관: A·R·T 과정", 춘계학술대회

-기독교관점에서 먹을거리에 관한 소고-

먹을거리와 기독교 I

食 · 聖 담화

초판인쇄   2020년 7월 31일
초판발행   2020년 7월 31일

지은이   강상우
펴낸이   채종준
펴낸곳   한국학술정보㈜
주소   경기도 파주시 회동길 230(문발동)
전화   031) 908-3181(대표)
팩스   031) 908-3189
홈페이지   http://ebook.kstudy.com
전자우편   출판사업부 publish@kstudy.com
등록   제일산-115호(2000. 6. 19)

ISBN   978-89-268-8641-0 93230